故宫風華

向斯 ◎ 著

中国工人出版社

序 言

宫中往事如烟

《上阳白发人》：

上阳人，上阳人，红颜暗老白发新。绿衣监使守宫门，一闭上阳多少春。

玄宗末岁初选入，入时十六今六十。同时采择百余人，零落年深残此身。

忆昔吞悲别亲族，扶入车中不教哭。皆云入内便承恩，脸似芙蓉胸似玉。

未容君王得见面，已被杨妃遥侧目。妒令潜配上阳宫，一生遂向空房宿。

宿空房，秋夜长，夜长无寐天不明。耿耿残灯背壁影，萧萧暗雨打窗声。

春日迟，日迟独坐天难暮。宫莺百啭愁厌闻，梁燕双栖老休妒。

莺归燕去长悄然，春往秋来不记年。唯向深宫望明月，东西四五百回圆。

今日宫中年最老，大家遥赐尚书号。小头鞋履窄衣裳，青黛点眉眉细长。外人不见见应笑，天宝末年时世妆。

上阳人，苦最多。少亦苦，老亦苦，少苦老苦两如何！

君不见，昔时吕向美人赋，

又不见，今日上阳白发歌！

紫禁城中，许多往事令人不解，成为历史疑团；许多有趣的故事发生在宫禁之中，鲜为人知。

太和殿，皇帝升殿的仪式非常隆重，皇帝驾临前，大殿外的丹墀上，王公大臣、卤簿仪仗，会序立静候。

随后，宫殿奏响雅乐。太和殿北门徐徐打开，这是皇帝进殿的专用大门。皇帝步行，进入大殿。

御前侍卫10人，分成两排，先行入殿，左右交互，站立在殿门里面，为皇帝留出一条通往宝座的夹道，恭迎皇帝。

两名宦官，各执一盏红灯，跳舞一样地旋转。

顷刻之间，一切就绪，乐声停止，皇帝端坐在高高的宝座上。

紫禁城中，皇帝的寝宫是乾清宫。可是，谁能想到，皇帝的寝宫竟然摆了27张龙床，以供嫔妃居住、侍寝……

乾清宫为后宫正宫，面宽九间，进深五间，合九五之数，是重檐庑殿顶建筑。乾清宫名称之义，就是皇帝遵循天的法则，天下太平，海内清宴。

乾清宫左右，有两座著名的配殿，分别是昭仁殿、弘德殿。明初永乐皇帝以后，至清初康熙时期，三百年间，明清16位皇帝，即明朝14位皇帝和清朝顺治、康熙两位皇帝，都以乾清宫为寝宫，他们皆居住在乾清宫及其配殿里。

深宫似海，往事如烟。《故宫风华：紫禁城殿堂和宫廷往事》，以皇家宫殿为主线，围绕皇家生活、人物故事、皇帝起居、后妃争宠、宫廷政变、宫廷禁地等等，将皇家往事娓娓道来，宛如一幅令人叹息的宫廷生活行乐图，让人慢慢回味。

钦崇天道，永保天命！

钦此。是为序。

何斯

2023 年 5 月

目 录

第三章　宫门变数

第一章　前朝风云

太和殿：皇帝的办公场所

品级山

太和殿，为皇宫正殿，是朝廷举行重大仪式的地方。

皇帝登基大典，在太和殿举行；

每年的三大节：元旦、冬至、万寿，以及国家庆典之时，皇帝都会驾临大殿，接受朝贺；

皇帝举行最盛大国宴；皇帝命将出征；皇帝临轩策士；皇帝恭上皇太后徽号；皇帝册封皇后；等等，都在太和殿举行。

皇帝祭天、祈谷、祈雨前一天，在大殿阅视祝版：祭祀时，皇帝书写祝文之版。

历代册封太子仪式，都会在皇宫正殿举行。清代，取消了预立太子之制。乾隆皇帝传位于嘉庆皇帝的仪式，在太和殿举行。

明代规定，每月朔（初一）、望（十五日），皇帝在大殿举行朝会。

这种朝会，称为"御殿视朝"，是介于大朝会和日常听政之间的政务活动。

清代规定，每月五日，举行一次。后来，朝会通常或者间隔逢五、逢十举行。

这种朝会并不听政议政，其主要活动是升迁改任之官、即将出京赴任之

🔼 太和殿全景

官，向皇帝谢恩行礼；外藩使者，向皇帝行拜见礼。

当时，王公大臣、政府六部主管官员，以及其他无政事官员、外藩使者，都要参加。

朝会结束后，皇帝来到御门，正式听政。御门，明朝在奉天门，清朝在乾清门。

太和殿前广场，大约三万平方米。

大朝会时，广场中央甬道上，陈列仪仗；甬道东西，排列文武百官。

广场上，东西两边，排列着规范官员站列的标志物：品级山。品级山，范铜山形石墩，上刻正从一品至九品。

广场上，文武官员，文东武西，各自排成两列、十八行。

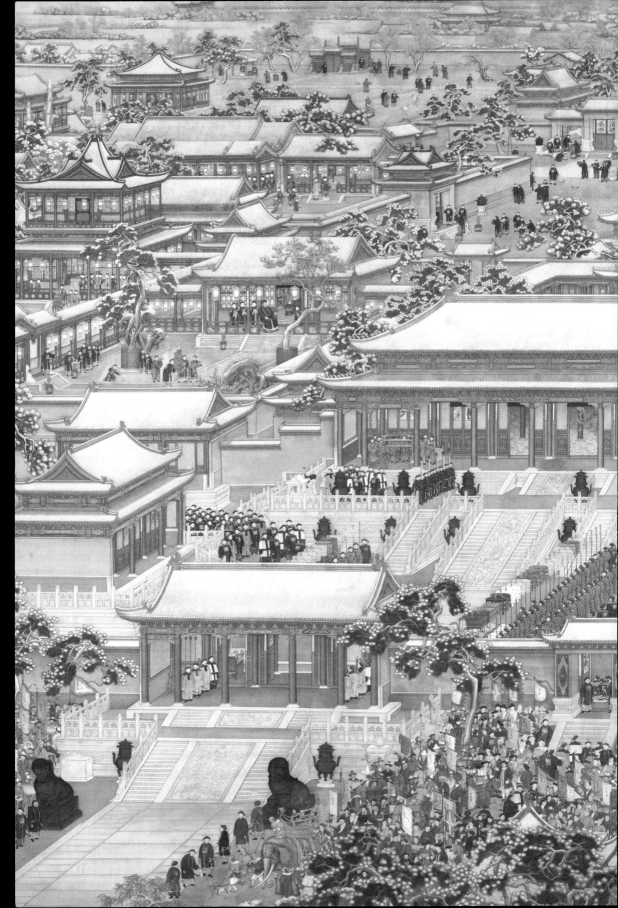

　　监察御史站在品级山旁边，监督纠正礼仪，称为"站山子"；凡是违反朝仪之官员，当即遭到斥责；严重违纪者，事后将被弹劾。所以，官员们私下戏称"站山子"御史为"天罡星"。

皇帝奇特的升殿仪式

　　皇帝驾临太和殿，徐徐地登上宝座，是整个王朝最为庄严、最为神圣的时刻。

　　各个朝代各有一套仪式，护卫皇帝，升殿临政；守护宝座左右者，多为宫廷侍卫和宦官；太后临朝时，则用女官侍卫。

　　明朝时，朱元璋曾用勋戚、内阁、词臣、言官夹侍皇帝，升殿执政。

　　清朝时，皇帝的升殿仪式非常隆重：

　　皇帝驾临前，大殿外，丹墀上，王公大臣、卤簿仪仗，已经序立静候。

　　这时，宫殿奏响雅乐。太和殿北门，徐徐打开，这是皇帝进殿的专用大门。

　　皇帝步行进入大殿。

　　御前侍卫十人，分成两排，先行入殿，左右交互，站立在殿门里面，为皇帝留出一条通往宝座的夹道，恭迎皇帝。

　　两名宦官各执一盏红灯，跳舞一样地旋转。

　　顷刻之间，一切就绪，乐声停止，皇帝端坐在高高的宝座上。

　　一首《宫词》，描述了皇帝升殿时的情形：

　　　　升殿先闻后户开，双双侍卫互旋回。

　　　　红灯两盏盘盘舞，忽见龙颜御座来。

▲ 太和殿

◀ 太和殿内景

皇帝升座的过程被层层保护，大臣们无法知道。

皇帝升座的标志，就是大殿门外竖立九龙曲柄盖：华盖，明黄色，上绘金龙，是皇帝的仪仗之一。

皇帝升座前，九龙曲柄盖先放在丹陛上；升座过程中，华盖被仪仗官举起，正对着殿门；

大幄一样的华盖张开，将殿中的活动几乎完全遮挡住，以确保皇帝升殿的庄重和神秘。

嘉庆年间，有使臣参加典礼，记载："太和殿，穹窿深邃，但见黄伞之隐映，而不辨皇帝坐处。"

大臣们恭敬侍立，看到九龙华盖被高高举起，竖立殿前，便知道皇帝已升座；

这时，殿前石阶下，响起鸣鞭声。三声鞭响之后，礼仪官赞导众大臣开始行礼。

北京 33 位皇帝坐的龙椅是歪的

太和殿，俗称金銮殿，是中国古代宫殿建筑之精华，被誉为"东方三大殿"之一，是中国现存最大的木建筑结构大殿。

太和殿，位于北京故宫博物院紫禁城之南北主轴线的核心位置。明永乐十八年（1420 年）建成，称奉天殿。明嘉靖四十一年（1562 年），改称皇极殿。清顺治二年（1645 年），改名太和殿。

太和殿，是紫禁城内体量最大、等级最高的古代建筑物：面阔 11 间，进深 5 间；长 64 米，宽 37 米；建筑面积 2377 平方米；高 26.92 米，连同台基，通高 35.05 米，为紫禁城内规模最庞大、等级最高之建筑。

太和殿，是故宫现存做工最讲究、装饰最华贵、等级最高级、雕镂最精美的殿堂。大殿明间，陈设髹金漆云龙纹宝座，称为皇帝宝座，设在大殿中央七层高台之上；宝座后方，摆设七扇雕有云龙纹的髹金漆大屏风。

大殿宝座，明朝嘉靖（1522—1566 年）年间制作：通高 172.5 厘米，宽 158.5 厘米，纵深 79 厘米。宝座椅圈上，共有 13 条金龙缠绕，其中，最大的一条正龙昂首立于椅背的中央。

太和殿中榼扇有乾隆皇帝御笔春联：

> 龙德正中天，四海雍熙符广运；
> 凤城回北斗，万邦和协颂平章。

联句的龙眼，是上下联的首句：

> 皇帝的宝座，位于天下的中央，如同天帝居于"天中"一样，光耀四海；
> 祥和的京城，正是四海的中枢，如同北斗回旋一样，威服周边，号令天下。

然而，从元世祖忽必烈正式定都北京开始，到大清王朝灭亡，坐在太和殿宝座上的有 33 位皇帝，只是他们不曾想到，他们坐着的皇帝宝座竟然是歪的！

也就是说，太和殿皇帝宝座，一直就不位于天下之正中央，也不居于北京的正南正北中轴线的正中央。

当年，成吉思汗攻克金朝中都时，都城破坏殆尽。元朝在中都的基础上，建立了元大都。明朝时，在元大都基础上，加建了德胜门一线；东西城墙，沿用元代土城，只是包砌了城墙，中轴线方向几乎未动；清朝时，沿用明城，中轴线也未改变。

北京中轴线，成为一大历史迷局。

流行的说法是汉人有意为之。当年，北京工程的主持者是刘秉忠和他的学生郭守敬，二人都是河北邢台人。他们不满于元代实行民族压迫政策，故意将北京中轴线弄偏，让皇帝宝座是歪斜的。

⬯ 太和殿宝座

⬯ 中轴线

其实，谜底揭开：北京中轴线往北延伸 270 公里，是古开平，即今内蒙古自治区锡林郭勒盟的兆奈曼苏默。兆奈曼苏默，是元上都遗址所在地。当年，忽必烈就从此地迁都到元大都。元世祖忽必烈实行两都巡幸制：冬天，在元大都办公，元大都就是冬宫；夏天，在元上都办公，元上都就是夏宫。

然而，更不可思议的是，今天，太和殿摆放的皇帝龙椅，并不在原来皇帝一直坐的位置上，而是向北移动了 2 米。这是为什么呢？

太和殿明间，陈设髹金漆云龙纹宝座。宝座上方天花正中，安置形若伞盖、向上隆起的藻井。藻井正中，雕有蟠卧巨龙。巨龙龙头下探，口衔宝珠。

据说，如果宝座上坐的不是真龙天子，宝珠就会滑下，砸死假天子。当年，袁世凯称帝，害怕被砸死，于是下令：将皇帝宝座北移 2 米。

太和殿寿宴

皇帝生日，称为"万寿节"，是朝廷隆重的三大节日之一。

十年一遇，皇帝大寿的万寿庆是朝廷最隆重的礼仪大典。

万寿日，皇帝亲率王公大臣，来到太后宫中，向太后行礼、致敬。

随后，皇帝驾临太和殿，接受王公大臣、文武百官朝拜、行礼、祝贺。

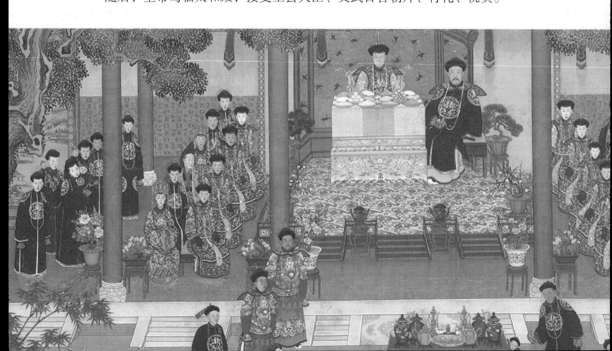

最后，宫中举行隆重的宴会，称为寿宴。

乾隆五十五年（1790 年）八月十三日，乾隆皇帝八十大寿，在太和殿隆重地举行寿庆。

黎明时分，銮仪卫在太和殿前陈设法驾卤簿，在太和门外陈设步辇，在午门外陈设五辂；五辂之南，是驯象组成的仪仗队；丹墀中道两旁，陈设仗马。

乾隆皇帝八十寿庆，盛况空前。

皇室成员、王公贝勒、文武百官、乡绅耆老、边疆少数民族首领、台湾土著民等，纷纷赴京，赶到皇宫，向皇帝贺寿；

周边的藩属国，国王、酋长以及特使，来到北京，进宫祝寿。

除日本以外，各国派来特使，贺寿。

安南、朝鲜、南掌（柬埔寨）、缅甸使臣，在礼官的引领下，向皇帝行三跪九叩礼。

光绪二十年（1894 年），是慈禧太后六十大寿。

六月二十六日，是光绪皇帝的生日，年满 23 岁。十月十日，是慈禧太后万寿，60 岁。

▼ 清　姚文瀚　《崇庆皇太后八旬万寿图》

此画是为庆祝崇庆皇太后八十寿辰，乾隆皇帝提前一年命姚文瀚绘制的寿画。北京故宫博物院藏。

◢ 慈禧太后六十大寿像

慈禧太后吩咐，给光绪皇帝做寿，以皇帝寿宴点缀自己的六十万寿大庆。

王公大臣、文武百官，以及京城的中级官员，奉旨前来赴宴。

当时，皇帝筵席摆设在太和殿丹陛，以及大殿东西两侧，两人一筵，席地而坐。

筵席上，摆放数层饽饽：上面一层，是新鲜果品；果品上面，是整羊腿一盘。旁边，是乳茶和美酒。

礼官，在殿陛上行礼；光禄寺官，给众人行酒。

六月，正值暑天，烈日当空，热浪滚滚。百官身穿朝服，行礼如仪，忽而跪下，忽而盘坐，人人汗流浃背。

这一年，正是甲午年；宴席西边，坐着朝鲜使臣。

朝鲜使臣，身穿圆领大袖礼服，手执牙笏，仪态恭顺。不久，甲午海战爆发，清北洋水师惨败，日本占领朝鲜。从此以后，清朝宫中再没有出现朝鲜使臣的身影。

清　寿字绸缎

太和殿传胪

国家最高等级考试殿试，在太和殿两廊举行。乾隆五十四年（1789年），改在保和殿举行。

殿试之后为传胪仪式，宣布殿试结果，一直在太和殿举行。

从殿试到传胪，相隔的时间很短。

明朝时，殿试之后，阅卷时间，一天；后来，改为两天；第三天，举行传胪仪式。

清朝时，殿试之后，第三天举行传胪仪式。

传胪之日，从午门外到太和殿广场，陈设卤簿仪仗、彩亭、鼓吹。

王公大臣、文武百官，身穿朝服，参与仪式。

大学士一人，侍立于大殿外、东檐下；礼部尚书，站在大学士旁边；宣制官一人，站在殿檐下、乐器之南，面向西。

传胪官，站在丹陛西阶上，每一段石阶，站立一人，面向东。

内阁官，举着黄榜，放在殿内东案上。

读卷官、执事官，站在东侧丹墀上。

参加殿试进士，会集在午门之外。

鸿胪寺官，引领进士进入皇宫，序立在太和殿广场东西。

时辰一到，传胪仪式开始。

礼部官员，前往乾清门奏请皇帝出席，并由皇帝亲自主持仪式。

皇帝身穿礼服，乘坐舆轿，前往太和殿；由礼部官员导引，皇帝进入大殿，登上太和殿宝座。

中和韶乐响起，演奏《隆平之章》。乐曲结束，大殿阶下，鸣鞭三响。

太和门内，丹陛大乐响起，演奏《庆平之章》。

乐声中，读卷官站到指定的位置，向皇帝行三跪九叩之礼。

乐声结束，大学士走进太和殿左门，将黄案上的黄榜捧出，交给礼部尚

◀ 《传胪盛典》

选自《点石斋画报·大可堂版》第七册。

插图中状元吴鲁、榜眼文廷式、探花吴荫培被宣入太和门，之后会戴花骑马到国子监祭拜孔子，并谒见祭酒，然后三人分道游街。

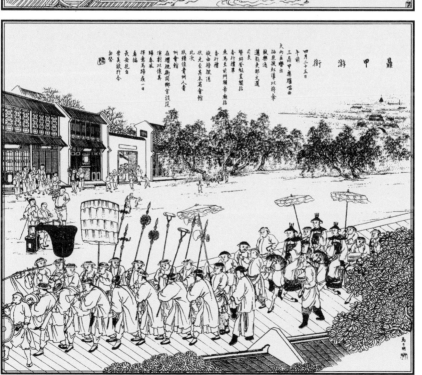

◀ 《鼎甲游街》

选自《点石斋画报·大可堂版》第三册。

插图描绘的是殿试三甲（合称鼎甲）状元、榜眼、探花从皇宫出来后骑马游街的场面。三鼎甲春风得意，昂首挺胸，一路游街，人人都上街来一睹他们的风采。

书；礼部尚书将黄榜安放在丹陛上的案桌上，跪下，向此案行三叩首礼，侍立在其左侧。

丹陛大乐再次响起。

众进士在礼官的引导下，面向北，站立各自拜位，向皇帝跪拜。

乐声停止，万籁俱寂。

宣制官侍立，庄严地高声宣读：某年某月，策试天下贡士，第一甲赐进士及第，第二甲赐进士出身，第三甲赐同进士出身。

宣读之后，传胪官高声唱读：第一甲第一名×××！

站立石阶上面的传胪官依次传唱，直到太和殿广场，称为"胪唱"。

第一甲第一名，谓之"鼎甲"，就是状元。"胪唱"之后，状元从举人行列中站出，序班官引导他来到御道左侧，跪下。

第一甲第二名，称为榜眼。"胪唱"之后，序班官引领榜眼来到御道稍右之地，跪下。

第一甲第三名，称为探花。"胪唱"之后，序班官引领探花来到御道左侧稍次之地，跪下。

第一甲前三名，"胪唱"分别唱三遍，声音洪亮，拖得很长，以示郑重。

状元、榜眼、探花，合称"三鼎甲"。

正式宣读金榜之后，赞礼官引领三人前趋至大殿丹陛下。

状元向前一步，站在太和殿殿阶下正中央。状元前面，是两阶中间的精美石刻，石刻图案，是升龙和巨鳌。所以，状元独自站在图案前，称为"独占鳌头"。

传胪官接着唱读第二甲进士及第名单，然后，唱读第三甲同进士及第名单，均唱一遍。

这两甲进士不必离开站立的位置。

科举习俗上，第二甲榜首和第三甲榜首依然风光无限，分别称为"金殿传胪"和"玉殿传胪"。

所有进士名单宣读之后，宫廷雅乐再次奏响。新科进士一起跪伏，向皇帝行三跪九叩礼。

礼毕，乐声止。礼部尚书来到榜案前，跪地，双手捧着黄榜，站起，走下太和殿石阶。

礼部官员，将黄榜放在云盘上；前面，10 人引导，张着黄盖，步出太和门中门。

状元、榜眼、探花，以及众进士，随后。

殿阶下，鸣鞭三响。中和韶乐奏响，演奏《显平之章》。

礼部官员向皇帝奏报，礼仪完成。

皇帝离座，乘舆，返回内廷。

太和殿，同样举行武进士传胪。

明清时期，每三年举行一次武举人选拔，不过，规模、影响远不如选拔文学人才。

殿试武进士，始于明末崇祯皇帝。清朝时期，沿用此举，三年一次。各地中举的武举人，会聚京师。皇帝在西苑紫光阁，以及紫禁城内箭亭，阅视武举人的武艺；文字考试，不在宫中举行；考试内容，清初是策论，几乎没有皇帝满意之卷。后来，改为默写武经。

考试之后，第二天，在太和殿前举行传胪。皇帝钦定，武进士一甲三人，二甲、三甲各数十人至百人。一甲三人，分别称为状元、榜眼、探花。

武进士，其荣耀、待遇远逊于文进士。侍卫中，中武进士后，只是继续当侍卫。

状元趣事

永乐皇帝改名

永乐十六年（1418 年），明成祖朱棣传胪时，唱读官高声唱读：第一甲第一名：李骐。

唱读三遍，没有人站出来。当时，现场非常肃静，但是每个人都感到紧张、奇怪，狐疑满腹。

这时，朱棣坐在奉天殿宝座上，看着殿外，突然想起来：在阅卷之时，他选定的第一名本名叫李马，当时他感觉"马"字不好听，不够雅，就在卷子上直接改为"骐"字。

于是，朱棣赶快传谕："李骐，就是李马！"

皇帝的谕令立即传到举人之中。李马站在那里，如梦初醒。他神思恍惚，走出队列，来到御道左侧，跪地，怀着无限感恩之心，感谢皇帝，亲擢"鼎甲"，赏赐新名。

明成祖朱棣对于名字很在意，挑剔状元的名字何止一次。

永乐二十二年（1424年），朱棣在位的最后一年。殿试之后，朱棣钦定状元。

当时，取定孙曰恭为状元。朱棣仔细端详，这个名字非常别扭，感觉"恭"字很像"暴"字。第二名，名叫邢宽，他感觉舒服些。

朱棣沉吟片刻，说道："孙'暴'不如邢宽。"于是，朱棣擢升邢宽为状元，孙曰恭不幸降为第三名探花。

乾隆皇帝选状元

乾隆皇帝选定状元，与众不同。

乾隆二十六年（1761年），崇庆皇太后七旬万寿，特设恩科。

当时，南方江苏、浙江人才济济，金榜题名，状元众多。

乾隆皇帝特别指示，这次恩科的状元出自北方。

赵翼（1723—1814年），字云松，号瓯北，晚年号"三半老人"，江苏阳湖（今常州武进）人。

赵翼著《廿二史札记》，钱大昕著《廿二史考异》，王鸣盛著《十七史商榷》，称为清代三大史学家。

18岁时，赵翼父亲去世，教授私塾谋生。19岁，中秀才。23岁，前往北京，受知于刑部尚书、翰林院掌院学士刘统勋，成为家宾，纂修《国朝宫史》36卷（乾隆三十五年，1770年出版）。

24岁，顺天乡试，中北榜举人。主考官汪由敦器重，聘为幕僚。

29岁，入值军机。5年间，官员都识其字。

乾隆二十六年（1761年），34岁，参加殿试。官员劝他，答卷之时改变字体。赵翼参加考试，改变字体。结果，他的试卷列入"承恩卷"，殿试拟定第一。

乾隆皇帝拆阅第一名试卷，非常满意。他拆封一看，第一名是军机章京赵翼，江苏人。

乾隆皇帝拆封了全部试卷，发现第三名王杰是陕西人，不由得大喜。于是，乾隆皇帝取王杰为第一名状元，赵翼定为第三名探花。

王杰（1725—1805年），字伟人，号惺园，陕西韩城人。清朝状元、名臣，清代陕西第一名臣。

嘉庆皇帝即位，选王杰为首辅。王杰在朝四十余年，忠清劲直，老成端谨，不结党，不营私，不趋炎，不附势，刚正不阿。嘉庆十年（1805年），王杰去世，享年81岁，追赠为太子太师，谥号"文端"，祀于北京贤良祠。

王杰8岁丧父，家境贫寒。自幼聪明好学，青年时期曾在江苏巡抚陈宏谋门下当幕僚，被陈器重，最后以陕西乡试第一（解元）会试京城，又以探花第三名进呈乾隆皇帝殿试。当时正逢乾隆皇帝欲在北方选拔人才，又见王杰字迹（书法）工整清秀，便把他拔为第一，成为清朝开国第一名陕西

🔺 状元

选自《中国人物服饰、器物》外销画。大约绘制于18世纪。

状元。

据传说，王杰中状元后，山东学士很不服气，认为朝廷选拔不公，便出对联考王杰，上联是："孔子圣，孟子贤，自古文章出齐鲁。"王杰立即对答道："文王昭，武王穆，而今道统在西秦。"山东举子一看，态度立变，对他十分尊敬。

王杰中状元后，最初，在南书房当值，后经多次升迁，官至内阁学士。

乾隆三十九年（1774年），任刑部侍郎后又转调吏部，擢升右都御史。

乾隆五十一年（1786年），出任军机大臣，上书房总师傅。

乾隆五十二年（1787年），出任东阁大学士，掌管礼部；台湾、廓尔喀先后平定，两次图形紫光阁，加封太子太保。

王杰性格耿直，他在上书房任总师傅时，负责教导皇子永琰读书，严加教训，纪律森严。有一次，乾隆皇帝碰见皇子永琰被罚，说道："你教了之后是天子，他不让你教，也是天子，这难道是君臣之道吗！"王杰见状答道："教育了之后，是尧舜一样的君主；不教育，便会变成桀纣一样的昏君，这是为师之道！"

"样式雷"第二代：雷金玉

第一代，雷发达，一直被认为是"样式雷"的鼻祖。

不过，在"样式雷"家族中，声誉最好、名气最大、最受皇帝赏识者，应该是第二代，雷金玉。从修建圆明园开始，他便执掌样式房工作，是雷家第一位担任此项重要职务者。

康熙皇帝非常赏识雷金玉的才能，对他委以重任。在御制《畅春园记》中，康熙皇帝特别提到，他非常牵挂一位杰出的匠师。这位匠师就是雷金玉。

雷金玉，字良生，生于顺治十六年（1659年），卒于雍正七年（1729年）。他进入国子监，成为监生，完成学业，顺利通过国家考试，取得候补州同资格，投充内务府包衣旗。

⚑ 圆明园烫样：天地一家春

"天地一家春"是圆明园东部的一组建筑群。
烫样工艺，是中国古代建筑中的制作立体模型的工艺，为了方便给皇上预览建筑的整体布局而制作小而精致的模型，因为其需要熨烫，所以称为烫样，主要材料为木头、纸张和高粱秆等。古代著名的烫样世家为清代的"样式雷"世家，手艺代代相传，模型制作精致细腻。

随后，畅春园开工，雷金玉凭借家传楠木作超凡出众的技艺，脱颖而出，继父亲之后，在工部营造所任长班之职，负责圆明园楠木作样式房，正式称谓是"钦赐内务府总理钦工处掌案"，食七品俸，为内务府七品官。

雷氏家族，闻名遐迩，享誉天下者，始自雷金玉。

雍正时期，将自己潜邸园林之圆明园，升格为皇帝御园。

雍正六年（1728年），雷金玉七十大寿。雍正皇帝特别赏赐蟒袍一件；皇子弘历（乾隆皇帝）奉旨，亲笔书写"古稀"匾额。雷金玉喜出望外，将此匾运回故乡，供奉原籍祖居大堂。

古稀之年，雷金玉受到雍正皇帝的特别器重，被委以重任：内务府钦工处职守样式房掌案，以建筑设计统筹各作建筑营造；专办楠木作，承办宫廷楠木设计、装修、制作事务。

雍正七年（1729 年），雷金玉去世，终年 71 岁。雍正皇帝特别施恩，"赏盘费一百余金，奉旨驰驿"。雷金玉归葬故乡，沿途官员恭敬接送，葬于原籍江苏江宁府江宁县安德门外。

中国营造学社社长朱启钤称："样式房一业，终清之事，最有声于匠家，亦自金玉始。"

康熙中叶时期，有一个有趣的传说：

当时，皇家重修太和殿，在工程基本竣工之时，要举行一个隆重的上梁仪式，也就是落成典礼。"上梁"典礼当天，康熙皇帝亲临太和殿，主持剪彩活动。可是，上梁的关键时刻，可能是负责上梁的官员木工技术一般，脊檩安装之时，竟然卯榫对不上！试过多次，依然失败。

当时，主持仪式的工部官员快急疯了：如果上梁不成功，皇帝震怒，可能要掉脑袋。

在场的所有人，都急出一身冷汗。上梁木匠的手直哆嗦，下面更是无人敢上前接手。

危急时刻，年轻自信的雷发达自告奋勇，沉着冷静，准备稳步上去装梁。然而，上太和殿大梁，必须是七品以上官职才有资格。由皇帝首肯后，木匠雷发达换上七品官服，爬上大梁，啪啪几斧头，非常轻松地装上了。

康熙皇帝目睹了整个过程，非常欣赏雷发达，当场赐封他七品官，指示由他任样式房掌案。

这个传说，真的是雷发达？

查找大量宫廷档案和历史资料，经过考证，这个故事是真实的。但是，主人公不是雷发达，而是他的儿子雷金玉。

据档案和史料记载，太和殿在清康熙年间，曾两次重修、重建。

康熙八年（1669 年），太和殿重修。此时，雷发达尚未来北京。

康熙三十四年（1695 年），太和殿重建。此时，雷发达已经去世两年。

因此，第一代雷发达不可能参与太和殿的重建工作。

这个故事的主角不是雷发达，而是雷氏家族第二代雷金玉。

当时，在太和殿大殿上梁之时，42 岁的康熙皇帝发现 36 岁的雷金玉年轻壮硕，技艺非凡，非常高兴。康熙皇帝召见雷金玉，发现他才思敏捷，家传木工手艺精湛，两人年龄也相仿。康熙皇帝非常欣慰，当面封他为七品官，食七品俸禄，由他掌管样式房，负责皇家建筑工程的设计和施工。

雷金玉碑文之中，如实地记录着这个故事。

《雷金玉墓碑》记载："恭遇康熙年间，修建海淀园庭工程，我曾祖考（雷金玉）领楠木作工程。因正殿上梁，得蒙皇恩召见奏对。"

镇殿之宝：五座神秘符牌

雍正九年（1731年），雍正皇帝病魔缠身，让道士为其治病。此符牌上，佛教经咒中，有汉传佛教经典经咒，又有藏传佛教心咒和咒牌，显然，是汉藏合一之符牌。

雍正七年（1729年）至九年，雍正皇帝视为"魔鬼年"。

雍正七年冬至九年秋，雍正皇帝身患重病，十分严重，近乎驾崩。

清宫档案、大清正史《清世宗实录》《清史稿》等，皆没记载病情、病症和治疗。

不过，当时，停办"万寿节"寿宴，停办年度秋决死因；大赦天下，赦免了一批"应得遣戍、监迫、籍没及妻子入官等罪"。

雍正八年（1730年）五月，一次朝会上，雍正皇帝对文武大臣说："朕自去冬即稍觉违和，疏忽未曾留心调治。今年三月以来，间时发寒热，往来饮食不似平常，夜间不能熟寝，如此者，两月有余矣！"

乾隆皇帝回忆说：雍正八年六月，"圣恭违和，特召臣（指乾隆皇帝）及庄亲王、果亲王、和亲王、大学士、内大臣数人入见，面谕遗诏大意"。

病情奇特，病症蹊跷，病状莫名其妙："似疟非疟，或彻夜不成寐，或一二日不思饮食，寒热往来，阴阳相驳！"

这是什么病呢？御医一头雾水，束手无策。

雍正皇帝朱笔密折，告知云贵总督鄂尔泰："朕今岁违和，实遇大怪诞事而得者。"

🌒 雍正皇帝道装像

选自清人画《雍正帝行乐图》册。雍正皇帝的道
士形象，显示出他对道教保持的一种崇敬的心理。
北京故宫博物院藏。

▶ 书斋写经

选自清人画《雍正行乐图像》册。北
京故宫博物院藏。

然而是遇到什么"大怪诞事"？雍正皇帝没有说，只说，明年鄂尔泰来京陛见时，当面详细谕之。

雍正皇帝心烦意乱，不满御医的治疗。他吩咐亲信大臣前往各地，遍求名医。

雍正皇帝给四川巡抚宪德密折朱笔批复中，指令他寻找一个名叫龚纶之人，称其"年九十，善养生，强健如少壮"，"八十六岁，犹有妾生子"。

雍正皇帝快递浙江总督兼兵部尚书李卫密旨："可留心访问，有内外科好医生与深达修养性命之人，或道士，或讲道之儒士俗家。倘遇缘访得时，必委曲开导，令其乐从方好，不可迫之以势。厚赠以安其家，一面奏闻，一面着人优待送至京城，朕有用处。"

封疆大吏紧急寻访，查明：龚纶，两年前亡故，其养生秘方并未传之子孙。

李卫举荐一个"向曾闻得""深通数学，亦明性理"的河南方士，曾为已故名医刘璐所"深服"；但是，自己无缘，"未见其人"；此人，与田文镜有过来往。

雍正皇帝快递密旨，要求田文镜将其"密送至京，朕试看"。

田文镜回奏，皇上真正要寻找之人是贾士芳！他不仅"颇知数学，言多应验"，而且"言论深远，非高博者不能"，有"贾神仙"之称。

雍正皇帝闻讯，龙心大悦。

雍正皇帝50岁左右，为何离奇得病？

通常说法是雍正皇帝纵欲过度，严重伤身。

朝鲜使节回国，报告朝鲜国王，称长期以来，困扰大清雍正皇帝之疾病，是因为皇帝好色，戕害身体所致，"皇后则弃置京城，只与宠姬辈出居圆明园，日事荒淫"。几年间，皇帝"下部及腰以下，有同未冷之尸，不能运用"。

可是，清礼亲王昭梿在《啸亭杂录》中，称"世宗万几之暇，罕御声色"，"宪皇在位十三载，日夜忧勤，毫无土木、声色之娱"。

其实，雍正九年（1731年），雍正皇帝积劳成疾，诸事不顺，导致身患重病。

雍正七年（1729年），雍正皇帝52岁，在位八年，日夜勤政，身体已严重超支。史学家孟森说："自古勤政之君，未有及世宗者。"雍正皇帝每天早起临朝，深夜入睡；每日，批阅奏折百余件；朱笔批折，动辄数千字。在位十三年，朱笔批折，相当于数部《红楼梦》。

彼时，清廷征讨准噶尔部，接连失利。

雍正七年（1729 年）三月，雍正皇帝决定对准噶尔部噶尔丹策零用兵，任命黑龙江将军、内大臣傅尔丹为靖边大将军，统领满洲、蒙古八旗兵，组成北路大军；任命川陕总督、奋威将军岳钟琪为宁远大将军，统领川陕甘汉军，组成西路大军。

不料，岳钟琪、傅尔丹远征，接连出师不利。

雍正皇帝大怒，密旨二人回京，面授机宜；再战，却再次失利。

雍正皇帝暴怒，破格起用锡保为大将军，授权他便宜行事，在军营中可以选拔副都统、护军参领。锡保率领大军，亲临第一线，鏖战十余次，每战告捷。但是，清军死伤惨重，打得十分辛苦。

因此，雍正皇帝特别组建军机处，亲自指挥战事。

雍正七年（1729 年）五月，宁远大将军岳钟琪密报：湘南士人曾静，受吕留良反清学说影响，将遣戍广西的允禵余党传言皇帝阴谋夺位之事广泛散播。曾静委托弟子张熙秘密联络岳钟琪，称赞岳氏应有先人岳飞抗击金兵的忠义、赤诚，颠覆清朝。

雍正皇帝刚刚收拾了宠臣年羹尧，将西北军政大权转交给岳钟琪。

岳钟琪报告曾静的策反，震惊了雍正皇帝。

曾静被缉拿，许多相关人员下狱。辞世多年的吕留良，被定为罪魁祸首。

雍正七年（1729 年）九月，雍正皇帝不顾和硕怡亲王允祥为首的 140 余位大臣的联名反对，将同曾静的问答编辑成书，赐名《大义觉迷录》，刊刻问世，大白于天下；皇帝派遣大员，带领曾静前往江宁、杭州、苏州等地，进行宣讲，对吕留良、允禵辈之言论，进行批驳揭露。

雍正八年（1730 年）五月，皇帝最信任、最倚重的皇十三弟、怡亲王允祥英年早逝。雍正皇帝病情加重，"中心悲恸，虽强自排遣，而饮食俱觉无味，寝卧皆不能安"。

雍正皇帝痛恨心怀不轨的兄弟，将其两个弟弟赐号猪狗"阿其那""塞

《平定准噶尔回部得胜图》

1743年，法国著名雕刻家赫尔曼仿刻铜版画。清朝乾隆时期，乾隆皇帝派遣军队到准噶尔平定达瓦奇叛乱，又平定回部大小和卓叛乱，此画为纪念胜利所作铜版画。

思黑"。

皇帝第三子弘时，放纵不谨。雍正皇帝降旨，削除宗籍，幽禁致死。

处死弘时时，雍正皇帝的另一儿子幼殇："雍正六年，皇八子福惠卒，帝辍朝，大内素服各三日，不祭神，诏用亲王礼葬。"（《清史稿·诸王传》）

雍正皇帝因内外交困，身体透支，终于病倒。

贾士芳，京城道家圣地白云观道士。结识怡亲王允祥，怡亲王认为他能预知未来，精通医术，就把他推荐给雍正皇帝。雍正皇帝问他："何能？"他回答："不能。"雍正皇帝感觉，贾士芳只会装神弄鬼，就打发他走了。

贾士芳是河南人，河南巡抚田文镜得到密旨，立即将贾士芳送到了北京，为雍正皇帝治病。

经过贾士芳的治疗，雍正皇帝的怪病竟然得以痊愈。

雍正八年（1730年）九月初六，雍正皇帝给李卫密折朱笔批复："朕安，已全痊矣。朕躬之安，皆得卿所荐贾文儒（即贾士芳）之力所致。朕嘉卿之忠爱之怀，笔难批谕，特谕卿喜焉。"

可是，仅仅过了十九天，贾士芳就被逮捕下狱，处死。

雍正九年（1731年）九月二十五日，雍正皇帝降旨：贾士芳（贾文儒），"肆其无君无父之心，甘犯大逆不道之罪，国法具在，难以姑容。且蛊毒厌魅，律有明条，著拿交三法司，会同大学士定拟具奏"。十月初，雍正皇帝下诏，将"贾士芳著改为立斩"。

雍正皇帝为何杀救命恩人？

清宫档案中，有一件雍正皇帝亲笔修改的上谕，推断是雍正八年（1730年）九月间所发。

在这道上谕中，雍正皇帝说：贾士芳的"按摩之术""秘咒之法"，确实"见效奏功"；可是，"一月以来，朕躬虽已大愈，然起居寝食之间，伊（指贾士芳）欲令安则安，伊欲令不安则果觉不适"；"其调治朕躬也，安与不安，伊竟欲手操其柄，若不能出其范围者"。

雍正皇帝不能容忍道士操控自己，斥责贾士芳"且见伊心志奸回，语言妄诞，竟有'天地听我主持，鬼神听我驱使'等狂言狂语"，大有凌驾于天子之上的架势！

后来，雍正皇帝又怒斥贾士芳"公然以妖妄之技，欲施于之前"。

雍正皇帝下令，将贾士芳交三法司，下狱问罪。

雍正八年（1730 年）十月初二，贾士芳以左道妖邪罪，问斩；其亲属男 16 岁以上者，全部"斩监候"。

那么，中国古代，皇家用什么来镇殿？

太和殿房梁之上隐藏着五座神秘符牌。

五座符牌，以太和殿正中悬轩辕镜正上方之藻井平台中央所供符牌为中心，东、西、南、北四方，分别朝向正中，各供奉一座符牌。

符牌，雕刻着镇殿神符，又称为符板。

正中央一块符牌，高 37.5 厘米，宽 23 厘米，用东北高丽木所制，前置香炉、蜡台、灵芝五供。符牌正面，由上而下分为四层，由佛教护持真言、神明和北斗七星图组成；背面，由镇殿七十二符组成。此符牌，是一道镇殿灵符。

清宫《造办处各作成做活计清档》记载：雍正九年（1731 年）八月十二日，雍正皇帝降旨，在养心殿安黄铜符板一块；太和殿、乾清宫，各安木符板一块。

此处符牌，就是雍正九年（1731 年）供奉在太和殿的。

中和殿：皇帝心系稼穑

神秘的宝顶

中和殿，是一座造型特殊的宫殿，有一个神秘的宝顶：

大殿方檐，长、宽各五楹；殿内顶部，雕镂彩绘，十分精美；渗金圆形宝顶，饱和圆满，如同一座华盖。明初，建成此殿时，称为华盖殿。

特别神奇的是，大殿顶上的圆顶金球，如同一颗火珠，每天，旭日东升，金球反射太阳光，可以照射到东华门外灯市口的一间寺庙里，形成奇象。

中和殿内，高悬乾隆皇帝御笔亲书匾额"允执厥中"。

两边柱子上是对联"时乘六龙以御天，所其无逸；用敷五福而锡极，彰厥有常"。

皇帝举办大型活动时，中和殿是太和殿之辅殿。

大朝会日，皇帝光临太和殿之前，御辇先停在中和殿。皇帝登上中和殿宝座，接受辅臣、近臣的行礼，包括内阁大学士、内大臣、翰林院起居注官、礼部、都察院、詹事府堂官，以及侍从皇帝的高级武官。

皇室，每十年修一次玉牒，告成之日，皇帝会在中和殿举行隆重的告成仪式。仪式之后，礼乐齐鸣，玉牒被送至皇史宬藏贮。

明朝初期，皇帝还经常在中和殿赐宴亲王。

明崇祯十四年（1641 年）秋，皇帝在这里为 13 名辅臣设宴，宴席丰美，

🔺 中和殿

用硕大的金莲花杯行酒，这是明朝大臣们从未有过的待遇。

清朝初年，顺治皇帝经常在中和殿单独赐宴重要大臣。

康熙皇帝阅视祝版

康熙十二年（1673 年）二月初七，清晨。20 岁的康熙皇帝玄烨来到中和殿，为次日前往社稷坛祭祀阅视祝版。

祭祀时，皇帝向上天、神灵呈上祝文。祝文事先写在祝版上，祭祀前一日，皇帝阅视祝版，默诵祝文，检查祭祀工作。

天坛祭天、祈谷、祈雨，是王朝最高等级的祭祀活动。前一天，皇帝在太和殿阅视祝版。其他祭祀活动，皇帝在中和殿阅视祝版。

城北方泽坛祭地，前一天，皇帝会先来到中和殿，阅视祝版；

祭祀社稷、太庙，前一天，皇帝会先来到中和殿，阅视祝版；

祭祀历代帝王庙、孔庙、朝日、夕月，前一天，皇帝会先来到中和殿，阅视祝版；

恭上皇太后徽号，前一天，皇帝会先来到中和殿，阅视奏书。

祝版，木制，一尺见方，上面写满祝文。

第二天，祭祀之时，由声音洪亮的礼官朗读。当年，康熙皇帝要求礼官在念到他的名字时不必忌讳，大声读出。

阅视祝版的仪式都安排在日出前数刻举行，由天文机构钦天监事先测出时刻。皇帝身穿衮服，乘舆轿来到中和殿。这时天光微弱，内侍举着羊角灯为皇帝照明。殿内摆设了黄案、香亭、祝版亭。皇帝暂坐在御座上，透过微弱的天光望向中和门外。与此同时，掌管祭祀的太常寺官员恭敬地捧着包在黄袱里的祝版，已经从内阁进入太和门，缓缓地走到中和殿。祝版被放置在黄案上，案上有两盏羊角灯照明。太常卿轻轻地将祝版上的黄袱取下，赞礼官跪着为皇帝铺设拜褥。

皇帝从御座上起立，恭敬地阅读祝版上的祝文，然后在拜褥上跪下，行一跪三拜礼。如果在太和殿阅视祭天、祈谷、祈雨的祝版，皇帝还要上香，再行一次一跪三拜礼。礼成后，太常寺官员将祝版送至祭祀的坛庙。

每年的仲春，皇帝要例行前往城南的先农坛举行"籍田"仪式，所谓"躬耕于南亩"，为天下农夫做一个表率，表明皇帝心系稼穑，尊重农耕。皇帝在"籍田"礼的前一天来到中和殿，阅视祭祀先农的祝版和农具。农具有耒、鞭，外观都饰以黄布，另有一青色的箱子，内装农作物的种子。阅视后，銮仪卫将农具和青箱送到先农坛，以备皇帝次日使用。

阅视完祝版，康熙皇帝紧接着来到乾清门，开始早朝听政。

🔺清　宫廷绘　《雍正帝祭先农坛图》卷（上卷）

春日之际，明清两代皇帝会带领文武百官在先农坛祭祀先农诸神。先农坛的观耕台是皇帝亲耕的地方。每年的二月或三月到先农坛举行祭祀先农，祭祀典礼结束后，皇帝会把礼服脱掉，换上龙袍到地里亲耕，预示着现在天下百姓可以到农田耕种了。祭祀先农表示了皇帝对农业生产的重视。

保和殿：国宴和殿试

保和殿除夕宴

保和殿面阔九间，重檐歇山顶，明朝初建时称为谨身殿，嘉靖四十三年（1564 年）重建时改称为建极殿。

清代时，保和殿内高悬的匾额是乾隆皇帝的御书"皇建有极"。两旁柱子上的对联是"祖训昭垂，我后嗣子孙尚克钦承有永；天心降鉴，惟万方臣庶当思容保无疆"。

每年的除夕正午，皇帝要在保和殿宴请外藩王公、文武官员，称为国宴。

皇帝宝座前面是皇帝的筵席。

大殿内外，是外藩王公、内大臣和文武大臣席。宫廷侍卫筵席设在丹陛上。

殿檐下安设宫悬乐器，中和殿北的两侧安设丹陛大乐。

嘉庆初年，朝鲜使节来京，亲眼看见了作为太上皇的乾隆皇帝主持保和殿除夕宴的情景：

嘉庆二年（1797 年）腊月三十日，保和殿设宴。与宴者，两人一桌。

嘉庆皇帝侍从太上皇，来到保和殿。

太上皇安坐在正中御榻上，嘉庆皇帝坐在太上皇东边设的小榻上，面向西，陪侍太上皇。

▲ 保和殿宝座

殿外，雅乐奏响。嘉庆皇帝起身，向太上皇敬酒。

宴席上，太上皇很愉快，命令执事官员为外藩使者上酪茶。

朝鲜使者，在礼部尚书的导引下，来到太上皇御榻前，恭敬地行礼。

太上皇86岁，举起酒盏，令身边的侍臣接过去，赐给朝鲜使者。

次年（1798年）正月十五，嘉庆皇帝来到保和殿，再次赐宴外藩蒙古王公。

宴席时，有乐舞演出：大殿内，有琵琶演奏；殿廷中，有高跷、喜起舞表演；殿阶下，有狮子舞表演。

▲ 清　银烧蓝暖酒壶

银质壶，由内外两部分组成。

公主下嫁宴

公主，是皇帝的女儿。格格，是王公的女儿。

"格格"本为满语之译音，翻译成汉语，就是小姐、姐姐之意。通常地说，清朝贵胄之家的女儿都可以称为"格格"。

清朝入关以后，明文规定，皇帝的女儿，称为公主；王公贵胄之女，称为格格。

清朝入关以前，为"后金"。当初，大汗、贝勒的女儿统称为格格，并无定制。例如，清太祖努尔哈赤之长女，称为"东果格格"；次女，称为"嫩哲格格"。

清太宗皇太极继位，崇德元年（1636年），始仿明制，规定：皇帝的女儿称为"公主"：皇后之女，称为"固伦公主"；妃子所生之女，以及皇后之养女，称为"和硕公主"。

例如，皇太极之次女马喀塔，由孝端文皇后所生，最初封为固伦长公主，后来改封为"永宁长公主"，最后改为"温庄长公主"。

"格格"，则专指王公贵胄之女。

具体地说，包括：

一、亲王之女，称为"和硕格格"，汉名为"郡主"；

二、世子及郡王之女，称为"多罗格格"，汉名为"县主"；

三、多罗贝勒之女，亦称为"多罗格格"，汉名为"郡君"；

四、贝子之女，称为"固山格格"，汉名为"县君"；

五、镇国公、辅国公之女，称为"格格"，汉名为"乡君"；

六、"公"以下之女，俱称"宗女"。

"格格"之称谓，一直沿用，至清末之时渐渐终止。

清乾隆皇帝弘历，共生有10个女儿，其中5人早殁，没有加封；5人长大，加封为公主：第三女，孝贤纯皇后所生，封固伦和敬公主；第四女，纯惠皇贵妃苏氏所生，封和硕嘉公主；第七女，孝仪纯皇后所生，封固伦和静公主；第九女，孝仪纯皇后所生，封和硕和恪公主；第十女，妃汪氏所生，封固伦和孝公主。

乾隆皇帝第十女是个例外，她的母亲只是一个普通妃子，因为她出生时，乾隆皇帝已经65岁了，老来得女，所以格外疼爱，特旨封为固伦和孝公主，指婚下嫁给和珅长子丰绅殷德。

清朝公主下嫁，朝廷在纳彩礼的同一天，设宴保和殿。

△ 身着庆典装的满族公主和她的两个儿子

公主下嫁后，离开紫禁城，入住公主府。

纳彩，是公主婚礼前最重要的一个仪式。

纳彩日，驸马一方人员将彩礼抬至午门外。

驸马，授予额驸爵位，来到太后、皇帝、皇后宫前，行礼谢恩。

保和殿，设立宴席。

皇帝会亲临宴席。参与宴会者，包括王公、额驸及其父亲、族人，三品以上大臣。

公主下嫁宴，公主本人却不得参加；皇室与额驸家中的女性成员，亦不得参加。这场宴会，是男性君臣姻家的一场盛宴；皇室及姻家女性成员，会被安排在内廷之中，举行女性饮宴。

天子门生

乾隆五十四年（1789 年）以后，国家最高考试之皇帝主持的殿试在保和殿举行。

殿试前一日，鸿胪寺官员在保和殿内东侧安置黄案，一张黄案设于殿外丹陛正中。

光禄寺人员，在殿内安放试桌。

礼部、銮仪卫长官，监督员役，在每张试桌上粘贴贡士的姓名。

殿试日，内阁官员手捧试题，放置于殿内的黄案上。

礼部、鸿胪寺官员，引领贡士，由午门两侧的旁门入宫。

读卷执事官，站在保和殿丹陛下。

内阁大学士，将殿内黄案上的试题捧出，在殿檐之下授给礼部堂官。礼部堂官跪接试题，站起来，从中路走出，来到丹陛上，将试题放置于黄案上，向黄案行三叩首礼，退下。

赞礼官，站在黄案旁。读卷官和执事官，按赞礼官的指示，在丹陛下排班站立，向黄案行三跪九叩之礼。

然后，贡士们排列，在赞礼官指挥下按序排班，向黄案行礼。

礼毕，礼部官员向贡士们发题。

贡士们跪接试题，三叩首。

鸿胪寺官员引领贡士走到各自的试桌旁，开始应试。

乾隆五十四年（1789 年）前，殿试考试都是在太和殿举行。

当时，参加考试的贡士们衣冠整齐，按照规定，进入皇宫，在露天太和殿广场上进行答卷。后来，因为下雨，皇帝降旨，全部贡士改在太和殿廊下举行考试。

乾隆五十四年开始，大清王朝的殿试改在保和殿举行，考场就设在保和殿内。

▲ 清　康熙二十四年（1685 年）会试第一场金居敬墨卷

原存放于内阁大库。金居敬，江南苏州府长洲县人，时年 47 岁。

贡士们聚精会神，完成答卷。

按照规定，在太阳落山之前，考生们必须交卷。

考生试卷，由受卷官接收，一起送到中左门。在中左门，试卷交给弥封官，一一弥封。接着，全部试卷分别装箱，送到午门内朝房，交给读卷大臣。

读卷大臣按照分工，分别阅卷。

历时两天，读卷大臣阅完全部试卷。经过商议，选出十份最佳试卷，排列名次。

第三天黎明，十份试卷呈交皇帝御案，由皇帝最后审阅。

皇帝阅卷之后，钦定名次。

皇帝挑选最好的三份试卷，排列在前，为一甲进士，分别称为状元、榜眼、探花。

参加殿试的所有贡士都是天子门生，可以获得进士名位，包括没有作完考试试题者。

所有参加殿试者都中了会试榜；会试之后，通过复试，才能进入殿试，已经取得进士资格。

皇帝举行殿试，意在让天下最优秀士子接受一次天子亲自主持的临轩策士，成为天子门生。

殿试举行的时间，明清时期不同：

明朝时殿试时间：明成化年间以前，确定是三月初一；后来，因为太子三月初一丧事，殿试时间改为三月十五日。

清朝时，殿试日期定在三月至五月之间；殿试时间，由钦天监根据皇帝之旨择定。

清朝光绪末年，朝廷特别设立经济特科，并在保和殿，考试选拔新学人才。

崇祯皇帝召见女将军

王朝三大殿，位于高高的三层台基之上。

保和殿高大的台基东西两边各有一片宽阔的空地，宫中称为平台。

保和殿东侧空地，是东平台；平台北面有一道门，称为后左门。

平台，是明、清皇帝召见特别大臣之地。

崇祯年间，内忧外患，崇祯皇帝忧心忡忡，经常召见重臣，询问安定计策，选拔人才。宫词称："昨朝暖阁询边计，今日平台议用人。"

崇祯四年（1631年），起义军落点京师外围永平四城。

四川女帅秦良玉，马不停蹄地奉诏勤王。

秦良玉（1574—1648年），字贞素，四川忠州（今重庆忠县）人，明朝末年著名女将。丈夫马千乘，是东汉伏波将军马援后人，世袭石砫（今石柱土家族自治县）宣慰使，俗称土司。马千乘被害后，其子马祥麟年幼，秦良玉代领夫职。

秦良玉武艺出众，亲率兄弟秦邦屏、秦民屏，先后参加抗击清军、奢崇明之乱、张献忠之乱等战役，战功显赫，被封为二品诰命夫人。

明朝灭亡后，南明朝廷追谥秦良玉为"忠贞侯"。历代正史，女性名人都是被列入列女传，秦良玉是中国历史上唯一一位作为王朝名将列入正史将相列传的。

女将军秦良玉一身武艺，忠心耿耿。为讨平叛贼，身经百战，闻名遐迩。

女将军奉诏勤王，来到京城脚下。崇祯皇帝十分感动，特地降旨，在皇宫东平台，召见秦良玉。崇祯皇帝现场赋诗四首，赐给这位女将军。

崇祯皇帝《御制诗四首》：

学就西川八阵图，鸳鸯袖里握兵符。

由来巾帼甘心受，何必将军是丈夫。

蜀锦征袍自剪成，桃花马上请长缨。

世间多少奇男子，谁肯沙场万里行！

🔺 明　武科考试马射图与步射图

选自明朝王圻、王思义《三才图会》。明朝武科考试时间比较晚，而且重弓马。考试时，初考骑射，二考步射，三考策论。日本国立图书馆藏。

露宿风餐誓不辞，饮将鲜血代胭脂。

凯歌马上清平曲，不是昭君出塞时。

凭将箕帚扫匈奴，一派欢声动地呼。

试看他年麟阁上，丹青先画美人图。

此后，秦良玉多次打败起义军张献忠、罗汝才所部，致使其不敢接近秦良玉守卫的石砫。清顺治五年（1648 年），秦良玉去世。

顺治皇帝赐宴吴三桂

清初，明代皇帝居住的寝宫乾清宫已十分破败。

清廷决策者决定让顺治小皇帝暂时住进乾清宫。

当时，保和殿非常破败，清廷召集工匠，快速修复。修缮一新后，皇帝赐名，保和殿改称位育宫。位育宫，名称出自"君子致中和，而成位育之功者，此道通乎上下"。

顺治三年（1646 年）十二月，顺治皇帝 8 岁，入住位育宫。

吴三桂（1612—1678 年），字长伯，一字月所，明朝辽东广宁前屯卫中后所（今辽宁绥中县）人，祖籍南直隶高邮（今江苏省高邮市），锦州总兵吴襄之子，祖大寿外甥。

他是明末清初著名的政治、军事人物，自明至清，经历丰富：

崇祯皇帝登基，开武科取士，吴三桂夺得武科举人；不久，吴三桂又以父荫为都督指挥；明崇祯时为辽东总兵，封平西伯，镇守山海关；崇祯十七年（1644 年）降清，在山海关大战中大败李自成，封平西王。

顺治十六年（1659 年），吴三桂镇守云南。顺治十八年（1661 年），引兵入缅甸，迫缅甸王交出南明永历帝。康熙元年（1662 年），吴三桂杀南明永历帝于昆明；同年，晋封为平西亲王，与福建靖南王耿精忠、广东平南王尚可喜并称"三藩"。

康熙十二年（1673年），下令撤藩；吴三桂自称"周王、总统天下水陆大元帅、兴明讨虏大将军"，发布檄文，起兵造反，史称"三藩之乱"。康熙十七年（1678年），吴三桂在衡州（今湖南衡阳市）登基为皇帝，国号"大周"，建都衡阳，建元"昭武"；康熙十七年秋在衡阳病逝，追谥为"通文神武高皇帝"；其孙吴世璠继位，三年后，清军攻破昆明，"三藩之乱"结束。

顺治五年（1648年）四月，平西王吴三桂奉旨前往汉中，镇守边疆。

临行前，顺治皇帝为了表示恩宠，特地在保和殿寝宫为平西王吴三桂赐宴，为将军送行。宴会之后，顺治皇帝特别赏赐吴三桂：凉帽一顶，蟒袍一袭，黄金带一围；玲珑撒袋一副，弓矢一套，鞍马一匹。

⚠ 清　骑兵盔甲

头盔，高27.3厘米，宽20.3厘米，直径26厘米，重1117克。纽约大都会博物馆藏。

顺治皇帝大婚

顺治八年（1651 年）八月，顺治皇帝福临十四岁了。按照皇太后的懿旨，正式举行大婚。大婚皇后，正是孝庄太后的侄女，博尔济吉特氏。

顺治元年（1644 年）前，李自成被迫撤离北京。当时，李自成下令火烧紫禁城，许多宫殿惨遭毁灭。更多的宫殿，虽然没有倒塌，但是已残破不堪，无法居住。

顺治初年，乾清宫、坤宁宫面目全非，破败不堪。

顺治十年（1653 年），清廷才着手修缮乾清宫、坤宁宫。

顺治十二年（1655 年）四月，坤宁宫修缮一新，准备在大殿上安设殿脊螭吻。

清廷为了表示郑重，皇帝特别降旨，请朝廷的文武百官参与安设仪式：清晨，文武百官一身官服，整齐列队在正阳门前，隆重地迎接从琉璃厂运来的巨大螭吻，高达三米四。

顺治三年（1646 年），保和殿（位育宫）率先完成修复。

顺治八年（1651 年），顺治皇帝大婚，大婚地点、大婚洞房，应该就在位育宫。

《清世祖实录》记载，顺治八年，顺治皇帝大婚，顺治皇帝请孝庄太后驾临位育宫。

由礼乐仪仗导引，太后乘坐御辇，从内廷来到太和门。

顺治皇帝步行，迎出太和门，恭敬地将太后迎进位育宫。

顺治十年（1653 年）八月，大婚后两年，顺治皇帝降旨，废黜皇后。理由是，皇后性情骄纵，生活奢侈，命"降为静妃，改居侧宫"。

顺治皇帝入住位育宫，大约有 10 年。

顺治十年（1653）正月初一，顺治皇帝来到太和殿，接受王公、大臣朝贺。接着，在位育宫设宴，宴请大学士、六部九卿级大臣。

清 喜字丝绸

纽约大都会博物馆藏。

⬆ 清　嫁衣

纽约大都会博物馆藏。

国宴上，皇宫器皿十分精致，琳琅满目。宫廷银器，盛着长粒香米，香气在大殿中飘散。

大殿宴会时，现场艺术表演连番不断：满洲舞、鱼皮舞、高丽筋斗、杂技表演、音乐演奏、杂剧。

王朝国宴，一直进行到薄暮时分。宴席撤下时，顺治皇帝下令，与宴群臣可以把未吃完的美酒佳肴打包回家。

顺治十三年（1656年）五月，乾清宫、坤宁宫修复一新。七月，顺治皇帝移居乾清宫，正式发布诏书：

> 朕自即位以来，思物力之艰难，罔敢过用，轸民生之疾苦，不忍重劳。
>
> 暂改保和殿为位育宫，已经十载。揆之典制，建宫终不容已，乃于顺治十年秋卜吉鸠工。
>
> 今乾清宫、坤宁宫告成，祇告天地、宗庙、社稷。于顺治十三年七月初六日，临御新宫。

养心殿：皇宫的心脏地带

皇帝的寝宫

养心殿，坐落在紫禁城后宫正宫乾清宫西侧。

养心殿，南北长约 63 米，东西宽约 80 米，占地 5000 平方米。

紫禁城建造之时，按照最初的设计，养心殿只是一座皇帝临时休息的宫殿。明代时，非常普通，仅此而已。

养心殿，始建于明嘉靖年间。

《世宗实录》记载："丙子（嘉靖十六年，1537 年六月），新作养心殿成。"

养心殿之"养心"，出自《孟子·尽心》："养心，莫善于寡欲。"意思是：修养心性，最好的办法是减少欲望。

万历年间，明神宗长期不上朝，喜欢居住在养心殿。

《神宗实录》记载："万历二十四年三月乙亥，是日戌刻，火发坤宁宫，延及乾清宫，一时俱烬。上时居养心殿，密迩二宫，立火光中，吁祷甚切，幸不至蔓延。"

清代雍正以后，先后有 8 位皇帝在养心殿居住、生活、理政。

清初，入主中原的第一位皇帝顺治皇帝，即病逝于此。

顺治十八年（1661 年），元旦，顺治皇帝居住在养心殿，召见礼部尚书、翰林院掌院学士王熙。王熙是京师人，顺治四年（1647 年）中进士，仅

養心殿東暖閣

養心殿東暖閣最讓人
矚目的地方就是這個
寶座。這裡便是慈禧
太后垂簾聽政的地方。

24 岁，获得顺治皇帝的特别器重。

《王熙自撰年谱》记载："元旦，因不行庆贺礼，召入养心殿，赐坐，赐茶而退。"

元月初三，皇帝再次召见王熙："命至榻前讲论，移时。"

《东华录》记载："顺治十八年（1661 年）正月丁巳七日夜子刻，章皇帝殡天。先，五日壬子，不豫。丙辰，遂大渐。召学士麻勒吉、王熙，至养心殿，定上御名，立为皇太子，令草遗诏。"

顺治皇帝病危，却十分清醒，对满大学士麻勒吉和汉大臣王熙说："朕患痘，势将不起。尔可详听朕言，速撰诏书。"

随后，顺治皇帝条理清晰地回顾执政 18 年的种种过失，深深自责；口谕确定：8 岁皇子玄烨，为嗣皇帝；四位满洲大臣，辅佐皇帝。

顺治皇帝后期，经常居住在养心殿。最后，这位入主中原的清朝第一任皇帝在养心殿离开人世，年仅 24 岁。

康熙皇帝，没有选择皇帝居住的乾清宫。

康熙皇帝登基之初，亦安排入住在保和殿，当时称为清宁宫。

康熙八年（1669 年），康熙皇帝移住乾清宫昭仁殿，一直没变。

中年以后，康熙皇帝在养心殿中度过了大量的美好时光。

清康熙年间，宫廷制造日益频繁。康熙皇帝选择这里作为宫中造办处之宫中作坊，专门制作宫廷御用物品。

康熙五十九年（1720 年），康熙皇帝在养心殿接见罗马教皇使臣嘉乐。当时，康熙皇帝亲自接过嘉乐所进的教皇表章。接见之后，康熙皇帝赐给嘉乐若干清廷衣物和宫廷用品等。

养心殿外院为一排矮小房屋，是太监值班的处所；大清文武高官，在这里等候皇帝召见。

康熙皇帝去世后，他的儿子雍正皇帝登基。

为了表示守孝，雍正皇帝没有入住乾清宫，而是入居养心殿。

后来，雍正皇帝选择养心殿作为他的寝宫，没有再搬到乾清宫。

从雍正年间开始，直到清末，200 余年间，先后有 8 位皇帝在这里居住、生活、理政和从事日常活动。

清顺治、乾隆、同治三位皇帝，最后病逝于养心殿。

皇帝的膳房

养心殿，位于紫禁城中央西部，是内廷宫殿之中距离乾清宫最近的一所宫院。

明代时，养心殿是皇帝闲居的宫殿。

皇帝听政之余，前往后宫游幸之时，通常选择在养心殿用餐。

养心殿宫院入口位于内右门内，西一长街南口，院子门的正式名称是遵义门。不过，明朝大部分时间，宫中称为"膳厨门"。

嘉靖十四年（1535 年），改为遵义门。但是，直到明末崇祯年间，宫中太监一直称其为"膳厨门"。

进入遵义门，迎面是琉璃影壁。转过影壁，就是东西向的长长宫院。宫院正中向北，就是养心门。

清代时，养心门南面没有什么宫殿楼台，只有低矮的排房。

明代时，这里兴建了一座隆道阁和无梁殿，以及一长排膳房。

明代皇帝进膳，先在这里调制。皇帝住在乾清宫，可以在养心殿用膳，也可以令掌膳宦官将膳食送到乾清宫。

明天启年间，皇帝朱由校在位（1621—1627 年），终日醉心于木匠活儿和美食。

司礼监掌印太监魏忠贤内外勾结，势焰熏天，将年轻无知的天启皇帝玩弄于股掌之中。他胆大包天，擅自做主，将皇帝的膳房迁到皇宫东部的怡神殿；皇帝膳房原址，改成司礼监掌印、秉笔太监的办事衙署。

天启皇帝的膳食，由其乳母客氏操办。客氏和魏忠贤狼狈为奸，完全控制了宫廷和朝政。

乳母客氏自作主张，搬迁到皇太后居住的紫禁城西部区域寿安宫，以皇太后自居，每天前往乾清宫侍候皇帝。

魏忠贤，在养心门外的司礼监值房，代替皇帝，用朱笔批改文武大臣进呈皇帝的奏章、代替皇帝宣达圣旨，任命朝野官员、拉拢和重用趋炎附势者，培植、壮大特务组织锦衣卫，动用酷刑，残害正直的大臣。

魏忠贤生杀予夺，为所欲为，俨然成了紫禁城的主人，其势焰如火如荼，欲奉者趋之若鹜，纷纷为他大造生祠，山呼"九千岁"。

作为御膳房，许多宫廷美食出自这里。

宫中，正月，皇帝好饮椒柏酒，吃"水点心"。"水点心"，宫中称为扁食，就是饺子。"水点心"之中，居中最显眼者为包裹银钱的饺子，由皇帝、主子吃到，被认为是讨吉利，来年一年大吉。

新年之时，皇家吃百事大吉盒儿：宫廷御厨将精选的柿饼、荔枝、圆眼、栗子、熟枣等物，装在精美的宫廷盒子里，进奉皇帝、主子，称为百事大吉。

每年新年，宫中必吃驴头肉。驴头肉，由御厨精心制作，用宫廷精美小盒盛装。宫中，吃驴头肉称为"嚼鬼"。驴，俗称为鬼。

正月初七，称为"人日"。"人日"，宫中吃春饼，吃春菜。

正月初九，宫中开始耍灯市卖灯，迎接灯火辉煌的宫廷元宵节。

宫中，元宵节，吃元宵。宫中元宵，制作精美：用糯米细面包上核桃仁、

⬆ 清　食盒

紫檀木有金属护角坐骑，镶嵌宝石、珍珠。清宫旧藏。

⬆ 清　翡翠水果盘

清宫旧藏。

▲ 清　光绪银寿字火锅

烧炭锅，由锅、盖体、烟囱、烟囱盖组成。
北京故宫博物院藏。

▲ 宫中餐具

玫瑰、白糖，洒水滚成核桃大小，成为江南汤圆。

正月期间，明宫皇家饮食丰富多彩。

宫廷之中所尚珍味，主要包括：冬笋、银鱼、鸽蛋、麻辣活兔、塞外黄鼠、半翅鹖鸡、冰下活虾、烧鹅、烧鸡、烧鸭、烧猪肉、冷片羊尾、爆炒羊肚、猪灌肠、大小套肠、带油腰子、羊双肠、猪膂肉、黄颡管耳、脆团子、烧笋鹅、烧笋鸡、爆醃鹅、暴醃鸡、煤鱼、柳蒸煎攒鱼、煤铁脚雀、卤煮鹌鹑、鸡酼汤、米烂汤、八宝攒汤、羊肉包、猪肉包、枣泥卷、糊油蒸饼、乳饼、奶皮、烩羊头、糟腌猪蹄、糟腌猪耳、糟腌猪舌、糟腌猪尾、鹅肫掌。

皇家饮食所尚素食，主要包括：滇南枞、五台山天花羊肚菜、鸡腿银盘麻姑、东海石花海白菜、龙须、海带、鹿角、紫菜、江南蒿笋、糟笋、香菌、辽东松子、蓟北黄花、金针、都中山药、土豆、南部苔菜、武当山鲨嘴笋、黄精、北山榛、栗、梨、枣、核桃、黄连茶、虎丘茶、江南蜜柑、凤尾橘、漳州橘、橄榄、小金橘、凤菱、腊藕、西山苹果、软籽石榴。

下雪之日，宫人聚在暖室，观赏蜡梅花，吃羊肉包子、炙羊肉、尝乳皮、乳窝卷蒸食、喝浑酒、牛乳。

明穆宗喜爱美食，特别爱吃大锅烩。宫廷御厨将炙蛤蜊、炒鲜虾、田鸡腿、笋鸡脯、海参、鳗鱼、鲨鱼筋、肥鸡、猪蹄筋等共烩一锅，称为"三事"，进献皇帝。明穆宗进食，每每吃得有滋有味，其乐无穷。

明宫司礼监

权力高涨

司礼监，明代宫中太监总管机构，总管"二十四衙门"。

明代时，太监总部就设在养心殿的位置。

司礼监，素有"宫廷第一署"之称。

司礼监，是明朝内廷管理宦官与宫内事务的"十二监"之一，始置于明太祖洪武十七年（1384 年）。监中，有提督、掌印、秉笔、随堂等太监。

提督太监，掌督理皇城内一切礼仪、刑名及管理当差、听事各役。

司礼监，由太监掌管，在明初受到严格限制，没有太大的权力。明中期，由于皇帝怠政厌政，以及皇帝幼冲等原因，皇帝经常让司礼监代帝"批红"。这样，司礼监不断扩大自己的权力，直接干预王朝中央决策。

虽然司礼监拥有巨大的权力，但是却不能像唐代后期宦官那样任意地废立皇帝。

明代司礼监，始终受制于皇权。明代司礼监著名宦官，有王振、刘瑾、冯保等人，皆曾任司礼监之主管：司礼监掌印太监；魏忠贤，曾任司礼监秉笔太监，兼任东厂太监。

明朝建立之初，就开始设立内廷宦官机构。

吴元年（1367 年），朱元璋设置内使监，设监令、丞、奏御等官，其中有纪事奏御名目。

洪武六年（1373 年），明太祖改御用监为供奉司，又置纪事、内政二司。

洪武末年，明代宦官机构基本形成。

明代宦官机构，总称"二十四衙门"，包括十二监、四司、八局。其中，司礼监，是明代宦官"二十四衙门"中的首席衙门，是整个宦官系统中的权势地位最高者：不仅总管内廷宦官事务，而且职涉外廷朝政，正所谓"无宰相之名，有宰相之实"。

司礼监，最早见于洪武十七年（1384年）四月："司礼监，掌宫廷礼仪，凡正旦、冬至等节，命妇朝贺等礼，则掌其班位仪注及纠察内官人员违犯礼法者。"

洪武二十八年（1395年），朱元璋对宦官机构作了第二次全面调整。司礼监职掌改为："掌冠婚丧祭礼仪、制帛与御前勘合、赏赐笔墨书画，并长随当差内使等人出门马牌等事，及督光禄司供应诸筵宴之事。"

这次职掌变动，可以看出：一、掌冠婚丧祭礼仪，是原来司礼监掌宫廷礼仪的具体化。二、增加了御前勘合，内使人等出门马牌，赏赐笔墨书画，催督光禄司供应筵宴四项内容。

洪武二十八年（1395年）调整后的司礼监，排列于内官监之后，仍然是宦官的一般衙门。

明太祖对宦官管教严格，明确表示：司礼监作为宦官机构，大多是用心险恶的人，如果用为耳目，那么一定会闭塞"圣听"；如果把他们用作心腹，那么必然生出祸患。如果想要驾驭他们，要制定一定的法规让他们畏惧，而不能让他们立功。制定法规能够约束他们，但是让他们有功则会生出骄纵之气；并规定，内侍不许读书识字。

洪武十七年（1384年），朱元璋铸造铁牌悬置宫门，明令："内臣不得干预政事，犯者斩"；敕诸司，不得与内官监有文件章奏的往来。

永乐、洪熙时期，宦官权力扩张。然而，司礼监在宦官机构中仍属于一般衙门，司礼监官员也不具有优越地位。

明宣宗时期，司礼监的地位开始出现质变。

变化端倪，见于宣德元年（1426年），宫中正式设立内书堂，并命翰林官专授小内使读书。

宣德时期，直接影响司礼监权位变化的关键事件，是明宣宗令内阁条旨和伴随而来的"批红"。

据史籍记载，永乐、洪熙二朝，一些涉及秘密的章奏，外臣一般不能得知，章奏的批改都出自皇帝一人之手，未尝委托于他人。宣德时期，皇帝开始令内阁杨士奇等人参与批阅章奏。中外章奏，允许阁臣把批阅建议写在纸上，并贴在各奏疏的对面上以进呈，最后由皇帝亲自御批，称为"票拟"。

批阅奏章，成为皇帝处理国政的主要途径。然而，明宣宗令内阁负责条旨，但是对这些条旨都要他亲自批朱。事实证明，批阅大量的奏章是皇帝一人难以办到的，于是大部分须由其他阁臣或者宦官代为"批红"，这样经过内书堂训练，代替皇帝"批红"的司礼监秉笔太监就应运而生了。

明宣宗之后，明英宗幼冲，实际主政的太皇太后张氏不能与内阁面议取旨，遂专令内阁负责"票拟"，从此，内阁就拥有了"票拟"权。同时，"批红"成了司礼太监的主要职掌。司礼太监参与"批红"，成为皇帝处理机务最贴近最可靠的助手。司礼监作为"宦官机构第一署"的地位得以确立，同时也就为其逐步集中与扩充权力奠定了基础。

正统以后，司礼监自身的权力和结构也进一步高涨和严密。

首先，司礼监将宦官各衙门的主要权力逐步集中到自己手中，举凡镇守太监的调派，同三法司录囚，提督京营、东厂等大权皆归司礼监。

其次，在组织形式上，司礼监已成为一个以掌印、秉笔太监为首的，和内阁部院相对应的庞大官僚机构。

沈德符的《万历野获编》记载："司礼，今为十二监中第一署，其长与首揆对柄机要，睑书、秉笔与管文书房，则职同次相。其僚佐及小内使，俱以内翰自命，若外之词林。内官监视吏部，掌升造差遣之事。今虽称清要，而其权俱为司礼矣。"

刘若愚指出："最有宠者一人，以秉笔掌东厂，掌印秩尊视元辅，掌东厂权重，视总宪兼次辅，其次秉笔，其次随堂，如众辅焉。"

可见，正统以后的司礼监实质上是内廷的另一内阁：司礼监掌印太监，实际已成为与内阁首辅对柄机要的"内相"。

明武宗时期，司礼监太监"遂专掌机密，凡进御章奏及降敕批疏，无有不经其出纳者"。

明代司礼监设"掌印太监一员，秉笔、随堂太监八员，或四五员……司礼监提督一员，秩在监官之上，于本衙门居住，职掌古今书籍、名画、册叶、手卷、笔、砚、墨、绫纱、绢布、纸剂，各有库贮之。选监工之老成勤敏者掌其锁钥。所属掌司四员或六七员，佐理之。并内书堂亦属之。又经厂掌司四员或六七员，在经厂居住，只管一应经书印板及印成书籍、佛、道藏、蕃藏，皆佐理之"。

司礼监下属经厂，完全是一个掌管刻书及书籍版片的专门机构。其规模随着司礼监权力的不断扩大而扩大。

嘉靖十年（1531年），清理过一次内府工匠额数，曾革去老弱残疾、有名无人者15167名，实留12255名，并著为定额。其中，司礼监就占有1583名，而专事刻书出版者为：笺纸匠62名；裱褙匠293名；摺配匠189名；裁历匠80名；刷印匠134名；黑墨匠77名；笔匠48名；画匠76名；刊字匠315名，总1274名。

450多年前，司礼监经厂居然有1200多人的印刷厂，而且分工细密，实在是当时世界出版印刷业上的奇观。

干预决策

司礼监利用皇帝对自己的宠信，发展到直接对皇帝的决策进行干预和影响的地步。

成化时期，宦官怀恩的事迹遐迩闻名。

成化二十年（1484年），陕西、河南等地出现严重的旱灾，许多州县甚至出现人相食的现象。这时，明宪宗听信僧人继晓的蛊惑，在京城西市修建大永昌寺。修建该寺庙，要强令当地居民迁徙者数百家，而且耗费皇帑数万两白银。

为此，刑部员外郎林俊上疏劝阻，要求斩继晓以谢天下。

明宪宗大怒，将林俊下锦衣卫大狱，想要杀他。

为此，怀恩尽力为之求情。明宪宗大怒，将砚台扔向他，说："你要和林俊一起忤逆朕吗？！"

怀恩退后，称病不起。

明宪宗怒气消解之后，派人去看望怀恩，并释放了林俊。

明宪宗朱见深坐像

有个叫章瑾的人进贡宝石，求得锦衣卫镇抚之职。

明宪宗允准，命怀恩前去传旨。

怀恩说："锦衣卫镇抚掌管天下'诏狱'，应该选择武臣中优秀的人任命，怎么能因为章瑾进贡就委任他呢？所以，不宜去传旨。"

明宪宗说："你想要违抗朕的旨意吗？"

怀恩说："不敢违抗皇帝的旨意，但这于法不合。"

明宪宗不得已，就命覃昌前去传旨。

"批红"特权

"批红"权，是皇帝所行使的一种特殊的权力，是对决策的最终决策，是对处理事情的审批权。没有这一道程序，任何事情的处理都将是不合法的，内阁的"票拟"必须经过皇帝的"批红"才能形成效力。因为"票拟"受制于"批红"，所以窃取"批红"权的人对中枢决策具有极强的干涉作用。恰恰司礼监窃取了这方面的权力。

司礼监，完全掌握了管理天下章奏，照阁"票拟"朱批这两项重任，代表皇帝处理国家事务。

司礼监，由于其本身的地位、权力，使其能够对内阁的"票拟"产生很大的影响。

黄宗羲说："宦官之祸，历汉、唐、宋而相去无几，然未有若明之为烈也。汉唐宋有干预朝政之宦官，无奉行阉官之朝政。今夫宰相六部，朝政所自出也。而本章之批答，先有口传，后有票拟，天下之财赋，先内库而后太仓。天下之刑狱，先东厂而后法司。其他无不皆然。"

万历初年，冯保掌管司礼监，又提督东厂，总兼内外事务，权势高涨。

内阁首辅高拱，授意六科给事中程文、十三道御史刘良弼等，交互向皇帝上疏奏事，弹劾冯保，而且给事中雒尊、陆树德又特意上疏检举弹劾冯保。高拱授意他们，一起请求驱逐冯保。

▶明熹宗朱由校坐像

冯保执掌司礼监，扣留了他们的所有奏疏，最后他与张居正合谋，一起逐走了高拱。

张居正"夺情"这件事上，翰林院编修吴中行、检讨赵用贤、刑部员外郎艾穆，分别写了措辞严厉的奏疏，弹劾张居正。

冯保，以司礼监掌印太监，把他们的奏疏留中数日不发。

明熹宗时，魏忠贤利用秉笔太监特权，欺上压下，栽赃诬陷。

明制规定，大臣奏章例应由秉笔太监转呈皇帝。这样，魏忠贤就可以随意篡改，蒙骗明熹宗，再借皇帝之名，滥定人罪。

修撰文震孟，针对魏忠贤渐渐专权的情况曾上疏，认为大臣上朝上奏朝拜，如同傀儡一般，希望恢复祖制，大臣当面奏事，皇帝当面裁决，君臣相对如家人父子，左右近习则无缘蒙蔽。

这一下触犯了魏忠贤。此疏呈上后，魏忠贤扣留不上奏，趁明熹宗观剧时断章取义，摘取奏疏中"傀儡登场"等语句呈奏，诬陷文震孟，将皇帝比作傀儡木偶，不杀他无以警示天下。

明熹宗信以为真，竟传旨杖文震孟八十。

参与阁议

明代司礼监干预内阁决策，除了"批红"外，还有一项重要的方式便是出席阁议。

本来，司礼监太监的职务是掌内外奏章，参照内阁的"票拟"参与"批红"，国家一切军政大事，他们早已干预。出席阁议，则不仅是干预，而是主持了。

内阁商议军国重事，司礼监太监按成例可以作为君主的代表出席参加。

宦官出席阁议，不仅有权发表意见，而且常常能够左右阁议。

宦官在阁议时，质问、申斥、逼迫阁臣的情况亦屡屡发生。

皇帝派司礼监出席阁议，除了不信任阁臣，派他们去监视侦察外，还有就是明代中期开始，皇帝很少与大臣见面。自成化至天启的167年间，皇帝接见大臣也不过是在弘治时期而已，其他的皇帝都长期不接见大臣。

在这样的情形之下，皇帝假如有什么事要内阁办理，或是内阁来奏章需要商讨，便一律叫司礼监代表前往。这样一来，司礼监代表着皇帝，其发表的意见对内阁的决定有相当大的左右作用。

成化时期有两次阁议，从中可以看出司礼监太监对待内阁的态度。

成化初期，商议上两宫尊号，内臣太监夏时怀逢迎之心，上奏说："英宗钱皇后久病，所以，应该只尊宪宗生母周氏为太后。"

大臣李贤说："今日应该遵从英宗遗命。"夏时表示反对。牛玉也帮助夏时，一同参与朝议的大臣知道难以斗过内臣，于是都不发言。

夏时见朝臣们都不言语，于是故作声色说："你（指李贤）在两宫之间有偏向，难道是钱氏怀有二心，怕追究起来对她不好？"

朝臣彭时拱手向天说："太祖太宗的神灵在上，谁敢有二心？钱皇后已经无后，还能有什么二心？我们不敢极言上奏的原因，是为了保全当今皇上的圣德，没有其他意思。如果按照当今皇帝的仁孝之心，则两宫应该一起尊为太后。"

众朝臣都说："如此甚好。"

这时，夏时的神情才放松下来，进殿重新奏请。

在这次上两宫尊号的辩论中，司

⬥ 明英宗朱祁镇像

⬥ 明武宗朱厚照像

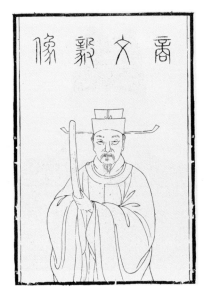

▲ 商辂

选自《西湖拾遗》。商辂，字弘载，号素庵，谥文毅，中国浙江淳安人。宣德十年（1435年）举乡试第一，于正统十年（1445年）举会试第一，继而殿试第一，三元及第。成化二十二年（1486年）七月十八日卒。赠太傅，谥"文毅"。

礼监太监简直是颐指气使，发号施令，最后只得采取折中措施，两宫并尊。

成化十三年（1477年）五月，大学士商辂等上疏，请求停罢西厂，并治汪直之罪，引起明宪宗朱见深的震怒。

明宪宗命司礼监太监怀恩、覃昌、黄高至内阁厉声传旨，对商辂等人说："朝廷用汪直监察朝中奸恶之人，这难道是什么坏事吗？你们竟然这么说，到底是谁提出来的？"

于是，怀恩慢慢地对商辂等人说："朝廷命我等详细审问缘由，如今都认为皇帝的话是对的，所以，你们应该据实回话。如果皇上再次来询问，不要变更回答。"商辂答应了他的请求。

成化十四年（1478年）春，辽东巡抚陈钺因为贪功心切，乘人不备而进攻女真贡使导致变乱，宦官汪直想要亲自去平息变乱。

明宪宗令司礼监太监怀恩等七人到内阁与兵部一起商议，怀恩想要派遣大臣前去安抚。马文升立刻回应表示同意。怀恩入宫向明宪宗具体陈奏，明宪宗即

命马文升前往。

这里，怀恩的意见起到了决定性的作用。

正德初年，刘建等上疏请诛刘瑾。

明武宗朱厚照派司礼监太监王岳、李荣、范亨、徐智等八人赴内阁参加会议，一天之内竟去了三次。

明武宗想把刘瑾安置去南京，朝臣谢迁的意思却是非杀刘瑾不可。太监王岳对刘瑾的行为看不惯，连声为内阁的说法叫好。

当然，宦官参与内阁会议也有积极的事例。

在明英宗"北狩"之时，郕王朱祁钰即使金英、兴安与廷臣问计。内廷太监兴安对侍读徐珵的意见严厉斥责，并大言曰："敢言南迁的人应该杀。"故而入告孙太后，劝郕王任于谦为兵部尚书，负责北京保卫战。

拉拢朝臣

司礼监太监一旦把持朝政，首先要控制的便是内阁和六部。他们对于逆己者进行打击和排斥，附己者进行擢升。

刘瑾掌握司礼监后，首先安插自己的党羽出任内阁要员。如刘宇，先后任兵部尚书及吏部尚书，掌握军政大权，后又入阁，以原官兼文渊阁大学士。另外一党羽曹元，先为兵部尚书兼督团营，后亦任吏部尚书兼文渊阁大学士。焦芳告密，刘瑾让他以吏部尚书兼文渊阁大学士，入阁办事。此外，刘瑾的

▽ 明　谢环　《杏园雅集图》

明朝雅集图的经典之作。杏园雅集的背景是明英宗在位初期，正统二年（1437 年），明朝正处于强盛时期。明宣宗驾崩后，太皇太后张氏命所有部门议案均先经过四朝元老。当时称杨士奇为"西杨"，杨荣为"东杨"，杨溥则为"南杨"。此次聚会的地方是杨荣府邸内的杏园，到场的人物都是当朝的官员，除谢环与杨士奇、杨荣、杨溥之外，还有王英、王直、周述、李时勉、钱习礼、陈循。纽约大都会博物馆藏。

同乡张彩，也多次去刘瑾家中，欢饮而尽。他们可称为刘瑾的"四大金刚"。刘瑾不仅在内阁中安插自己的亲信，六部尚书中也多有其私党，所以刘瑾得意地宣称"满朝公卿，皆出我门"。

刘瑾又对反对过自己的大臣加以打击。正德二年（1507年）三月，刘瑾召集群臣跪于金水桥南，宣布"奸党"，其中以刘建、谢迁、韩文等人为首的一大批官员都被列入名单，勒令致仕。

干预军事

明代大量派遣宦官进入军队，作为监军、镇守、巡视、分守、监枪等。

宦官之所以导致边疆事务败坏，主要是由于他们在军队中起到了极其恶劣的负面作用。

明英宗时，王振把持朝政，"三征麓川""土木堡之变"，都与王振错误的军事决策有密切的关系。

魏忠贤干预军事决策的突出表现是冤杀有功将领，这主要表现在熊廷弼冤案上。

熊廷弼任辽东经略之时，主持召集流亡军队，训练军队，加强防务，使后金军队不敢轻举妄动。但是，他却遭谗去职。

天启元年（1621年），辽沈失守，关外告急，熊廷弼再任辽东经略。但是，此时实权却掌握在广宁巡抚王化贞手中。

王化贞素不习兵，大言轻敌，又刚愎自用，拒不采纳熊廷弼的正确意见。

天启二年（1622年），王化贞擅自领兵冒进失利，后在广宁之战中大败溃退。当时手中无一兵一卒的熊廷弼只好同退入关。

仅为此，熊廷弼被罢官入狱。魏忠贤索贿不得，恼羞成怒，欲杀熊廷弼。

此时，正值杨涟、左光斗下狱。魏忠贤反诬告熊向杨、左行贿，企图一箭双雕。就这样，熊廷弼终于被冤杀，传首九边。

阉党又诬陷熊廷弼侵盗军资白银17万两。魏忠贤矫旨严逼，最终为了凑齐银两，熊廷弼的姻族都受到了牵连，熊廷弼的长子也被逼死。

熊廷弼案件，是一起政治上的大冤案。熊廷弼没有死于战事，却死于朝廷政争；不是死于执法的官吏，而是死于奸党之手。

熊廷弼的冤死，不仅使明朝损失了一员得力将领，更严重的是给辽东防务带来很大的负面影响。谈迁评论道："熊廷弼死后，镇守辽东的就没有能干之人了，大多是善于讲空话的狡猾之人，大多没有敢于应战后金的，这必然导致后金崛起，如此一来国家就危险了。"

从此以后，明朝在东北的防卫节节溃退，土崩瓦解。

尽管后来袁崇焕孤守宁远，连挫清军，但毕竟不能挽狂澜于既倒了。后来，袁崇焕也被魏忠贤诬陷罢去。很快清军就掩有关外，辽东失守，明王朝危在旦夕了。

权力的三角

明中叶以后，司礼监因负责掌管章奏文书，照内阁"票拟"朱批，而与内阁形成直接的权力互动关系。

皇帝、内阁、司礼监，组成了一个不等边三角形：其中，皇帝高踞于顶端，内阁和司礼监位于底边的两端，孰长孰短，孰强孰弱，完全视皇帝与其关系的密切和信任程度而定。

内阁，主要通过"票拟"加强皇权的统治效能；司礼监，则主要通过代皇帝"批红"，来监督和制约内阁的权力。

明中叶以后，皇帝多深居后宫，荒嬉享乐，不理国政，常常由司礼监秉笔太监代行"批红"大权，明朝人往往认为宦官势力由此而攫取了宰相之权。然而，内阁作出"票拟"，不得决定于内监的"批红"，相应的相权便转归于宦官之手了。

但"批红"，属于最高决策权，是实现皇权的一种方式。故司礼监太监代皇帝"批红"，是在代行皇权，而不是攫取了相权。由此可见，明代皇帝授权司礼监代行"批红"，是利用宦官势力牵制内阁，代表皇权监督和控制政府机构，以确保皇权的效力。

养心殿"圣训"

养心殿，呈"工"字形结构。前殿，面宽三楹，进深四楹；后殿，面宽五楹。前殿、后殿之间，有一道南北向的穿堂，连接前殿、后殿。

皇帝，在前殿东暖阁生活起居，在前殿西暖阁理政。

后来，皇帝的起居室移到后殿正中偏东间。前殿东暖阁，成为皇帝召见臣工之地。清晚期时，慈禧太后就在此"垂帘听政"。

乾隆年间，养心殿花团锦簇，充满温馨。

养心门前，环境优美，气氛轻松：门前左右，栽种国花牡丹；中间，点缀着太湖石；养心门西侧，竖立一个高竿，上面悬挂着"相风鸟"，用于候风占气。乾隆皇帝写诗"长竿三丈绳丝直，上揭飞轮如鸟翼"。

养心殿前庭有一座日影计时器日晷。

养心殿门称为养性门，门外南墙之下，正对着大门，设立了一座铜云龙镶嵌玉璧之插屏，很多人不知此为何物。

铜云龙镶嵌玉璧插屏：紫檀插屏，呈正方形；插屏雕刻两条游龙，为二龙戏珠图案；插屏中间，镶嵌玉璧；玉璧为青苍色，苍璧是礼天之器，玉璧为天，天即乾也。插屏之意，正是乾隆。

养心殿正堂正中高高悬挂着雍正皇帝手书匾额：水墨纸本横幅"中正仁和"。匾额下方设皇帝宝座——黄花梨木宝座、足踏，人称龙椅：长160厘米，宽90厘米，高102厘米；龙椅前，设楠木黄缎案桌。

皇帝宝座后面，是黄花梨木嵌御制诗屏风，高275厘米，宽260厘米。屏风上有乾隆皇帝御笔书写联语"保泰常钦若，调元益懋哉"。

这座大殿正堂，人称中正仁和殿、养心殿明殿。

皇帝宝座、屏风后面有两道门，通向穿堂，分别写有"恬澈""安敦"。

养心殿东暖阁，悬挂着康熙皇帝、雍正皇帝的"圣训"。

康熙皇帝的"圣训"是：

⬆ 养心殿正殿

天下之治乱休咎，皆系于人主之一身一心。政令之设，必当远虑深谋，以防后悔。周详筹复，计及久长。不可为近名邀利之举，不可用一己偏执之见。采群言以广益，合众志以成城，始为无偏无党之道。

孝者，百行之原，不孝之人断不可用；义者，万事之本，不义之事必不可为。孝以立身，义以制事，无是二者，虽君臣父子不能保也。

雍正皇帝的"圣训"是：

敬天法祖，勤政亲贤。爱民择吏，除暴安良。

勿过宽柔，勿过严猛。同气质亲，实为一体。诚心友爱，休戚相关。

时闻正言，日行正事。勿为小人所诱，勿为邪说所惑。

祖宗所遗之宗室宜亲，国家所用之贤良宜保。自然和气致祥，绵宗社万年之庆。

雍正时期，东暖阁悬挂着雍正皇帝御笔手书二字匾额"惟仁"。二字匾额两边是雍正皇帝一生最为欣赏的人生对联"诸恶不忍作，众善必乐为"。

曾国藩背诵"圣训"

据史书记载，东暖阁"圣训"一直高高悬挂，基本没有改变。

慈禧太后主政时期，才改变了养心殿的布局，一直保留至今。

咸丰年间，平定太平军的著名汉臣曾国藩，奉咸丰皇帝之旨，在养心殿等待召见。

作为汉人封疆大臣，曾国藩是第一次奉旨进宫。他诚惶诚恐，在御前太监的引领下，来到养心殿东暖阁。可是，皇帝太忙碌了，他等了许久，一直

清　咸丰皇帝便服像

不见咸丰皇帝的踪影。

等候的时间太久了，御前太监只好告知他明天再来。

曾国藩奉命主政一方，受到咸丰皇帝的器重。他回到自己在京的住所，左思右想，依然想不明白，皇帝召见，为何又迟迟不见？

曾国藩受到咸丰皇帝的格外器重，是因为权臣穆章阿之缘故。

穆章阿（1782—1856年），字子朴，号鹤舫，别号云浆山人，郭佳氏，满洲镶蓝旗人。他出身于满族官僚家庭，父亲穆广泰，官至内阁学士、右翼总兵。穆彰阿，嘉庆年间进士，历任内务府大臣、步军统领、兵部尚书、吏部尚书、户部尚书、军机大臣等职，手握大权，势倾朝野。鸦片战争时期，他极力阻挠禁烟运动，诬陷林则徐等抵抗派，与英、美等侵略者谋求议和，与之订立不平等条约。后来，他被革职拿问。

咸丰年间，权臣穆章阿将曾国藩郑重其事地推荐给咸丰皇帝。

据史书记载，当时，穆章阿向咸丰皇帝荐举之时，特别指出：曾国藩，做事缜密，是一个遇事留心之人。

曾国藩出宫以后，回到住处，百思不得其解。于是，他来到穆章阿府上，拜见自己的恩师。

穆章阿听了曾国藩的叙述和疑虑，沉吟片刻。

穆章阿问："你在宫中，看见养心殿壁间悬挂的字幅了吗？"

曾国藩第一次奉旨进宫，等候皇帝，一直诚惶诚恐，低垂着头，根本没敢抬起头，更不敢东张西望。

穆章阿如此一问，他十分惭愧，如实回答什么都没看见。

穆章阿感觉事情紧急，立即派遣心腹之人马上进宫，前往太监总管处，问清养心殿东暖阁布局，抄来殿中悬挂的先帝"圣训"。

曾国藩喜出望外，手捧"圣训"，潜心习读，反复背诵，字句内容全部了然于心。

第二天，咸丰皇帝降旨，于养心殿东暖阁召见曾国藩。

曾国藩拜见皇帝，行礼、寒暄之后，咸丰皇帝坐在皇帝宝座上果然问曾国藩，大殿暖阁中悬挂着先皇"圣训"，是否知晓？

曾国藩成竹在胸，从容地回答皇帝，侃侃而谈，对答如流；背诵"圣训"，讲解字义，无不切中要旨，恰到好处。

咸丰皇帝听罢，感觉十分满意。

西暖阁"勤政亲贤"

养心殿西暖阁，是皇帝处理日常政务、单独接见大臣、披阅殿试考卷之地。

西暖阁北墙上悬挂着雍正皇帝御笔匾额"勤政亲贤"。

这间隔间，人称"勤政亲贤殿"。

这块雍正皇帝的御笔匾额之下，是乾隆皇帝御笔格言诗屏文：

> 一心奚所托，为君止于仁。
> 二典传家法，敬天及勤民。
> 三无凛然奉，大公何私亲。
> 四序协时月，熙绩在抚辰。
> 五事惟敬用，其要以备身。
>
> 六府赖修治，其施均养人。
> 七情时省察，惧为私欲沦。
> 八珍有弗甘，念彼饥饿伦。
> 九歌扬政要，郑卫漫巫陈。
> 十联书屏宸，式听师保谆。

乾隆皇帝御笔格言诗两侧，是雍正皇帝最为喜爱的著名格言对联，"惟以一人治天下，岂为天下奉一人"。

这句格言是雍正皇帝最为崇尚的格言，悬挂在养心殿。同时，同样的格言悬挂在弘德殿。

不过，这句格言并不是雍正皇帝的原创。

这句格言出自唐朝张蕴古给唐太宗的《大宝箴》："……故以一人治天下，不以天下奉一人。"

雍正皇帝爱不释手，经过加工、改造，成为自己一生奉行的座右铭。

西暖阁墙壁上，悬挂着乾隆皇帝御笔手书的《养心殿铭》。

养心殿门外是精致的抱厦，"勤政亲贤殿"窗外安放着宫中精美的香炉。

每天清晨，清帝亲手燃香，香烟缭绕，标志着皇帝一天政务活动的开始。

这炷袅袅清香提醒皇帝，朝夕保持清醒头脑，恭恭敬敬，谨小慎微，始终保持砥砺勤勉。

乾隆皇帝休闲之处

整个上午，乾隆皇帝十分繁忙。工作结束之后，乾隆皇帝大约在未时（下午2点）进晚膳。整个下午，是皇帝的休闲时间。和平时期，皇帝通常会作诗、品文、赏画、游园。

养心殿，是乾隆皇帝弘历的福地，也是他一生活动之所。在这里，他留下了许多温馨的回忆。

雍正元年（1723年）正月，雍正皇帝即位之后，举行第一次祈谷仪式。仪式完成后，雍正皇帝从宫外回到宫中，宣召第四子弘历前来养心殿。这一年，弘历12岁，这是他第一次和养心殿结缘。雍正皇帝非常慈爱，单独召见，赐他一同吃肉。13年之后，乾隆皇帝即位，回忆养心殿这次赐食，感觉意味深长，他终于明白，那时，父皇已经默定他为皇位继承人。

清代，有8位皇帝居住在养心殿。其中，乾隆皇帝是居住养心殿时间最久之人。雍正十三年（1735年）八月二十三日，雍正皇帝驾崩。嗣皇帝弘历25岁登基，吩咐以上书房为倚庐，居丧27天，之后，他正式入主养心殿。弘历在位60年，以85岁退居太上皇。

乾隆皇帝建造了宁寿宫，作为自己的养老之所。但是，做了太上皇之后，

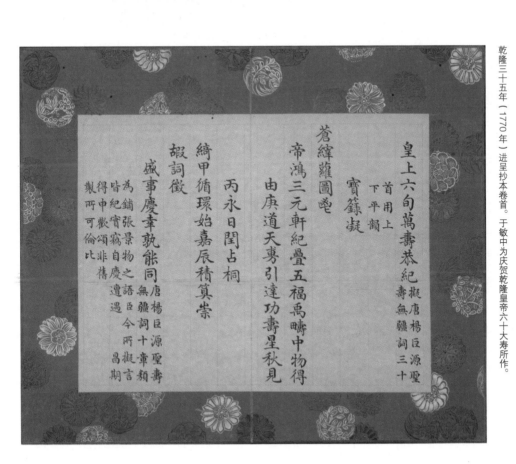

◀ 清 乾隆御笔题画诗墨

这套墨为根据乾隆皇帝题过诗的画中选出的九幅，再根据画卷的尺寸比例，缩制成九块墨。现藏于北京故宫博物院。

◀ 清 于敏中撰《清高宗六旬万寿诗》

乾隆三十五年（1770 年）进呈抄本卷首。于敏中为庆贺乾隆皇帝六十大寿所作。

皇上六旬萬壽恭紀擬唐楊巨源聖壽無疆詞三十
首用上下平韻
寶籙凝
蒼穹羅圖𢌞
帝鴻三元軒紀疊五福禹疇中物得
由庚道天躔引達功壽星秋見
丙永日閏占桐
緝詞徵
綺甲循環始嘉辰積筭崇
盛事慶幸孰能同唐楊巨源聖壽
無疆詞十章類
為鋪張景物之語臣今兩擬言
皆紀寶窮自慶遭遇得申歡頌非舊
覿兩可倫比期昌

▲清 张廷彦 《弘历行乐图》

乾隆皇帝归政，仍然"训政"。归政之日，乾隆皇帝明确宣布："归政后，凡遇军国大事，及用人行政诸大端，仍当躬亲指教。嗣皇帝朝夕敬聆训谕，将来知所秉承，不致错失！"因此，太上皇乾隆皇帝仍然居住在养心殿，直到去世。

乾隆皇帝精力充沛，乐观自得。在养心殿中，他度过了 64 个春秋，创造了中国古代最后一个王朝盛世，人称"乾隆盛世"。

乾隆皇帝多才多艺，天性浪漫。乾隆年间，养心殿景致宜人，宫院赏心悦目。乾隆皇帝写诗描述："园亭多水木，自是气清凉。"

养心殿庭院之中，乾隆皇帝栽有杏树、桃树。每年春天，杏树芳华，桃花灿烂。

乾隆皇帝为杏花题诗：

> 昨夜女夷剪绛纱，网轩新对一枝斜。
>
> 因思杜牧风流句，又见清明时节花。

乾隆皇帝面对寿龄惊人的古木桃花，写诗感怀：

> 芳姿拈咏感无端，露井依依艳未残。
>
> 九十韶华都过也，尚携春色待人看。
>
> 岂是春光为少留，新愁旧恨记从头。
>
> 由来仙树元都种，不落诗人泪不休。

每天下午，乾隆皇帝必作诗数首，有时他染笔绘画。乾隆皇帝写诗，用朱笔书写在小纸片上，称为诗稿、朱笔诗片，然后由太监交给精通文学的翰林大臣。翰林大臣用墨笔楷书将御笔诗稿誊录在折纸上，称为"诗片"。乾隆皇帝诗稿最大的特点，就是大量引用典故。乾隆皇帝作下记号，令翰林大臣详细注解。翰林大臣每天十分劳累，回家之后必定翻箱倒箧，查找出处，有时数天才能注出一个典故；有时，数月不能注解，只好求教于乾隆皇帝。

乾隆皇帝一生作诗的数量惊人，大约 5 万首，超过了一部《全唐诗》。乾隆皇帝青年、中年时期，许多诗都是即兴之作，脱口而出，没有草稿。乾隆皇帝身边设有专门的翰林大臣，具体负责录制御制诗：他们先用脑子记住，然后回到南书房或者军机处，凭着记忆将乾隆皇帝吟咏的诗篇誊录下来，再交给乾隆皇帝审阅。日渐积累，编订成册，最后编成《御制诗集》。

最擅长这项工作的翰林大臣是著名文臣于敏中。于敏中，江苏金坛人。乾隆二年（1737年），恩科一甲第一名进士，状元。历官日讲起居注官、侍读学士、内阁学士、四库全书馆总裁，官至文华殿大学士、军机大臣。因交接内监，泄露皇帝谈话内容和御批之意，差点被免去一切职务。他主持军机处20年，把持朝政，交通内监，贪污受贿。乾隆四十四年（1779年），病故。乾隆四十六年（1781年），甘肃贪污案，牵扯于敏中受贿、舞弊。乾隆皇帝下令：追回特赏的轻车都尉世职，追回世袭爵位，逐出贤良祠。

于敏中，博学多才，记忆超群，擅长书法，似董其昌，乾隆皇帝极为喜欢。他奉旨编纂书籍众多，包括《钦定临清纪略》《西清砚谱》《历代通鉴辑览》《四库全书荟要》，增订《日下旧闻》为《日下旧闻考》，著《素余堂集》二十四卷。初入懋勤殿，他奉旨书写《华严经宝塔》，为一代巨制。

于敏中之记忆力，堪称一绝。他侍从在乾隆皇帝身边，所记录的御制诗从无一字之误，乾隆皇帝非常赏识，共事同人更是深为叹服。

乾隆三十八年（1773年），身为乾隆十三年状元的梁国治入值军机处，兼值南书房，奉旨接替于敏中，负责乾隆皇帝的诗稿。可是，这位堂堂状元掌管乾隆诗稿只作了一年，便难以胜任。

有一天，乾隆皇帝心情极好，召来于敏中。言谈之时，乾隆皇帝兴之所至，口诵一诗。于敏中看了侍从在侧的梁国治一眼。梁国治精神高度集中，一副心无旁骛的样子。事后，他们回到南书房。于敏中喝茶，耐心地等着梁国治，把御制诗记录下来。

可是，于敏中等了许久，不见任何动静。于敏中奇怪，问梁国治怎么回事？梁国治一脸茫然，竟然什么都想不起来了。于敏中叹道："我以为，这事由你专管，老夫就没再认真记忆。现在，如何是好？"梁国治低下头，一脸惭愧。于敏中说："待老夫替你想一想。"于是，于敏中默坐斗室之中，大约一刻钟时间，他出来了，手里拿着刚刚录出的御制诗。这篇诗稿交给乾隆皇帝审阅，竟然只有一字之差。梁国治大为叹服，大为感动，连连拜谢。

养心殿最后的主人

溥仪 3 岁登基，6 岁退位。

按照民国政府和逊清王室达成的优待条件，末代皇帝溥仪及王室成员，可以继续住在乾清门以北的内廷，人称小朝廷。

在小朝廷内，逊帝溥仪除了不听政以外，仍然像皇帝一样生活：宫中，依然使用宣统年号；溥仪，接受王室成员、清朝遗老遗少的叩拜、礼敬；日常生活，太监、宫女照常服侍，恭称皇帝。

溥仪退位以后，一直随隆裕太后居住在长春宫。

1913 年，隆裕太后去世，溥仪 7 岁，住进了皇帝的寝宫养心殿。

溥仪像乾隆皇帝一样，睡着龙床，在皇帝寝室"又日新"的匾额之下生活，度过了他与众不同的童年时光和少年时代。

溥仪在养心殿生活，没有强权太后的制约，受到宫中人员的格外呵护，特别纵容。据记载，直到 9 岁，溥仪还在吃奶。

少年溥仪，无忧无虑，为所欲为，过着毫无约束、童蒙无知的生活。

他喜欢听太监讲神仙鬼怪的故事，喜爱玩宫中各式各样的精美玩具，特别喜欢各种小孩游戏，以恶作剧开怀取乐。

溥仪是逊帝，依然有"皇帝"的待遇：选择"帝师"，讲授四书五经。

1919 年，英国人庄士敦进入宫廷，成为逊帝溥仪的英语教师。当时，溥仪热衷于新思想、新科技、新文化，对西方文明心生向往，甚至一度下定决心，放弃紫禁城小朝廷生活，前往英国留学。但是，他的留学想法被无情地阻止了。

溥仪长大了，在养心殿中，吩咐侍从人员买来大量西式家具、西式生活用品。

溥仪对音乐好奇，特别购进了一台西式钢琴，每天在养心殿练习。从此以后，养心殿宫院上空，常常回响着钢琴浑厚清越的叮咚声。

溥仪对电话很好奇，宫中安装了民用电话。溥仪心血来潮，特地和"新文化运动"的代表人物胡适通电话。后来，在养心殿中，他还接见了胡适。

1922 年冬，溥仪 16 岁，正式在后宫迎娶了皇后婉容、淑妃文绣。

大婚之后，溥仪仍然生活在养心殿，以后殿为寝殿；皇后婉容，居住在储秀宫；淑妃文绣，居住在长春宫。

宫中收藏着大量珍品，故偷盗宫中之物成为宫廷顽疾。

1923 年 6 月 27 日夜，紫禁城西北部之建福宫突然燃起熊熊大火。堆积如山的宫中珍宝，随着这片宫殿化成一片焦土。

溥仪怀疑是人为纵火，可是谁来查清真相？无法查清。

1924 年 11 月初，冯玉祥占领北京，史称"北京政变"。

⚜ 幼年溥仪像

冯玉祥宣布：永远废止宣统皇帝尊号。

11 月 5 日，冯玉祥指示鹿钟麟，将溥仪为首的清室成员，驱逐出宫。

1924 年 11 月 5 日，溥仪皇帝和婉容皇后正在储秀宫一边吃苹果，一边谈笑。这时，内务府大臣绍英急切地奔进来奏报：冯玉祥部下之鹿钟麟领兵入宫了，将两颗手榴弹放在桌子上，命令所有人员立即出宫！

溥仪目瞪口呆，皇后婉容吃剩的半个苹果滚落在桌子上，紧挨着开着盖子的外国饼干盒子和一个宫里的瓷盘。瓷盘内，放着皇后喜爱的木瓜、佛手。旁边，还有一盆鲜艳的菊花。

墙壁上是皇家日历，记载着中国一姓王朝历史的最后一天：宣统十六年十月初九。

公历时间：民国十三年十一月五日，1924 年 11 月 5 日。

文华殿：明代的皇太子宫

朱厚熜继位风波

明代嘉靖皇帝在位期间（1522—1567 年），在养心殿的西南面建造了一座无梁殿，殿门向北开，整个殿宇不用一根木材，全部是砖石结构。

明代时，有几位皇帝厌恶听政、性情怪僻。其中，嘉靖皇帝朱厚熜最为突出。

朱厚熜 15 岁时，以藩王身份进入北京紫禁城，被大臣们拥立为帝。

当时，朝廷文武大臣第一次见到这位少年皇帝时非常震惊：小皇帝英气勃勃，相貌端庄，举止不凡。人们沉浸在喜悦之中，感叹生在盛世，朝廷得人。

可是，大臣们很快吃惊地发现，这位相貌堂堂的少年皇帝非同寻常，非常自负，故步自封。嘉靖皇帝在位长达 45 年，却有"二十余年不视朝，法纪弛矣"。

正德十六年（1521 年）三月十四日，明武宗朱厚照去世。

太监谷大用、张永前往内阁，宣示皇帝遗命："我有些好歹，奏娘娘与阁下计较。天下重事要紧，不关你众人事，是我误天下事！"

娘娘，指皇太后张氏，降旨："议所当立。"

皇太后没有明确的主张，让内阁拿主意。

危急关头，首辅杨廷和下令关闭内阁大门，从袖中拿出《皇明祖训》，以及自己草拟好的皇帝遗诏，郑重其事地对谷大用、张永说："兄终弟及，谁能渎焉！兴献王长子，宪宗之孙，孝宗之从子，大行皇帝之从弟，序当立。"

内阁大臣梁储、蒋冕、毛纪等人，赞同杨廷和的主张。

太监谷大用、张永立即进宫，面见皇太后，转告内阁大臣的想法。杨廷和等内阁大臣来到左顺门，等候皇太后的懿旨。

一会儿后，谷大用等人手捧皇太后懿旨和内阁大臣拟好的皇帝遗诏来到左顺门，当众宣读。

皇太后懿旨："皇帝寝疾弥留，已迎取兴献王长子厚熜来京嗣皇帝位。一切事，待嗣君至日处分。"

皇帝遗诏："朕疾弥留，储嗣未建。朕皇考亲弟兴献王长子厚熜，年已长成，贤明仁孝，伦序当立。已遵奉祖训兄终弟及之文，告于宗庙，请于慈寿皇太后，即日遣官，迎取来京，嗣皇帝位。"

朱元璋《皇明祖训》规定："凡朝廷无皇子，必兄终弟及，须立嫡母所生者；庶母所生，虽长，不得立。"

三月十五日，迎接新皇帝的使臣

▲ 明世宗朱厚熜像

从北京出发，包括司礼监太监谷大用、太监韦彬、太监张锦、定国公徐光祚、寿宁侯张鹤龄、驸马都尉崔元、大学士梁储、礼部尚书毛澄等人。

三月十六日，朝廷公布皇帝遗诏。

正德十六年（1521年）四月初二，兴献王朱厚熜15岁，告别母亲蒋氏。蒋氏说："吾儿此行，肩负重任，千万不要轻易说话。"

朱厚熜点头："孩儿谨遵母亲教导。"

四月二十二日，朱厚熜到达北京郊外，驻跸行殿。

礼部员外郎杨应奎来到行殿拜见，告知朱厚熜：礼部已经拟好即位仪式，请按皇太子即位礼，从东安门入皇宫，到文华殿行劝进礼。然后，即位。

朱厚熜看了即位仪注很不高兴，对身边藩王辅导官长史袁宗皋说："遗诏上是让我继承皇帝位，不是皇子！这个仪注上怎么这么说？"

袁宗皋明白，立即提醒："殿下聪明仁孝，这是上天给予的！"

朱厚熜非常聪慧，立即明白了长史的意思，明确表示拒绝按照礼部仪注即位。

杨应奎立即回京，请示杨廷和。

杨廷和率领京城文武百官再次上疏，请求朱厚熜按照礼部拟定的仪注即位。

朱厚熜非常生气，大声地说："这是拿我当皇太子啊！我是奉遗诏，即皇帝位，怎么能像皇太子那样对待我！"

朱厚熜再次明确拒绝以皇太子身份入宫。

张太后为了打破僵局，命太监传旨："天位不可久虚，嗣君已至行殿，内外文武百官，可即日上表劝进。"

有了太后懿旨，内阁杨廷和等只好从命，将皇太子仪注改为上笺劝进仪注。

行殿布置一新，庄严肃穆。

魏国公徐鹏举率领文武百官来到行殿，奉笺劝进。第三次劝进以后，朱厚熜应允，即皇帝位，在答书中称："再三览启，具见卿等忠爱至意。宗社事重，不敢固拒，勉从所请。"

朱厚熜面向礼部，正式宣谕："予钦奉皇兄大行皇帝命，遣官迎取来京。

奉慈寿皇太后懿旨，天位不可久虚，命以四月二十二日，即皇帝位。尔文武百官，及军民耆老，合词劝进，至再至三，情辞恳切。勉从所请，其具仪来闻。"

中午时分，礼部拟好即位仪注：从大明门进入皇宫，御奉天殿，即皇帝位。

进入皇城，朱厚熜下令：武定侯郭勋，祭告天地；建昌侯张延龄，祭告宗庙、社稷。

进入皇宫，朱厚熜亲自来到皇兄明武宗灵柩前，祭告行礼。

然后，朱厚熜前往后宫，拜见慈寿皇太后张氏，以及自己的祖母、明宪宗皇妃邵氏。

接着，朱厚熜准备临御奉天殿。

首辅杨廷和进呈皇帝即位诏书。朱厚熜沉吟良久，却不动身。

文书官前来，催促即位。

朱厚熜命太监捧来文房四宝，拿走御笔，将杨廷和所拟年号"绍治"删去，御笔改成自己拟好的年号"嘉靖"。

朱厚熜临御大殿，行五拜三叩首礼。他穿着皇帝登基的龙袍，头戴十二旒皇冠，郑重行礼。可是，龙袍太大太长了，行礼非常不便。

朱厚熜皱着眉头，面露不悦。

首辅杨廷和十分聪颖，立即对新皇帝说："陛下，您真是垂衣裳而天下治啊！"

朱厚熜一听，神清气爽，心情大好。

经筵专用场所

隆庆六年（1572 年）八月，张居正上疏刚刚登基的万历皇帝：

自古帝王，虽具神圣之资，尤以务学为急。我祖宗列圣，加意典学，经筵日讲，具有成宪。皇上睿哲天成，英明神授，动容出辞，无一不中礼节；用人行政，无一不当人心。诚不世出之主！若再加学问之功，讲求义理，开广聪明，则太平之业可计日而待。

张居正选拔全国一流儒学大臣，为少年皇帝安排了周密详细的经史课程。

文华殿，位于东华门内，皇帝经筵日讲之地。

《酌中志》记载：文华殿，张居正题写了许多楹联，著名者有五副。

其中，之一：

披皇图，考帝文，九宇化成于几席；

游礼阙，翔艺圃，闰经道显于羹墙。

上联知书，下联识理。

皇图，指河图。汉班固《东都赋》："披皇图，稽帝文。"

帝文，天降之文，指洛书。《后汉书·班彪传》记载："圣皇乃握乾符，阐坤珍，披皇图，稽帝文，赫尔发愤，应若兴云。"

几席，古人凭依、坐卧的几案、座席。

礼阙，师生演习礼节之地。

羹墙，追念前辈、仰慕圣贤之意。《后汉书·李固传》记载："昔尧殂之后，舜仰慕三年，坐则见尧于墙，食则睹尧于羹。"

之二：

纵横图史，发天经地纬之藏；

俯仰古今，期日就月将之益。

上联，穷尽古籍，挖掘经史之中治国安邦的道理。

下联，总结古今，吸取历史经验教训每天有收获。

天经地纬，天地间理所当然之理，引申为以天地为法度，按自然之理治理天下。《左传·昭公二十五年》记载："礼，上下之纪，天地之经纬也！"

俯仰，低头、抬头。东晋王羲之《兰亭集序》："夫人之相与，俯仰一世，或取诸怀抱，晤言一室之内。或因寄所托，放浪形骸之外。"

日就月将，每天有成就，每月有进步。《诗经·周颂·敬之》："日就月将，学有缉熙于光明。"杨炯的《唐右将军神道碑》："天经地义，钦承避席之谈。日就月将，虔奉趋庭之教。"

之三：

　　　四海升平，翠幄雍容探六籍；

　　　万几清暇，瑶编披览惜三余。

天下太平，皇帝深宫读书，探究经籍；万几清暇，皇帝三余时光，披览文章。

🔸 文华殿御经筵

选自日本《唐土名胜图会》初集，冈田玉山等编绘。清嘉庆十年（1805年）完成。1985年，北京古籍出版社出版。经筵，是指皇帝亲自参加讲习，由讲官为帝王讲论经史等内容。御前讲习的地点，一般是在文华殿。御案为皇帝所用，讲案为讲官所用。

翠幄，宫廷中翠华锦绣的帷幕。

雍容，庄重华贵，仪态万方。

万几，也称万机，指皇帝日常事务纷繁。《尚书·皋陶谟》："兢兢业业，一日二日万几。"几，微也，细小琐碎之事。西汉孔安国传曰："几，微也，言当戒惧万事之微。"

瑶编，指珍贵书籍。瑶，瑶草，仙草，防虫。唐代李峤《为百僚贺瑞石表》："考皇图于金册，搜瑞典于瑶编。"

披览，批阅图书、文章。《梁书·陶弘景传》："虽在朱门，闭影不交外物，唯以披阅为务。"

三余，空闲时间。冬者，岁之余。夜者，日之余。阴雨者，时之余。东晋陶潜《感时不遇赋》："余尝以三余之日，讲习之暇，读其文。"

文华殿后殿，万历母亲慈圣太后亲题匾额：学二帝三王治天下大经大法。

可见慈圣太后、首辅张居正，对少年天子寄托了厚望。

太子读书之地

朱翊钧 10 岁登基，是少年天子，天资聪颖。

读书方面，他是佼佼者。他按照太后和首辅张居正的要求，接受全面的教育；依照祖宗旧制，举日讲，御经筵，读经传，谈史书。

按照内阁首辅张居正的建议，每天太阳初出之时，皇帝必须驾幸文华殿，开始一天的读书生活，听一流儒臣讲读经书；然后，休息片刻，回到讲席，在大臣的指导下，阅读史书；午饭之后，返回宫内。

每月的三、六、九日，为常朝之日，暂免经筵讲读；除此之外，一年四季，从不间断。

万历皇帝朱翊钧，天资聪颖，是一位早慧的皇帝。

据记载，万历皇帝少年时，聪明过人，给众人留下了深刻的印象：3 岁识字，5 岁读书；记忆力出众，读过之书，很快就能朗朗上口。

明穆宗真像

◗ 明穆宗朱载坖像

明神宗真像

◗ 明神宗朱翊钧像

🔺 明穆宗孝安陈皇后像

明穆宗朱载垕的第二任皇后。

朱翊钧喜爱历史，酷爱书法，每天他刻苦练习，字体清秀。一时之间，他脱颖而出，成为众多皇子之中的佼佼者。

5岁时，有一天，看见父皇在宫中骑马，他当即上前，叩马劝阻："父皇为天下主，独骑疾骋，倘有闪失，如何是好？"

明穆宗看着自己的儿子如此聪明伶俐，非常高兴，立即下马。

朱翊钧如此出众的才华，为他赢得了出人头地的机会。

嫡母陈皇后、生母李贵妃，对朱翊钧十分疼爱。

陈皇后和李贵妃之间有一种特殊的亲密关系，非常和谐。

父皇（隆庆皇帝）对朱翊钧非常满意，经过反复斟酌，最后决定册立他为太子。

后来，陈皇后被废，送到咸安宫养病。陈皇后养病期间，每天清晨，太子朱翊钧都会主动前往咸安宫看望陈皇后，恭敬问安。

每次，陈皇后听见朱翊钧的脚步声就非常高兴，立即起床，为太子准备茶水。"为强起，取经书问之，无不响答，贵妃亦喜。由是，两宫益和。"

万历皇帝登基之时，刚刚10岁。辅臣张居正执掌大权，为了确保皇帝能够准时早朝和按时读书，特地请求皇帝母亲慈圣太后移居乾清宫，监护皇帝，照料起居，确保每逢三、六、九之日，皇帝早起上朝；确保上朝之余，能够按时接受教育，读书识字。

慈圣太后李氏明白张居正的好意和安排，正式搬入乾清宫，居住在皇帝身边。

据档案记载，慈圣太后出身寒微，是一名普通宫女。然而，作为皇帝的母亲，她却是一位知书识礼之人，教育儿子，非常严厉。

每月三、六、九之日，上朝之日，凌晨时分，慈圣太后便早早起床。

简单梳洗之后，五更之时，李太后来到皇帝寝宫，叫醒熟睡中的儿子："皇帝快起！今日上朝！"

接着，李太后命令太监，左右扶着小皇帝的两腋，让他坐起来。

小皇帝迷迷糊糊的，依然处于睡不醒的状态。

太监们服侍着小皇帝，给他穿衣，扶他下床。

太监们有条不紊地忙碌，端来盥洗盆，给小皇帝漱口、洗脸。

每天，小皇帝洗过脸后，整个人才慢慢地清醒过来。

这时，不再迟疑。慈圣太后李氏立即命令御前太监扶着小皇帝走出宫门，乘坐御辇，前往皇极门（太和门），临御早朝。

上朝之外的日子，就是少年天子读书之时。

每天清晨，日出之时，万历皇帝出乾清宫，准时前往皇宫东部的文华殿，听儒学大臣讲解经书。

据档案和《明实录》记载，从万历元年（1573 年）到万历七年（1579 年），"上御文华殿讲读"，是少年天子生活的主要内容。每年春季、秋季，少年皇帝在文华殿中接受皇帝师傅正规的"经筵进讲"。

少年天子朱翊钧回到乾清宫中，依旧要按照规定认真读书。

每天早晚，慈圣太后李氏督促儿子，早睡早起；读书时间，慈圣太后李氏督导儿子认真读书；一旦发现儿子因为贪玩耽误了读书，慈圣太后李氏从不姑息，当面罚他下跪，承认自己的错误。

武英殿：崇祯皇帝六次"罪己"

崇祯皇帝的"罪己诏"

朱由检（1611—1644年），明朝第十六位皇帝。明光宗朱常洛第五子，明熹宗朱由校异母弟，母为淑女刘氏。天启二年（1622年），被册封为信王。他1627—1644年在位，年号崇祯，后世称为崇祯皇帝。朱由检即位后，大力铲除阉党，革新政治；勤于政务，生活节俭，严于律己，曾先后六次下"罪己诏"，是一位兢兢业业、年轻有为的皇帝。

朱由检在位期间，大明爆发大规模农民起义，关外后金政权虎视眈眈，可谓内忧外患。1644年，李自成起义军攻破北京，他走投无路，在煤山上自缢身亡，终年34岁，在位17年。朱由检死后，庙号怀宗，后改毅宗、思宗。清朝时，上谥号："守道敬俭宽文襄武体仁致孝庄烈愍皇帝"。南明时，弘光帝上谥号："绍天绎道刚明恪俭揆文奋武敦仁懋孝烈皇帝"。死后，葬于明十三陵之思陵。

崇祯皇帝即位后，勤于政务。第一件大事就是大力清除阉党。他抓准时机铲除了魏忠贤的羽翼，使魏忠贤处于孤立无援的境地。

天启七年（1627年）十一月初一甲子，贬魏忠贤去凤阳守陵，旋即下令逮捕。

天启七年十一月初五戊辰，魏忠贤自缢而死，崇祯皇帝下令磔其尸于河间。此后，他将阉党二百六十余人，或处死，或遣戍，或禁锢终身，使曾经气焰嚣张的阉党受到致命打击。他平反冤狱,重新起用天启年间被罢黜的官员。朱由检起用袁崇焕为兵部尚书,赐予尚方宝剑,托付他收复全辽的重任。

自崇祯元年(1628年)起,中国北方大旱,赤地千里,寸草不生。

《汉南续郡志》记载:"崇祯元年,全陕天赤如血。五年大饥,六年大水,七年秋蝗、大饥,八年九月西乡旱,略阳水涝,民舍全没。九年旱蝗,十年秋禾全无,十一年夏飞蝗蔽天……十三年大旱……十四年旱。"崇祯朝以来,陕西年年有大旱,百姓多流离失所。

崇祯二年(1629年)五月,朝廷正式议裁陕北驿站,驿站兵士李自成由此失业。

崇祯三年(1630年),陕西又大饥,陕西巡按马懋才在《备陈大饥疏》上说:百姓争食山中的蓬草,蓬草吃完,剥树皮吃,树皮吃完,只能吃观音土,最后腹胀而死。崇祯六年(1633年),"全陕旱蝗,耀州、澄城县一带,百姓死亡过半"。

崇祯七年(1634年),家住河南的前兵部尚书吕维祺上书朝廷:"盖数年来,臣乡无岁不苦荒,无月不苦兵,无日不苦挽输。庚午(崇祯三年)旱;辛未旱;壬申大旱。野无青草,十室九空……村无吠犬,尚敲催征之门;树有啼鹃,尽洒鞭扑之血。黄埃赤地,乡乡几断人烟;白骨青磷,夜夜似闻鬼哭。欲使穷民之不化为盗,不可得也。"旱灾又引起蝗灾,使得灾情更加扩大。河南于崇祯十年、十一年、十二年、十三年皆有蝗旱,"人相食,草木俱尽,土寇并起",其饥民多从"闯王"李自成。崇祯十三、十四年,"南北俱大荒……死人弃孩,盈河塞路"。

崇祯十三年(1640年),顺德府、河间府和大名府均有大疫,并且流行的是烈性传染病,"瘟疫传染,人死八九"。

崇祯十四年(1641年),疫情进一步发展。

崇祯十四年(1641年)七月,疫疾从河北地区传染至北京,病名叫"疙瘩病"。"夏秋大疫,人偶生一赘肉隆起,数刻立死,谓之疙瘩瘟,都人患此者十四五。至春间又有呕血者,或一家数人并死。""疙瘩"是对腺鼠疫患者的淋巴结肿大的称呼。

崇祯十六年(1643年)夏秋间发生的腺鼠疫,至崇祯十七年(1644年)春天

转化为肺鼠疫。北京城中的人口死亡率大约为40%，甚至更多，以致十室九空。

据史学家不完全统计，明代万历和崇祯年间两次鼠疫大流行中，华北陕、晋、冀3省的死亡人数，至少在千万人以上。

令人惊奇的是，蔓延多年的鼠疫在清顺治元年（1644年）后就消散得无影无踪，华北各地风调雨顺，社会经济开始复苏。

为剿"流寇"，崇祯皇帝先用杨鹤主抚，后用洪承畴，再用曹文诏，再用陈奇瑜，复用洪承畴，再用卢象升，再用杨嗣昌，再用熊文灿，又用杨嗣昌，十三年中频繁更换围"闯军"的将领。这其中除熊文灿外，其他都表现出了出色的才干。然用人存疑，以致责无成效，皆功亏一篑。李自成数次大难不死，后往河南聚众发展。

此时北方的皇太极又不断骚扰入侵，明廷苦于两线作战，每年的军费"三饷"开支高达两千万两白银以上，国家财政早已入不敷出，缺饷的情况非常普遍，常导致明军内部骚乱哗变。

崇祯皇帝求治心切，《春明梦余录》记述："崇祯二年十一月，以司礼监太监沈良住提督九门及皇城门，以司礼监太监李凤翔总督忠勇营。"但是，朱由检生性多疑，中后金反间计，杀掉了忠臣袁崇焕。

随着局势的日益严峻，崇祯皇帝的滥杀也日趋严重，总督中被诛者7人，巡抚被戮者11人。

朱由检亦知不能两面作战，私底下同意议和。但明朝士大夫鉴于宋室南迁的教训，皆以与满人和谈为耻。因此，崇祯皇帝对于议和之事，始终左右为难，他暗中同意杨嗣昌的议和主张，但一旁的卢象升立即告诉崇祯皇帝说："陛下命臣督师，臣只知战斗而已！"朱由检只能辩称根本就没有议和之事，卢象升最后战死沙场。明朝末年就在和战两难之间，走入灭亡之途。

崇祯十五年（1642年），松山、锦州失守，洪承畴降清，崇祯皇帝又想和清廷议和，兵部尚书陈新甲因泄露议和之事被处死，与清廷最后议和的机会也破灭了。

崇祯十七年（1644年），明王朝面临灭顶之灾，崇祯皇帝召见阁臣时悲叹道："吾非亡国之君，汝皆亡国之臣。吾待士亦不薄，今日至此，群臣何无一人相从？"在陈演、光时亨等反对之下，朱由检始终未能下决心迁都南京。

此时，农民起义已经十多年了，从北京向南，南京向北，纵横数千里之间，白骨满地，人烟断绝，行人稀少。崇祯皇帝召保定巡抚徐标入京觐见，徐标说："臣从江淮而来，数千里地内荡然一空，即使有城池的地方，也仅存四周围墙，一眼望去都是杂草丛生，听不见鸡鸣狗叫。看不见一个耕田种地之人，像这样，陛下将怎么治理天下呢？"

崇祯皇帝听后潸然泪下，叹息不止。于是，为了祭祀难民和阵亡将士及被杀的各位亲王，崇祯皇帝便在宫中大做佛事来祈求天下太平，并下"罪己诏"，催促督师孙传庭赶快攻打农民军。

崇祯十六年（1643 年）正月，李自成部克襄阳、荆州、德安、承天等府，张献忠部陷蕲州，明将左良玉逃至安徽池州。

崇祯十七年（1644 年）三月初一，大同失陷，北京危急。三月初四，崇祯皇帝封吴三桂为平西伯，飞檄入卫京师，起用吴襄提督京营。三月初六，李自成陷宣府，太监杜勋投降。三月十五日，大学士李建泰投降，李自成部开始包围北京，明王朝面临灭顶之灾。

太监曹化淳说："忠贤若在，时事必不至此。"

明京军在与起义军和清军的两线战斗中屡战屡败，已完全丧失了战斗力。

六次"罪己诏"

次数	时间	背景	内容
第一次	崇祯八年	崇祯八年（1635 年）正月，在中原数省范围内流动奔袭经年的陕西农民军突然挥师南下，出其不意地一举攻克明朝中都凤阳，大明开国皇帝朱元璋的龙兴之地，掘朱元璋祖辈之明皇陵并焚毁之，熊熊大火和弥天烟雾持续了数日之久。随后，朝廷匆忙调集各省精兵八万余人在中原地区进行"会剿"。八月，洪承畴负责西北，卢象升负责东南，"剿灭"农民起义军之战事在全国范围内拉开帷幕。十月初，崇祯皇帝走出了令他自尊十分难堪的一步，即第一次向全天下颁布"罪己诏"，向天下臣民首次承认朝廷的政策失误及时局的险恶。	

次数	时间	背景	内容
第二次	崇祯十年	崇祯十年（1637年）闰四月，北方大旱，中原大地赤野千里，饿殍遍野，民不聊生，而地方官吏仍旧逼粮催科、盘剥百姓，致使民怨沸腾，干柴烈火，一触即燃。面对这样的危局，崇祯皇帝在久祈不雨的时候再次颁布"罪己诏"。	
第三次	崇祯十五年	崇祯十五年（1642年）新年伊始，崇祯皇帝在奏对朝臣时格外谦卑地揖拜阁臣周延儒等人，希冀君臣齐心协力、再图振兴。正月，在崇祯皇帝的默许下，朝廷派马绍愉为特使，同关外清廷进行谈判，以期减缓明朝腹背受敌的军事压力。二月，"闯王"李自成所部在襄城大败明军，杀陕西总督汪乔年。三月、四月，关外松山等城相继被清军攻陷，辽蓟总督洪承畴被清军俘虏，后归降清廷。五月，李自成所部三围开封。七月，贤淑聪慧的田贵妃病故，崇祯皇帝悲痛欲绝。八月，对清廷议和机密被朝臣泄露，朝廷舆论大哗，迂腐言官大肆抨击。崇祯皇帝恼羞成怒，情急之下，竟将无意泄露国家机密的兵部尚书陈新甲下狱问斩，明清之间的和谈彻底破灭。九月，在李自成所部围困开封期间，黄河堤溃，开封城被滔滔洪水冲毁，导致几十万开封百姓无端丧命。十月，李自成所部在郏县击败明陕西总督孙传庭部。十一月，清军第五次入塞劫掠，深入山东腹地，俘获人口三十余万，杀害官吏数百人。闰十一月辛丑，崇祯皇帝第三次下"罪己诏"。	
第四次	崇祯十六年	崇祯十六年（1643年）年初，"闯王"李自成在襄阳建立政权。二月起，京师瘟疫流行。三月，左良玉部哗变。四月，清军进犯出塞。五月，张献忠部攻克武昌，楚王朱华奎被张献忠打入囚笼沉入长江溺死。张献忠正式建立"大西"政权。随后，内阁首辅周延儒被罢官。六月，崇祯皇帝痛心疾首，悲愤地向天下官绅百姓第四次下"罪己诏"，谴责自己的失德和过失导致生灵涂炭、社稷遭殃，希望天下官民士绅能够振聋发聩、共赴国难，鼎力拯救危机重重的大明王朝。	

次数	时间	背景	内容
第五次	崇祯十七年	崇祯十七年（1644年）正月初一，"闯王"李自成在西安称帝，立国号"大顺"。李自成随即分兵两路，剑锋指向北京。正月，朝廷拜大学士李建泰为督师，出京抵御大顺军。为了鼓舞士气，崇祯皇帝隆重地在平台为即将代帝出征的李建泰举行"遣将礼"。不料，风云突变，三月，李自成大军即兵临北京城下。十八日，崇祯皇帝于仓促之中第五次下"罪己诏"。	
第六次	崇祯十七年（临终遗言）	崇祯十七年（1644年）三月十八日，绝望无助的崇祯皇帝强打精神举行了最后一次家宴。当夜酒宴罢后，崇祯皇帝即安排太子朱慈烺、三子定王朱慈炯、四子永王朱慈焕逃离皇宫。随后，崇祯皇帝在宫中亲自持剑砍杀妻妾、女儿，幼女昭仁公主死，长女长平公主断臂重伤，一生贤德的周皇后于坤宁宫自缢。十九日凌晨，天将放亮，崇祯皇帝携御笔太监王承恩离开紫禁城，登上皇家禁苑煤山，在一株老槐树下自缢身亡，时年35岁。	

乾清门：处理军国大事的中枢

康熙皇帝听政

康熙皇帝 8 岁登基，14 岁亲政。

康熙皇帝登基之初，有一天，孝庄太皇太后问他：一生何求？

当时，年仅 8 岁的康熙皇帝说道："无他欲，惟愿天下乂（yì）安，生民乐业，共享太平之福而已。"

年轻时，康熙皇帝天亮时就开始听政，常常在辰时（7 点）就结束早朝；中年以后，改在辰时开始听政：春、夏时，辰初初刻（早 7 点整）开始；秋、冬时，辰正初刻（早 8 点整）开始。

康熙皇帝重视御门听政，曾写诗吟咏：

> 周公古元哲，犹坐以待旦。
>
> 钦哉与日深，敢恃天恩眷。

康熙皇帝勤政不懈，坚持每日御门听政，长达半个世纪，是中国帝制史上最劳碌的一位皇帝。

康熙三十二年（1693 年），大学士关心康熙皇帝的身体，上奏皇帝，请求隔三、四日御门听政一次。

清　宫廷绘　《平定台湾战图》（局部）

康熙皇帝回答："朕听政三十余年，已成常规，不日上御门理事，即竟不安；若隔三、四日，恐渐至倦怠，不能始终如一矣。"

最后，康熙皇帝说："乾清门在后宫区，上朝，不劳累。"

每天早朝之后，康熙皇帝必定前往太后宫中，给太后请安。

未时（下午2点），康熙皇帝再次驾临乾清宫：单独接见某大臣；赏赐大臣们物品；赏赐蒙古、西域藩王宴；听大学士讲解经书、咨询政务，然后在乾清门右侧赐讲官喝茶。

康熙二十八年（1689年），三藩平定，台湾收复，国内一片升平。

这年初，康熙皇帝吩咐南巡。元宵节之夜，乾清门前灯火通明，灿烂辉煌；乾清门上，觥筹交错，欢声笑语不断。

康熙皇帝心情愉快，在乾清门设立盛宴，与93位朝廷大臣共度佳节。宴会上，康熙皇帝笑容可掬，像家长一样，要求大家不必拘谨，尽情吃喝，欢快畅饮，随意说笑。康熙皇帝吩咐，众人可以靠近御座，观赏天灯。

大臣们开怀畅饮，喝醉的大臣由宦官扶着就近休息，然后送回府中。

康熙皇帝博览群书，学习了大量西方知识。有一天，御门听政时，康熙皇帝召来大臣，让他们来到御座旁，向他们详细讲解计算河口水流量的方法。

随后，康熙皇帝命侍臣取来测日晷表。康熙皇帝在表上画出一道线，告诉大臣，这条线很快将与中午日光的投影线重合。为了验证其准确性，康熙皇帝吩咐将这张表放在乾清门正中，令大臣们观察。中午时分，日影准确地落在康熙皇帝画的那道线上。

大臣上朝

每天，皇帝5点起床。康熙皇帝最为勤勉，起得很早，常常天亮前起床，坐以待旦。康熙皇帝宠爱太子胤礽，太子6岁以前，一直生活在父皇身边。每天凌晨，康熙皇帝亲自为太子讲授《四书》《五经》；每天上朝之前，康熙皇帝亲自检查作业，要太子背诵昨天学过的经书句子，并讲解句中的含义。

乾隆皇帝懂得养生，每天早睡早起。晚年之时，每年夏天，乾隆皇帝都在凌晨3点起床，起床之后的第一件事，就是来到乾清宫拈香礼佛。

为了表示恭敬和勤勉，大臣们通常天不亮就起床，提前3个小时来到宫门之外恭候。

上朝之日，大臣们早上3点起床。收拾妥当，5点钟以前，他们就坐着马车、人力轿子，在黎明之前来到皇宫。

每天5点，守卫前门的禁卫士卒打开前门。大臣坐着车、轿，穿过前门，到达午门。大臣们进入午门外朝房，喝茶聊天，等候午门开启；东华门外，等候上朝的大臣们也聚集在朝房中。侍卫将午门、东华门开启，大臣们鱼贯而入，来到乾清门外东边值房。这里的值房，称为"九卿房"。

宫里，有精确的报时。

皇帝临御乾清门正式上朝之前一刻，大臣们按照规定，按序侍立在乾清门前，等候皇帝临御升殿。

大臣上朝，是一件十分严肃的事情。

上朝迟到，是一件十分严重的过失。因此，大臣们宁肯早起早到，耐心等待，也不敢迟到。

大臣迟到的现象极少发生。不过，乾隆年间，孝贤皇后的弟弟、大学士傅恒迟到过一次。这一天，御门听政。凌晨，乾隆皇帝安坐在乾清门宝座上。这时，一位身材肥胖的大臣匆匆赶来，气喘吁吁，踉踉跄跄，勉强地站在自己的班位上。这位大臣，正是傅恒。

值班侍卫笑道："相公，这么气喘，是因为身子太肥了。"

乾隆皇帝看着，说道："岂止是身子肥，心也太肥了！"

傅恒非常惶恐，急忙摘下帽子，伏地叩首。

刘统勋，雍正二年（1724年）中进士。乾隆年间，刘统勋受到特别器重，历任刑部尚书、工部尚书、吏部尚书、内阁大学士、翰林院掌院学士、军机大臣等朝廷要职。

刘统勋官至军机大臣，为政40余年，清廉正直，敢于直谏，在吏治、军事、治河等诸方面颇有建树，政绩显著。

朝服

禮服

▲ 官员朝服

指的是官员上朝参加朝会时穿的服装，这是每个官员的标配，每个阶品的官员，朝服和帽饰都是有区别的，明朝的官服通过颜色和不同的补子纹饰来区分品阶。补子指的是缀在衣服的前胸后背的一块布织。清代朝臣除了穿朝服戴官帽外，还会佩戴朝珠。

▲ 官员礼服

礼服是帝后和文武官员等在朝会礼仪和祭祀典礼时穿的服装。

常服

藍衫

▲ 官员常服

官员不上朝的时候，平日里所穿衣物。

▲ 官员蓝衫

指的是古代八、九品小官穿的服装。

乾隆三十八年（1773 年），军机大臣刘统勋家住东四牌楼，早晨起来，感觉不适。但是，他依然强打精神，坐上轿子，早早地上朝。

轿子缓缓而行，当刚刚到达东华门时，刘统勋突然歪倒于轿中，溘然而逝。

乾隆皇帝正在宫中，得知刘统勋在东华门外病逝，非常悲痛，慨叹失去良辅，痛失股肱之臣！乾隆皇帝下旨，追授他为太傅，谥号"文正"。

道光二十六年（1846 年）十一月，寒冬，这一天，天亮得很晚。

道光皇帝睡不着觉，比平时早起，早早地坐在乾清门的皇帝宝座上。结果，这天早朝出现了前所未有的状况：38 名上朝官员耽误了时间，没能及时上朝！其中，连负责人事的吏部尚书、吏部侍郎都没能按时到达。

道光皇帝的脸色阴沉，非常气恼。所有官员全部受到严厉处分。

大臣必须上朝，除非重病，一般不能请假。

王朝中枢：军机处

乾清门前西侧有一排低矮的房舍，正是王朝军机大臣的值庐，是清代雍正以后，大清王朝的政治中枢——军机处。

雍正皇帝以前，养心殿是宫廷造办处。军机处所在的房舍原是养心殿造办处用房，旁边的同一排值房，是总管内务府大臣办事处、侍卫值宿房。

这排值庐对面的五间房舍，是四品军机章京值班处。

章京，清朝官名，早期为武官称呼，后来用于文官、武官。军机处，有军机章京。总理各国事务衙门，有总办章京、帮办章京、章京、额外章京。

军机处，成立于雍正七年（1729 年），初名"军机房"，不久改称"办理军机处"。乾隆以后，省去"办理"二字，简称"军机处"。

军机处，设军机大臣，俗称"大军机"。

军机大臣，由皇帝从满、汉大学士、尚书、侍郎等官员内特简，有些也由军机章京升任。军机大臣之任命，正式名称是"军机处行走"或"军机大臣上行走"。所谓"行走"，即入值办事之意。

军机大臣，没有定额。军机处，初设为3人，后增加至9人，最多为11人。

军机章京，俗称"小军机"，也称为"司员"，正五品，领班为正四品。

军机章京，初无定额。嘉庆初年，始定为满、汉章京各16人，共32人。军机章京，其正式称谓是"军机章京上行走"。

清朝，沿袭的是明朝制度，设立内阁大学士。

清雍正时期，正式设立军机处以后，内阁成为闲曹，军机大臣成为事实上的宰相。

考察明、清历史，我们会发现，这个时期，称授职大学士为拜相，也就是宰相，但是任职上并没有正式的宰相名分。

晚清时期，实施新政，仿日之制，设立内阁总理大臣，为行政机关的最高首脑。

事实上，明清两代，"宰相"者，正式职位是内阁大学士，或者为军机大臣。

军机处，东窗之上，悬挂雍正皇帝御笔匾额"一堂和气"。

当时，雍正皇帝重用两位军机大臣：鄂尔泰、张廷玉。然而，两人平时不和。因此，雍正皇帝手书一联，劝和："一团和气榜枢堂，水火调停鄂与张。"

张廷玉（1672—1755年），字衡臣，号砚斋，安徽桐城人，清大学士张英次子。康熙三十九年（1700年）进士，入值南书房。

康熙时期，张廷玉官至刑部左侍郎。雍正时期，他历任礼部尚书、户部尚书、吏部尚书，拜保和殿大学士（相当于内阁首辅）、首席军机大臣等职。

乾隆皇帝登基后，君臣渐生嫌隙，晚景凄凉，致仕归家。乾隆二十年（1755年），卒于家中，年84岁，谥号"文和"，配享太庙，是清朝唯一一个配享太庙的汉族大臣。

张廷玉，先后任《亲征平定朔北方略》纂修官，《省方盛典》《清圣祖实录》副总裁官，《明史》《四朝国史》《大清会典》《世宗实录》总裁官。

张廷玉为人谦和，但是他与鄂尔泰同在军机处共事，十几年间竟形同陌路。

鄂尔泰觉得这是张廷玉心胸狭窄。

一年夏天，鄂尔泰进入军机处，摘下帽子，想凉快一下。可是，他环顾小屋，竟没有放帽子之地。鄂尔泰自语："这帽子放在哪儿好？"张廷玉冷笑："我看，还是放在自家头上为妙。"鄂尔泰闻言，一下愣住了。随后几日，鄂尔泰一直闷闷不乐。

乾隆晚年，和珅任领班军机大臣。同僚共事者，是状元出身的王杰。

王杰（1725—1805年），字伟人，号惺园，陕西韩城人。清乾隆二十六年（1761年）状元，清代陕西第一名臣。他初在南书房当值，后历官内阁学士、刑部侍郎，转调吏部，擢升右都御史；乾隆五十一年（1786年），出任军机大臣，上书房总师傅；第二年，出任东阁大学士，总理礼部。嘉庆皇帝登基，仍为首辅。

王杰在朝40余年，忠勤耿直，老成持重，不结党，不营私，不趋炎，不附势。嘉庆十年（1805年），王杰去世，享年81岁，被追赠为太子太师，谥号"文端"，祀于北京贤良祠。

和珅是首辅军机大臣，权势素来显赫。王杰是乾隆皇帝钦点的状元，颇受皇帝器重。两人同在军机处，并无私交。

政务之余，王杰喜欢默坐，尽量与和珅保持最远的距离。

一天，和珅心情很好，主动走近攀谈，高兴地拉着王杰的手说："嗯，何柔荑乃尔？"意思是："嗯，你的手咋这么柔软？"

王杰皱着眉，严肃地说："杰手虽好，不会要钱耳！"

和珅满脸的笑容一下凝固了，扫兴地独自走出军机处。

和珅很自负，对于另一位军机大臣梁国治，和珅就很不客气，而且还有点肆无忌惮。

梁国治（1723—1786年），字阶平，号瑶峰，浙江会稽（今绍兴）人。乾隆十三年（1748年）进士，殿试头名状元，由修撰累官至东阁大学士兼户部尚书。以经术勤吏治，清俭自守，好学爱才，做人严谨，治事缜密，著有

《敬思堂文集》，曾充任《四库全书》副总裁。卒，谥"文定"。

梁国治为人宽厚，纯朴恭敬。和珅觉得他性格内向，软弱可欺，常常欺负他。对此，梁国治从不回应。

据说，梁国治一生从不着急上火，从不疾言厉色。

有一天，和珅在军机处的心情极好，嘻嘻哈哈，竟然拿出佩刀，割下了梁国治的一绺头发。梁国治坐在那里，从容不迫，且毫无怒色。

道光年间，军机处西边的过门之上，悬挂着道光皇帝的御笔上谕，严禁太监站到军机大臣议事的军机处廊檐下，以防他们探听政务。

咸丰年间，军机处东壁上悬挂着一块咸丰皇帝御笔木匾"喜报红旌"。清军平定太平天国起义，咸丰皇帝喜出望外，亲笔题写此匾。

光绪三十四年（1908年），军机处北壁之上悬挂着一上谕，筹备君主立宪。

据记载，光绪年间，原来的"一堂和气"大匾，被帝师翁同龢收藏。

雍正皇帝书法，师法米芾，此匾笔力遒劲。

当时，恭亲王奕䜣是领班军机大臣，主持和负责军机事务。翁同龢，是光绪皇帝的老师。他喜爱书法，特别喜爱雍正皇帝的御笔匾额，于是就向恭亲王讨要，结果，居然获得了。

翁同龢获得皇帝的御笔匾后，特地制作了一个同样的木刻匾交回军机处。

现在，军机处墙上所展示的照片，是后来翁同龢的复制木刻匾。

军机处，是大清王朝的中枢机构，也是皇帝领导下的最高指挥中心。

然而，军机处办公场所太简陋，太狭小了。

当时，军机章京称军机值房屋小如舟。

清末有大臣说："军机处，三间破屋，中设藜床。窗纸吟风，奇寒彻骨。则军机大臣之起居，不过如此！"

奇怪的是，这间军机值房实在太小了，还没有椅子。

领班军机大臣，可以坐在大炕上。军机章京，只有小凳可坐。

这个地方是军机重地，守卫森严，非军机处办事人员禁止入内，禁止出入。

△ 军机处

又称"军机房"和"总理处"，是清朝中后期的中枢权力机关。

◁ 军机处内景陈设

王公大臣，若没有圣旨宣召，亦不得出入此地，否则，必将受到严厉惩处。

为了保险起见，皇帝特别派遣监察大臣值守在军机处旁边的内务府值房中，以监视所有出入人员。

军机处办公房子虽然简陋，但是办事快捷、高效。

每天，军机大臣分工协作，阅看各大衙门的章奏，然后按照轻重缓急进行分类。军机大臣选择最重要的奏章，出门向北，过遵义门，进入养心殿，向皇帝汇报，听取皇帝的指示。

皇帝朱笔批示，口述指示，下达命令，军机大臣恭敬聆听，一一牢记。

然后，军机大臣迅速回到军机值房，再凭借记忆，将皇帝的指示、旨意，草拟成正式诏书。

拟毕，军机大臣再次来到养心殿，将诏书面交皇帝审阅、定夺。

军机大臣拟旨，通常为一个时辰。其间，皇帝坐在养心殿中静静等候。

皇帝审阅首肯之后，成为正式诏书，通过军机大臣下发。

非常时期，军机大臣通宵达旦，衣不解带，夜以继日地撰拟诏书，只为不辱使命。

平常时日，军机章京草拟各谕旨，交给皇帝审定。皇帝御笔仅仅亲增三五字而已。

赵翼（1727—1814年），清代文学家、史学家、诗人；字云崧，号瓯北，晚号三半老人，汉族，江苏阳湖（今江苏省常州市）人。乾隆二十六年（1761年），中进士。累官广西镇安知府、广东广州知府，后至贵西兵备道，旋辞官，主讲安定书院。一生长于史学研究，考据精赅；论诗，主张"独创"，反对摹拟。赵翼、袁枚、张问陶，并称"清代性灵派三大家"。所著《廿二史札记》，与王鸣盛《十七史商榷》、钱大昕《二十二史考异》，合称"清代三大史学名著"。

赵翼是清代著名史学家，也是著名文学家。他才华横溢，做过六年军机章京，所拟诏旨，立笔而就，有"捷才"之称。常常奉旨之后，他早早地写完了自己的那份；而一同值班之章京，还在冥思苦想，遣词用句。

当时，军机章京值班房在这一排房舍的最西边，面积仅有一间半。

每次，赵翼拟完诏书之后，无事可干，只好默默等着。

有一天，赵翼无意之间突然看到军机值房支窗户的木棍，大小形状和自己喜爱的剑差不多。赵翼无所事事，顺手拿起来，在小值房中舞动起来，一阵闪挪劈转。得意忘形之下，他一"剑"击中了同值章京，正打在其脑袋上，一时鲜血喷涌。

情急之下，召宫廷蒙古医士救治。

清宫中，外科，跌打损伤，通常由蒙古医士负责；内科，由传统中医负责。

蒙医快速抢救，经过一番治疗，伤者并无大碍，赵翼才如释重负。

下班后，回家途中，赵翼骑的马突然受惊。快马狂奔，赵翼控制不住，被甩了下来，滚落在地，正巧摔伤脑袋。奇怪的是，赵翼的伤处和他击伤同值章京的伤处，几乎一模一样。

众军机章京非常吃惊，不知道宫中竟然有如此神异之事。

军机处外面廊下，每天摆放烧饼、油炸果子数盘。这些食物是以备军机大臣在紧张、忙碌的工作间隙，作为点心食用。

然而，这些点心又冷又硬，非常难吃。军机大臣讲究美食，他们经常趁中午短暂休息时走出宫禁，来到东华门外，买点小食充饥，如冰糖葫芦、山楂糕。

每天，申时，即下午4点，军机大臣退值下班。

退值之后，年轻的军机章京们经常在东华门外的小酒馆聚饮。

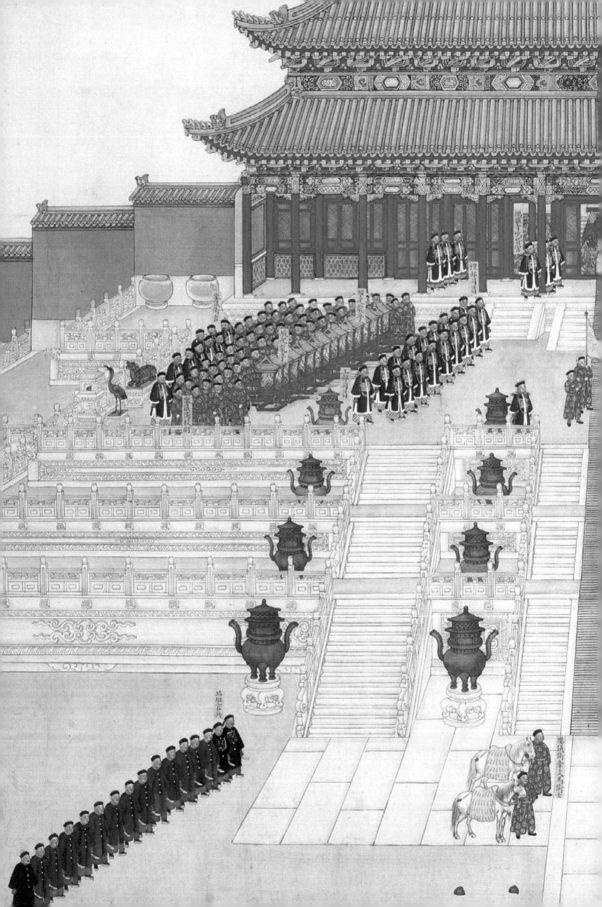

第二章 天子之家

乾清宫：16 位皇帝的寝宫

27 张龙床

周代，天子有六处寝宫：路寝一处，处理政务；小寝五处，燕居之所。宋人聂崇义在《周代宫寝制图》中称：

> 孔义依《周礼》，解王六寝：路寝在前，是为正寝。五寝在后，通名燕寝：其一，在东北，王春居之；一在西南，王秋居之；一在东南，王夏居之；一在西北，王冬居之；一在中央，王季夏居之。

意思是说：四季不同，天子居住在不同的寝宫：春天，住东北；夏天，住东南；秋天，住西南；冬天，住西北；季夏，夏天最后一月，即六月，住中间。

紫禁城后宫正宫乾清宫，面宽 9 间，进深 5 间，重檐庑殿顶建筑。

乾清宫左右有两座著名的配殿，分别是昭仁殿、弘德殿。

明初永乐皇帝以后，至清初康熙时期，三百年间，明朝十四位皇帝和清朝顺治、康熙两位皇帝，都以乾清宫为寝宫，他们居住在乾清宫及其配殿里。

乾清宫名称之义，就是皇帝遵循天的法则，天下太平，河清海晏。

明朝时，皇帝以乾清宫东、西暖阁为寝宫，是为正寝，昭仁殿、弘德殿同时亦是其寝宫。

平时，皇帝在奉天门接见大臣。乾清宫内，完全是为皇帝寝居服务的全套设施。

乾清宫设后暖阁，阁分9间，分上下两层，共设床27张，供嫔妃居住，以备侍寝。

乾清宫配殿，东边是昭仁殿，西边是弘德殿。这东西两座小殿有单独的围墙，各在南面围墙上开设一道小门。

皇帝住在乾清宫，在乾清宫东西两壁分别开设小门，通向这两座小殿。

明孝宗、明光宗、明思宗（崇祯皇帝），以乾清宫东暖阁为寝宫。明神宗（万历皇帝）晚年，居住在弘德殿。明熹宗（天启皇帝），居住在乾清宫西暖阁。清康熙皇帝，16岁起，从保和殿移居乾清宫东之昭仁殿。

明人张合，写《宙载》，记载：

> 原暖阁，在乾清宫之后，凡九间。中一间，置床三张于房下，即以天桥上左一间之下，置床三张于上；又以天桥下左二间之下，置床三张于下；又以天桥上左三间之上间，又置床三张于上；又以天桥下左四间之下间，置床三张于下。右四间，亦如之。天桥，即人家楼梯也。凡九间，有上有下，上下共置二十七张。天子，随时居寝，制度殊异。

张合（1506—?），明代名臣，字贲所，云南保山隆阳人。张志淳次子，自幼"嗜学"，"9岁能诗"；16岁时，中举，第一名，为解元；26岁时，进京参加会试，中进士，殿试高中二甲第六名。他精于书画，历任刑部主事、吏部员外郎，先后出任福建、贵州、湖广按察司金事、副使等职。

他为人正直，忠于职守，清正廉明，"居家，不谈公府事"；他考核、任用官员时，以品质好坏、是否有真才实学为准绳。卸下公职后，他坚持不干预地方政事。但是，当歧视少数民族的云南巡抚指令永昌府"清查夷田"、侵害各族利益，以致群情激愤、社会动荡之时，他立即"上书五千言，达之当

△ 乾清宫侧面

△ 乾清宫内景

路"。朝廷接受了他的建议，马上改弦更张，社会迅速安定下来。

他在家乡受到普遍赞誉，逝世之后，被列为乡贤。他所著《贲所诗文集》《游宦杂抄》《八语篇》等五种政事、文学著述均已散失，只有《宙载》二卷，为他的五世孙张辰删节刊刻问世，后收入《云南丛书》；诗歌仅见五首，收入《永昌府文征》。

当时，张合是刑部主事，参与过"壬寅宫变"案的审理。因此，他对皇帝寝宫乾清宫内部的总体结构有所了解。

从张合的记载看，当时，乾清宫明间宝座之后，北部后檐部分为暖阁：

上下两层，明代称为暖阁、阁楼，清代称为仙楼；

乾清宫后墙没有走廊，披檐阁楼，靠后檐布置为二层仙楼，也就是室内楼阁；

楼阁上下，以楼梯沟通，内部划分为 9 间；空间较大，每间放龙床 3 张，共计 27 张龙床。

清代时，乾清宫内陈设着天球仪、地球仪，是英国赠送的。

紫禁城中，一些重要的宫殿内部特别建造夹层，宫里称为阁楼、仙楼，主要用于供佛。

乾清宫，临北窗之处，有一组仙楼非常精致，其门扇、栏杆、槛窗皆用楠木制作。

明孝宗最后的时光

乾清宫，是皇帝的寝宫，见证了皇帝离开人世的最后时光。

明代时，从明宣宗以后，除两位皇帝之外——明武宗死于豹房、明思宗（崇祯皇帝）自尽于景山，其他皇帝均死于乾清宫。

皇帝病危时，辅政大臣奉旨入宫，会被紧急召进乾清宫。

这是皇帝的最后时光，朝廷重臣与皇帝诀别，接受皇帝最后的面谕。

朱祐樘（1470—1505 年），1487—1505 年在位，年号弘治，是明朝第九位皇帝，明宪宗朱见深第三子，生母为孝穆纪太后。成化二十三年（1487 年）九月，17 岁即皇帝位。

朱祐樘躬行节俭，不近声色；为人宽厚，执政仁慈；勤于政事，重视司法；任用贤能，大开言路，努力扭转朝政腐败的状况；驱逐奸佞，励精图治，任用王恕、刘大夏等为人正直的大臣，政绩卓著，史称"弘治中兴"。

晚年之时，他宠信宦官李广，引起非议。他省悟之后，立刻改过自新。

历史上，史学家对他评价极高，称他为"中兴之主"。明朝万历年间，大臣朱国桢称赞："三代以下，称贤主者，汉文帝、宋仁宗与我明之孝宗皇帝。"

弘治十六年（1503 年），明孝宗重视医学，命令太医院负责重修《本草品汇精要》，太监张瑜奉旨担任总裁。修书过程中，太监张瑜见识了御医刘文泰的医学造诣，两人成为很好的朋友。从此以后，由于张瑜的安排、引荐，刘文泰获得重用，"专侍禁中"，明孝宗不适，后宫妃嫔有病，全由刘文泰负责入宫诊治。

弘治十八年（1505）春，天气久旱无雨。四月底，明孝宗朱祐樘斋戒数日，亲自祭祀祈雨。结果，偶感风寒，以致卧床不起。

彼时，太监张瑜负责掌管太医院。

太监张瑜和太医院院判刘文泰及御医高廷和的关系极好，相处不错。这一次，他们大意了，没有按照正常的程序，由太医院御医们共同诊视，商议处方。

张瑜请刘文泰为皇帝诊视后，直接开药。

服药之后，皇帝一直卧床，不见好转。

之后，右通政施钦、太医院院判方叔和、医士徐昺等数人，先后奉旨入宫，为明孝宗诊视、开药，可惜收效甚微。

几天之后，明孝宗的小病演变成一场大病，以致不起，六天之后，转为危重。

明孝宗知道自己时日不多，便召来大学士刘健、李东阳和谢迁等人，安排身后之事。

明孝宗是一代中兴之主，18 岁登基，在位 18 年，勤勤恳恳，兢兢业业，清心寡欲；对太后孝顺，对天下仁慈，对大臣礼敬，平易近人，和蔼可亲；特别敬重内阁大臣，经常尊称辅臣为先生。

明孝宗非常朴素，是中国历史上宫闱生活之中最为节俭、最为朴素的皇帝。

他经常在乾清宫自己的寝殿召见辅政大臣，或专责一方的封疆大臣，避开干扰，深入地交换意见，切实探讨实际问题。

🔺 明孝宗朱祐樘像

据档案记载，这位皇帝的出生充满传奇色彩，童年生活就是一部悲剧。

明孝宗，36 岁了，他躺在乾清宫东暖阁的龙床上，气息奄奄。他明白，自己已经病入膏肓，马上走到了生命的尽头。

明孝宗虽然感觉不适，虚弱无力，但是内阁辅臣来了，他依然坚持坐着，郑重地召见大臣。

明孝宗坐在那里，向三位辅臣回顾了自己执政 18 年的历程。最后，他将自己唯一的儿子——太子朱厚照（明武宗），郑重地托付给大臣，命众人全力辅助。

当时，明孝宗吩咐执笔太监，将他所说的话全部记录下来。

明孝宗伸出手拉着首辅大臣刘健的手，认真地说："先生辈辅导辛苦，朕备知之。"

休息片刻，明孝宗说："东宫聪明，但年尚幼，先生辈可常常请他出来读书，辅导他，做个好人。"

三位辅臣感动得热泪盈眶，劝慰皇帝，放宽心些，早日康复。

皇帝流着泪，反复嘱托大臣，不忍就此别离。

第二天，朱祐樘驾崩于乾清宫，在位18年，享年36岁，庙号孝宗，葬于明泰陵。

明孝宗之死，令人颇感意外。

王世贞著《弇山堂别集》，详细记录了孝宗之死。

最初，御医大意，认为皇帝的病因简单，只是偶感风寒而已，就是普通感冒。

其实，风寒，是明代的一种常见病。明代医家对风寒研究得较透彻。

明代李时珍在《本草纲目》一书中，记载有治疗偶感风寒之妙方："脂麻炒焦，热中擂碎；温酒送下，卧床保暖，出汗即愈。"

明代医书《景岳全书》中记载了各类伤寒，其"平散诸方"，详细科学地辨析风寒的不同症状，对症用药。

其中，包括：

"三柴胡饮"：用柴胡、芍药、炙甘草、陈皮、生姜、当归等药材，煎服，治愈肝脾阴虚、血少、偶感风寒之人；

正柴胡饮，用柴胡、防风、陈皮、芍药、甘草、生姜等药材，煎服，适合血气不亏、偶尔感冒之人；

参苏饮，用人参、苏叶、干葛、甘草、陈皮、半夏等十一味药材，煎服，适合四季感冒伤寒、头痛发热、无汗、咳嗽声重、往来潮热之人等。

明孝宗，36岁，正当壮年，偶感风寒，本可以治愈，不是什么疑难杂症。

对于明孝宗之死，先后经手治疗的御医刘文泰、高廷和、施钦、方叔和、医士徐昊等人，都难脱干系。特别是太监张瑜、太医院院使刘文泰和御医高廷和，他们最早参与，最早诊治，最早用药，更是难辞其咎。

皇甫录在《皇明纪略》中称，明孝宗偶感风寒，病因是积热在内；院使刘文泰等人使用热剂，适得其反；治疗过程中，明孝宗感觉极度口渴，想喝水，可是刘文泰等人坚决不许。危急之时，太监献上甜瓜，明孝宗吃过以后，勉强可以说出话来。随后，皇帝紧急召见大学士，留下遗言。

明沈德符在《万历野获编》中记载此事，说法相当：弘治十八年夏天，明孝宗"患热得疾"，刘文泰等人错误地投以大热之剂；明孝宗服用之后，"烦躁不堪"，很快去世。这期间，孝康皇后张氏对太监张瑜和院使刘文泰非常信任，没有表示质疑，也没有阻止。

"壬寅宫变"

据档案记载，明嘉靖年间，十余个宫女趁嘉靖皇帝熟睡之时，企图勒死他，史称"壬寅宫变"。从此以后，嘉靖皇帝移居西苑，不敢回到乾清宫居住。

《明世宗实录》记载：

> （嘉靖二十一年十月二十日）宫婢杨金英等共谋大逆，伺上寝熟，以绳缢之，误为死结，得不殊。有张金莲者，知事不就，走告皇后，后往救获免。乃命太监张佐、高忠捕讯之。言金英与苏川药、杨玉香、邢翠莲、姚淑翠、杨翠英、关梅秀、刘妙莲、陈菊花、王秀兰行弑逆。

这场宫女发动的宫廷政变，发生在皇帝就寝的乾清宫。

"壬寅宫变"，是发生在明朝嘉靖年间，由宫女们意图杀死明世宗嘉靖皇帝的一次重大突发事件。由于此事发生在嘉靖壬寅年，所以历史上称之为"壬寅宫变"。

据档案记载，嘉靖皇帝信道，他的家族之中平均寿命不长，为求长生不老，他迷信道士，"吸风饮露"，想得道成仙。

根据道士之说，每天饮用甘露，吃处女初潮经血炼制的神丹，能够长寿。

道士进言，在御花园中植蕉数株，每天凌晨，阔叶之上必布满甘露，令宫女采集；晨起，口干舌燥之际，吮吸若干，可觉甘甜爽口，能延年益寿。

嘉靖皇帝为了采集新鲜甘露饮用，每天凌晨命宫女们前往御花园中采集甘露。

为求长寿，嘉靖皇帝降旨，大量征召13岁左右的少女进宫，采补她们的处女经血，炼制丹药。为了保持宫女经血的洁净，明确规定：经期之时，不得进食，只能吃桑叶，喝露水。

天长日久，因为采集甘露，提取处女初潮经血炼制丹药，导致大量宫女累倒、病倒，甚至死亡。嘉靖皇帝服食丹药后喜怒无常，动辄责打宫女，打死打伤宫女达上百人。

每天，嫔妃、宫女们胆战心惊，挣扎在生死线上。

谋杀嘉靖皇帝的过程，详见时人张合所著《宙载》。

当时，张合任刑部主事，负责审理此案。

根据刑部审讯口供，司礼监官员汇报情况如下：

嘉靖二十一年十月（1542年11月）二十二日凌晨，嘉靖皇帝在乾清宫召幸宠妃端妃曹氏之后，进入熟睡状态。负责伺候皇帝的11名宫女，在杨金英的带领下，一起行动，准备谋害皇帝。

杨金英串通苏川药、杨玉香、邢翠莲、姚淑翠（《明实录》说法，亦有姚叔皋之称）、杨翠英、关梅秀、刘妙莲、陈菊花、王秀兰等人，商量说："咱们下手吧，强如死在他手里！"

杨翠英、苏川药、杨玉香、邢翠莲等人，在旁听说。杨玉香立即前往东稍间，去拿细料仪仗花绳，解下，搓成一个绳子套，交给杨金英。

杨金英将绳子递与苏川药，苏川药又递给杨金花拴套儿。杨金英示意，众人一齐下手，把嘉靖皇帝死死按住。姚淑翠上前，掐着皇帝的脖子。杨翠英说："掐着脖子，不要放松！"

嘉靖皇帝从梦中惊醒，正要叫喊，被人用一团布塞住了口。邢翠莲将黄绫抹布递与姚淑翠，蒙在皇帝的面上。杨金英将准备好的绳子结成套，套住嘉靖皇帝的脖子。邢翠莲按着胸前，王槐香按着身上，苏川药拿着左手，关

梅秀拿着右手，刘妙莲、陈菊花按着两腿，姚淑翠、关梅秀用力扯绳套儿。

嘉靖皇帝拼命挣扎，可绳子就是勒不死。慌乱之中，她们又打了一个结，两个死结套在一起，无论怎样拉紧，就是勒不死皇帝。在场的几个宫女急了，她们拔下自己的金钗、银簪，朝着皇帝的身体，一顿乱刺乱扎。

嘉靖皇帝不停地挣扎，但被多个宫女按住，动弹不得。可是，无论怎样，皇帝就是勒不死！宫女们害怕了，认为皇帝是"真龙"，是"真命天子"，死不了。

一名宫女名叫张金莲，悄悄地跑出了乾清宫，直奔方皇后居住的坤宁宫自首。方皇后听说一群宫女在谋杀皇帝，大吃一惊，连忙带人奔往乾清宫救驾。

杨金英等宫女见皇后到了，十分惊慌。姚淑翠上前，打了方皇后一拳。王秀兰打发陈菊花立即吹灯。宫女总管陈芙蓉来了，叫喊点灯。徐秋花、邓金香、张春景、黄玉莲把灯全部打灭了。陈芙蓉跑出来，叫来太监管事牌子。宫女见势不妙，抛下皇帝，四处奔逃。太监将众宫女捉拿，全部关押了起来。

方皇后进入皇帝寝宫，发现嘉靖皇帝奄奄一息，浑身是血。他们一面解开套在皇帝脖子上的绳索，一面急宣御医。

嘉靖皇帝被勒被刺，受到惊吓，气息将绝。诸位御医面对血迹斑斑的皇帝，畏惧获罪，不敢用药。关键时刻，太医院院使许绅冒着万死，斗胆用药："调峻药下之，辰时下药，未时忽作声，去紫血数升，遂能言。"

许绅用药之后，如热锅上的蚂蚁，苦苦煎熬了近8个小时，嘉靖皇帝才慢慢地苏醒过来。事后，许绅以救护圣驾奇功，"赐赉甚厚"。可是，不久，许绅身患重病，卧床不起。他自己知道此病难愈，临终前对家人说："熜曩者宫变，吾自分，不效，必杀身，因此惊悸，非药石所能疗也。"

由此看来，这位太医院的最高长官太医院使，是因为高度紧张，而被吓死的。

隆庆皇帝龙床托孤

嘉靖四十一年（1562年）八月十七日，朱翊钧出生在裕王府，是明穆宗朱载垕的第三子。明穆宗育有四子：长子朱翊釴、次子朱翊钤，俱早逝；四子朱翊镠与朱翊钧同为李氏所生。朱翊钧的祖父是嘉靖皇帝，晚年迷信道教，"讳言储贰，有涉一字者，死！"

因为嘉靖皇帝的禁忌，朱翊钧降生之时，没有人敢报告嘉靖皇帝，更不敢为他起名字。嘉靖皇帝去世后，三子裕王朱载垕登基，为明穆宗，年号隆庆。

隆庆元年（1567年）正月初十日，廷臣上疏，请求册立皇太子。正月十八日，明穆宗才给第三子赐名叫朱翊钧。明穆宗说："赐你名字，名为钧，是说圣王制驭天下，犹如制器之转钧也，含义非常重大，你当念念不忘。"

隆庆二年（1568年）三月十一日，因其是父亲子嗣之中最为年长者，因此朱翊钧被立为皇太子，正位东宫。朱翊钧生母李氏，出身卑微，原是宫人，当时称为都人，后来母以子贵，李氏才晋升为贵妃。

明穆宗朱载垕，其名讳依《明史·穆宗本纪》认定为"载垕"。其实，这是错误的，是后世史家的笔误。

查阅宫廷档案和嘉靖、隆庆年间史料，他的名讳实际上就是"载垕（jì）"，一直没有"载垕"之说。

《明实录》明确记载："上命皇第三子，名载垕；第四子，名载圳。"

拥裕派大臣陈以勤，在为裕王朱载垕辩护时，明确地说："乃生而命名，从元从土，若曰首出九域，君意也。"

邻国朝鲜宫中保留有当时的档案，档案中记载：明帝其名，为"载垕"。

朱载垕一生，一直没有改名的迹象。当时，称"朱载垕"者确有其人，就是衡府齐东安和王。

晚明重臣朱国桢在《皇明大政记》中，误将朱载垕之名讳写作"朱载

屋"。结果，此一讹误为清廷官修《明史》所沿袭，导致后世以讹传讹，普遍弄错了，将"朱载坖"的真实名讳弄没了。

明穆宗朱载坖，在位6年（1567—1572年），由于纵欲过度，加上长期服食春药，身体每况愈下，难以支撑。

隆庆六年（1572年）闰三月，宫中传出：朱载坖病危。休养两个月后，他上朝视事，突然头晕目眩，支持不住。

史料记载：隆庆六年（1572年）闰三月，朱载坖与妃子淫乐过度，一病不起，休养了两个月。刚刚上殿听政，他就感觉头晕眼花，双手打战，不得已接着卧床。

隆庆六年（1572年）五月二十二日，明穆宗病危。三天后，内阁大学士高拱、张居正、高仪，被紧急召入宫中。

内阁首辅高拱等人，进入乾清宫东偏室的皇帝寝宫。

明穆宗一脸倦容，坐在御榻上。御榻旁边帘后，坐着皇后陈氏、皇贵妃李氏，10岁的太子朱翊钧立在御榻右边。

明穆宗朱载坖抓住首辅高拱的手，临危托孤道："以全国使先生劳累！"

御榻旁边，司礼监太监冯保侍立，宣读皇帝给太子朱翊钧的遗诏：

"遗诏与皇太子。朕不行了，皇帝你做。一应礼仪，自有该部题请而行。你要依三辅臣并司礼监辅导，进学修德，用贤使能，无事荒怠，保守帝业。"

三位大学士跪伏受托之后，掩泪而出。

宫中档案记载：明穆宗卧疾，召高拱、张居正、高仪三位大臣，立下遗嘱："遗诏与皇太子。朕不豫，皇帝你做。一应礼仪自有该部题请而行。你要依三辅臣并司礼监辅导，进学修德，用贤使能，无事荒怠，保守帝业。"

第三天，五月二十六日，朱载坖病逝于乾清宫，终年36岁。谥号"契天隆道渊懿宽仁显文光武纯德弘孝庄皇帝"，庙号穆宗，葬于北京昌平昭陵。

万历皇帝临终遗言

从万历四十年（1612年）开始，明神宗朱翊钧一直居住在乾清宫西配殿——弘德殿。

明神宗临终之时，召见首辅方从哲，嘱托后事。

方从哲，字中涵，湖州德清（今浙江省湖州市）人。明朝末年大臣，官至内阁首辅。万历十一年（1583年），中进士，授翰林院编修；历任国子祭酒，后迁吏部左侍郎；万历末年，出任内阁首辅。崇祯元年（1628年）卒，赠太傅，谥号"文端"。

方从哲以文学见长，在翰林院任编修时文笔出众，他撰写的多篇文章被首辅王锡爵收入文选，以为模范。讲学东宫时，他曾多次上书明神宗，维护太子（后来的明光宗）的地位。任国子监司业、祭酒时，他上疏明神宗，请求不要开矿收税，东林党、浙党都希望如此。

后来，司礼监秉笔太监田义想让做监生的侄子走后门当官，被方从哲严词拒绝。田义非常生气，就放出话，要整掉方从哲（"若不爱官耶"）。不久，方从哲被迫辞职，在家闲居。

在家赋闲十余年，方从哲交游很广，声望日隆。

东林老前辈叶向高很看重方从哲，先后举荐他续修玉牒、出任礼部左侍郎，兼翰林院侍读学士。但是，方从哲未去就职。

万历四十一年（1613年），朝廷按例举行会试。然而，此时朝政日非，缺官严重，竟然找不到能充当主考官的人。于是，叶向高再次举荐在家赋闲的方从哲出任礼部右侍郎，权副主考官。叶向高四次上书，明神宗还是犹豫不决。

有一天，明神宗突然降旨，委任方从哲为吏部左侍郎，辅佐叶向高主持会试。

结果，皇帝中旨与吏部会推结果不合，引起言官的反对。

方从哲无奈，只好告退。但是，明神宗坚决任命。

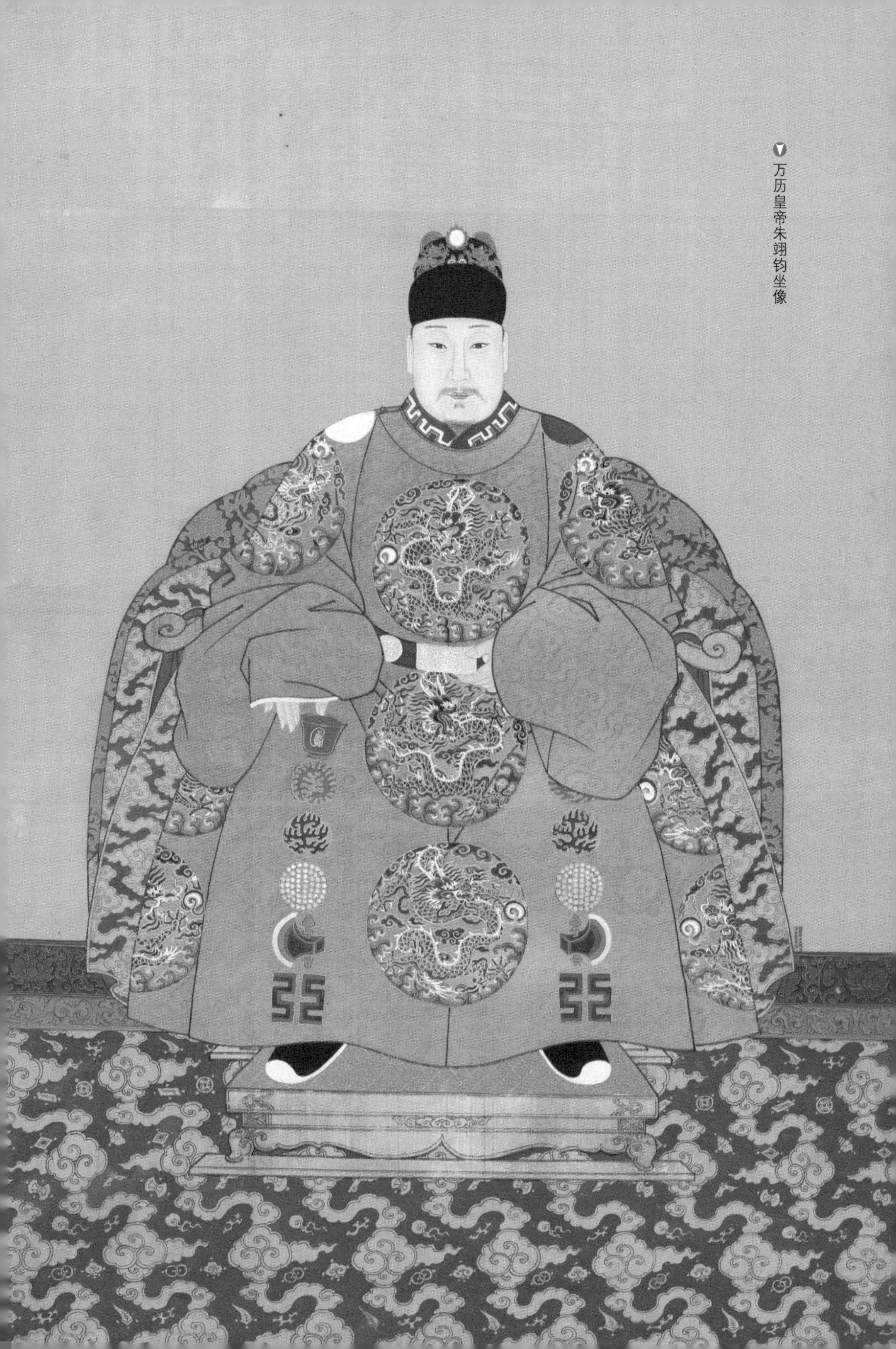

万历皇帝朱翊钧坐像

方从哲居家十五年，一出山就引起朝廷的风波。

从此，他艰难的首辅之路拉开了序幕。

当时，内阁叶向高，一人独相。他先后上疏75次给明神宗，要求增补阁臣。然而，一切奏疏如泥牛入海。

方从哲出山之后，明神宗似乎找到了理想人选，于是，下令立即增补阁臣。同年（1613年）九月，皇帝降旨，命方从哲与前礼部左侍郎吴道南，同加礼部尚书、东阁大学士，入阁为相。当时，吴道南暂未入京，因此，方、叶二人，先入阁辅政。

方从哲虽然多年在野，但是他声望很高：办事，秉公直谏；无私，敢于对抗宦官；彼时党争严重，他与朝廷党争的牵连较小。

由于党争、缺员，内阁权限不明，当时的大明已是朝政混乱，危机四伏。

第二年，叶向高已年迈多病，请求归家。

谁来出任首辅？当时，舆论指向东林党的代表人物沈鲤。

方从哲，身为阁臣，投桃报李，追随大众，上疏皇帝，请求让沈鲤入阁为首辅。然而，明神宗不纳。

方从哲在莫名其妙的情况下成为大明首辅，接替叶向高，一人独相。

万历四十三年（1615年），吴道南终于到京赴任，入参机务。万历四十五年（1617年），前一年他主持会试时发生科场舞弊案，自请辞职。因此，在整个万历朝后期，方从哲基本上是一人独相，勉强维持着国家运转。

方从哲上任后，颇想奋发有为。他多次上疏言事，希望匡正朝廷。然而，由于明神宗无为，他的相权不如张居正时代的首辅，他的努力终于归于失败。

不过，方从哲自始至终为明神宗信任，直到皇帝临终。

万历四十八年（1620年）四月，明神宗58岁，身患重病，卧床不起。首辅方从哲奉召，特许进入弘德殿，看望万历皇帝。

当时，皇帝侧身卧在弘德殿东间的御榻上。

方从哲进殿，跪伏在御床前，恭请皇帝修养身体，善加调摄。皇帝诉说了自己一年多来患病的情况，说现在仍在泻痢，下部肿痛，坐卧艰难；每日，看奏章，神思恍惚，眼目昏花。

最后，说到激动处，皇帝抬起头来，对方从哲说："先生，试看朕容。"

方从哲看见皇帝脸色苍白。

皇帝伸出手腕，让辅臣细看。

方从哲看见皇帝的双手十分苍白，心疼不已。

明神宗，在位 48 年，厌恶朝政，连续 24 年不上朝，不接见大臣。他藏在深宫，消磨着漫长的时光。临终之前，他特召首辅，诉说病情，称自己受到虚火内炽等疾病的折磨。

方从哲一直在御榻前跪着，仰头看见皇帝不断说话的嘴和没有血色的脸，心中无限感慨。

三个月后，万历四十八年（1620 年）七月二十一日，万历皇帝在弘德殿崩逝，庙号神宗。

离奇的"红丸案"

"红丸案"，十分离奇，属明末三大案之一。

明光宗朱常洛（1582—1620 年），明朝第十四位皇帝（1620 年八月初一——1620 年九月初一在位）。明神宗朱翊钧长子，母为孝靖皇后王氏。

朱常洛，是明神宗偶然临幸宫女所生。明神宗的皇后王氏、昭妃刘氏，自万历六年（1578 年）册封后，都无子嗣。

万历九年（1581 年），明神宗在其生母李太后慈宁宫中，私幸宫女王氏。

后来，王氏有孕，明神宗忌讳此事，不敢承认。但是，内廷起居注中记载了此事，当时还有皇帝赏赐给王氏的实物为证。李太后盼孙心切，当面质询。最后，皇帝被迫承认了这件事情。万历十年（1582 年），明神宗册封宫女王氏为恭妃。

万历十年（1582 年）八月，王氏生子，是为明神宗长子，取名朱常洛。

正宫皇后王氏没有子嗣，众多嫔妃之中，明神宗对郑氏特别宠爱：万历十二年（1584 年），晋封郑氏为贵妃；随后，郑氏产下皇二子朱常溆，可惜夭折。皇帝依然宠爱郑氏，万历十四年（1586 年）正月初五，生皇三子朱常洵。

随后，郑氏晋封为皇贵妃。

郑氏生子受宠，乘机请求皇帝立皇三子朱常洵为太子，自己做皇后。

皇帝宠爱郑氏，有求必应。两人写下契约，郑重其事，同在皇家道观中立誓。

皇帝专宠郑氏，生皇子，册立皇贵妃；非郑氏所生的皇长子朱常洛，却迟迟不立为太子。

朝野大臣忧心忡忡，各种猜疑满天飞，大家担心郑氏得宠，试图谋立皇三子为太子，损害"国本"。大臣纷纷上疏，言及皇储，指责郑氏干政。

为了平息"国本之争"，万历二十九年（1601 年）十月，皇帝降旨：立皇长子朱常洛为皇太子；三子朱常洵为福王、五子朱常浩为瑞王、六子朱常润为惠王、七子朱常瀛为桂王。

"国本之争"，落下帷幕。

这场争论激烈、牵扯复杂的政治事件，导致内阁首辅四人退职——申时行、王家屏、赵志皋、王锡爵；涉及六部官员十余人，中央及地方官员达三百多人；其中，一百多人被罢官、解职，发配充军。

万历三十一年（1603 年），谣言四起，说皇帝想更换太子。万历四十一年（1613 年），谣言再起，说郑皇贵妃及其子福王，想要谋害皇太子朱常洛。

于是，皇帝吩咐让福王就藩。但是，郑贵妃暗中阻止了。

恭妃王氏，终年遭受冷落，寂居幽宫。王氏度日如年，以泪洗面，不久，双目失明。万历三十九年（1611），王氏薨逝。

大学士叶向高建议，厚葬王氏。可是，皇帝居然不同意。大臣再进言，皇帝勉强同意，追谥王氏为皇贵妃。

万历四十八年（1620 年）七月，明神宗驾崩。八月初一，皇太子朱常洛即皇帝位，大赦天下，次年改元泰昌。

万历四十八年（1620 年）七月二十二日和二十四日，朱常洛降旨，各发银 100 万两，犒劳辽东等处边防将士；罢免矿税、榷税，撤回矿税使；增补阁臣，调整中枢，朝野一时颇感振奋。

八月初一，朱常洛举行登基大典。当时，皇帝"玉履安和""冲粹无病容"。也就是说，皇帝行走、仪态，一切正常，没有什么疾病。

朱常洛，新君继位，本想有所作为，然而因为"红丸案"，竟致突然驾崩。

朱常洛举行登基大典之后仅仅十天，也就是泰昌元年（1620 年）八月初十，就一病不起。第二天是万寿节，也取消了庆典。

据《国榷》记载：当时，郑贵妃"进侍姬八人，上疾始惫"。

据《罪惟录》记载："及登极，贵妃进美女侍帝。未十日，帝患病。"

八月十四日，朱常洛病重，召内官崔文升治病。

崔文升，是郑贵妃宫中的亲信太监。

朱常洛登基以后，升崔氏为司礼监秉笔太监。

朱常洛患病之后，郑贵妃指使崔文升以掌御药房太监的身份，向皇帝进"通利药"。"通利药"，就是大黄，也就是泻药。

接下来，一昼夜间，朱常洛连续下泻，多达三四十次。皇帝大泻之下，身体极度虚弱，处于衰竭状态。

随后，大臣闻讯，对崔文升进药的资格和所进药物是否合适进行了猛烈抨击。

给事中杨涟说："贼臣崔文升不知医……妄为尝试；如其知医，则医家有余者泄之，不足者补之。皇上哀毁之余，一日万几，于法正宜清补，文升反投相伐之剂。"

杨涟认为，朱常洛本来身体就虚弱，应当慢慢进补；崔文升不懂医，反而进以泻药，其心叵测。

当时，朱常洛生母王氏外家、原皇太子妃郭氏外家，两家外戚都认为这其中必有阴谋，遍谒朝中大臣，哭诉宫禁之中凶危万状，皇帝危矣："崔文升药，故也，非误也！"

泰昌元年（1620 年）八月二十八日，朱常洛召英国公张惟贤、内阁首辅方从哲等十三人进宫，让皇长子出来，接见众大臣。

皇帝此举，颇有托孤之意。

接着，皇帝下令，将崔文升逐出皇宫。

泰昌元年（1620 年）八月二十九日，鸿胪寺丞李可灼称有灵验仙丹，要面呈皇上。

太监们不敢做主，将此事禀告内阁首辅方从哲。

方从哲说："彼称仙丹，便不敢信。"

接着，内阁大臣奉旨进入乾清宫，探视朱常洛。

朱常洛自知时间不多了，有意安排后事：当面将皇长子托付给阁臣，嘱咐小心辅佐，接着问自己陵墓的营建事宜。

安排妥当之后，朱常洛问："有鸿胪寺官进药，何在？"

首辅方从哲说："鸿胪寺丞李可灼，自云仙丹，臣等未敢轻信。"

朱常洛自知身体虚弱，命在旦夕，何不一试？于是，皇帝下令：李可灼入宫献药。

中午时分，李可灼调制好一颗红色药丸，进献皇帝服用。

朱常洛服完红丸之后，感觉舒畅，让内侍传话："圣体用药后，暖润舒畅，思进饮膳。"

傍晚时分，朱常洛命李可灼再进一粒红丸。

御医们闻讯，皆表示反对。但是，朱常洛坚持己见，再服一颗红丸。

于是，李可灼再进一颗红丸，让皇帝服用。

服药后，朱常洛感觉安适如前，没有什么不良反应。

第二天，泰昌元年（1620年）九月初一，五更，朱常洛驾崩。

一时之间，朝野大哗。廷臣纷纷上书，指责李可灼和所进红丸是导致皇帝暴毙的罪魁祸首。皇帝之死，还牵涉首辅方从哲。皇帝去世当天，首辅方从哲拟遗旨，赏进献红丸之李可灼。

有人怀疑此案是人为的，是郑贵妃唆使他人下毒。

大明宫廷旋即展开了一系列追查元凶的调查。其间，党争、私仇夹杂其中，连坐罪死者众矣。

泰昌皇帝继承皇位，整整一个月，竟突然驾崩，明宫鸡犬不宁。

这件因为"红丸"引发的宫廷疑案，史称"红丸案"。

御史王安舜认为："先帝之脉雄壮浮大，此三焦火动，面唇紫赤，满面升火，食粥烦躁。此满腹火结，宜清不宜助明矣。红铅乃妇人经水，阴中之阳，纯火之精也，而以投于虚火燥热之疹，几何不速亡逝乎！"

天启二年（1622年），崔文升发遣南京，李可灼遣戍。

后来，内阁大学士将进药前后始末详细地上奏给明熹宗朱由校，说明原委，方从哲才摆脱了困境。

所谓"红丸"，其实是道士所炼之红铅药丸，用女子初潮经水、秋石、人乳、辰砂精心调制而成，性热，大补，服后热血沸腾。

李可灼所进红丸，正好与崔文升所进大黄之药性相反，一泻一补。本来身体就虚弱的朱常洛遭遇性能相反的两剂猛药，经过生死折磨，最后暴毙而终。

万历四十八年（1620年）七月、八月，明宫为两位皇帝发丧，中间仅隔四十天，这是前所未有之事。

明光宗朱常洛，登基仅仅一个月，但是，他大刀阔斧，试图改革弊政，施行仁政，有所作为，大臣们深受鼓舞，朝野之间，一时欣欣向荣。

可惜，明光宗，39岁登基，数十年压抑，登基之后，空前兴奋：白天，忙于政务；夜晚，忙于纵欲。结果，他多年夙疾，在身体虚弱中复发，终致一命呜呼。

混乱的"移宫案"

明神宗万历皇帝宠爱贵妃郑氏，晚年时，郑氏一直居住在乾清宫。

郑氏称是为了照顾万历皇帝，调养疾病。

乾清宫，是皇帝寝殿。如非特殊情况，太后、皇后、宠妃，任何人都没有资格在此长期居住。

明神宗去世后，郑贵妃依然居住在乾清宫。

当时，明光宗宠爱李选侍，李选侍奉旨同光宗一起，居住在乾清宫。

选侍的地位很低，仅仅高于宫女，是没有获得正式嫔妃名号的皇家宫眷。

郑氏和李选侍的关系很好，相互利用，一起占据着乾清宫。

杨涟、左光斗等朝廷大臣，振臂高呼，驱逐两位女人出乾清宫。

当时，杨涟、左光斗和吏部尚书周嘉谟一起，以儒家中正大义指责郑氏，晓喻其侄子郑养性。郑养性入宫，劝说郑贵妃。最后，郑氏搬出乾清宫，移居慈宁宫。

李选侍，按照明光宗的安排，居住于乾清宫，是奉旨照料太子朱由校。明光宗死后，她挟太子以自重，依然居住在乾清宫。

朝廷大臣前往乾清宫，为刚刚病故的皇帝哭丧，结果竟遭到李选侍阻拦。

杨涟怒不可遏，大声喝退奉李选侍之命前来阻拦的宦官。这样，朝廷大臣们才得以顺利进入乾清宫，为皇帝哭丧。

接着，李选侍试图藏匿太子，不让大臣和太子相见。

朝廷大臣们设计见到太子，将太子簇拥着来到慈庆宫，准备登基。

慈庆宫，就是端本宫，明代皇太子之居所，位于东华门北。

李选侍喜爱乾清宫，仍然独占，不肯搬出。

大臣们忍无可忍，发起了一场声势浩大的运动，大力声讨李选侍，坚决要求她立即搬出乾清宫，移往皇宫东部的哕鸾宫。

关键时刻，首辅方从哲却犹豫不决，模棱两可。

左光斗、杨涟等大臣大义凛然，拿出誓死的决心驱逐李选侍。

大臣们义无反顾，站在太子临时居住的慈庆宫门外，慷慨激昂，传令宦官告知李选侍，立即迁出乾清宫。

仅仅几日之间，杨涟须发尽白。

李选侍别无选择，最终，无奈迁出了乾清宫。

这场混乱不堪的宫廷斗争，史称"移宫案"。

秘密建储

雍正元年（1723 年）八月十七日，雍正皇帝在乾清宫西暖阁郑重其事地宣布了一项重大决定：乾清宫，秘密建储！

建储，就是确定新的皇位继承人。

秘密建储的方法：皇帝亲自书写一封密诏，上书：传位于皇子某人。然后，将密诏密封，放在一个内府制作的精致铁匣中；再将铁匣安放于乾清宫皇帝御笔"正大光明"匾额后面；同时，皇帝另写一封同样的密诏，藏在一个密器里，随时带在身上。

清康熙皇帝晚年一直被建储问题困扰，十分痛苦，无以自解。

康熙六十一年（1722 年）十一月，69 岁的康熙皇帝玄烨病危，躺在京西畅春园皇帝寝宫。十一月十三日，康熙皇帝临终之前，决定将皇位传给第四子胤禛。

雍正皇帝一身礼服，十分郑重地宣布新的建储方法。

宣布新方法之前，回顾往昔，雍正皇帝说：

　　我圣祖皇帝为宗社臣民计，慎选于诸子之中，命朕缵承统绪，于去年十一月十三日仓卒之间，一言而定大计，薄海内外，莫不倾心悦服，共享安全之福。圣祖之精神力量默运于事先，贯注于事后，神圣睿哲高出乎千古帝王之上，自能主持，若朕岂能及此也？皇考

⬆ 乾清宫内景

◀ 乾清宫宝座

当日亦曾降旨于尔诸臣曰：朕万年后，必择一坚固可托之人与尔等作主，必令尔等倾心悦服，断不致贻累于尔诸臣也。

雍正皇帝宣布新的立储办法：

今朕特将此事亲写密封藏于匣内，置之乾清宫正中世祖章皇帝御书正大光明匾额之后，乃宫中最高之处，以备不虞。

雍正皇帝宣布新法之后，令文武大臣退下，留下总理事务王及大臣四人在场，他们是廉亲王允禩、怡亲王允祥、隆科多和满大学士马齐。在他们的见证下，雍正皇帝将写有储君名字的密封锦匣，郑重其事地安放到"正大光明"匾额后面。

雍正皇帝病逝后，大臣取下"正大光明"匾额后面的密匣；同时，大臣取出另一个藏在内府缄金盒里、供皇帝随身携带的密诏，一一对应，完全一致。最后，确定由皇四子弘历继承皇位。

乾隆皇帝刚刚即位，就仿照父皇，密定继承人。

乾隆元年（1736年）七月，乾隆皇帝在乾清宫西暖阁召见总理事务大臣、六部九卿，令大臣们亲眼见证他密写、密藏之经过。当时，乾隆皇帝选定孝贤皇后所生次子永琏为皇位继承人。但是，可惜永琏在乾隆三年（1738年）不幸夭折。

乾隆皇帝十分悲痛，命大学士鄂尔泰、张廷玉将藏有立永琏为嗣的密诏取出，以太子的礼仪办理永琏的丧事。

乾隆三十八年（1773年），乾隆皇帝再建密诏，藏于"正大光明"匾额后的铁匣中。皇十五子永琰，被密定为皇太子。

乾隆六十年（1795年）九月初三，是乾隆皇帝即位六十年的日子。六十年前，雍正十三年（1735年）九月初三，乾隆皇帝在太和殿登基。

这天，乾隆皇帝在勤政殿宣示建储密旨，立皇十五子永琰为皇太子，并定于明年归政。嘉庆皇帝做了三个多月太子，乾隆皇帝信守承诺，正式将皇位传给他，自己做太上皇。

嘉庆四年（1799 年）四月十日卯初（清晨 5 点），嘉庆皇帝将皇子绵宁写入密诏，藏于"正大光明"匾额后。

嘉庆二十五年（1820 年）七月二十五日，嘉庆皇帝去世之日，御前大臣、军机大臣、内务府大臣共同开启密匣，绵宁即位，是为道光皇帝。

道光二十六年（1846 年）六月十六日，道光皇帝将皇子奕詝的名字写入密诏，藏于"正大光明"匾额后。

道光三十年（1850 年）正月十四日早晨 5 点，病危中的道光皇帝召见宗人府令、御前大臣、军机大臣、总管内务府大臣，重申立奕詝为皇太子。当晚 7 时，道光皇帝"龙驭上宾"。诸位大臣公启密诏，奕詝即位，是为咸丰皇帝。

这是清朝历史上，最后一位按照乾清宫"正大光明"匾额后之密诏即位的皇帝。

千叟宴

清宫千叟宴

叟，是指老者。

《礼记》记载：杖家之年：指 50 岁。杖乡之年：指 60 岁。杖国之年：指 70 岁。杖朝之年：指 80 岁。

总之，中老年男子：

50 岁，称：年逾半百、知非之年、知命之年、艾服之年、大衍之年。

60 岁，称：花甲、平头甲子、耳顺之年、杖乡之年。

70 岁，称：古稀、杖国之年、致事之年、致政之年。

80 岁，称：杖朝之年。

80 ～ 90 岁：耄耋之年。耋：70 ～ 80 岁；耄：90 岁。

90 岁，称：鲐背之年。《尔雅·释诂》：鲐背，寿也。老人身上生斑，如鲐鱼背。宋梅尧臣《元日》诗："举杯更献酬，各尔祝鲐背。"

100 岁，称：期颐。《礼记·曲礼》："百年曰期、颐。"郑玄注："期，犹要也。颐，养也。"孔希旦集解："百年者，饮食、居处、动作，无所不待于养。"

千叟宴，始于康熙年间，盛于乾隆时期，是清宫之中规模最大、参宴人数最多的皇家御宴。清代时，先后共举办过 4 次千叟宴。康熙 2 次：第一次，康熙五十二年（1713 年）三月，地点是畅春园；第二次，康熙六十一年（1722 年）正月初二，地点是乾清宫。乾隆 2 次：第一次：乾隆五十年（1785 年）正月初六，地点是乾清宫；第二次，嘉庆元年（1796 年）正月初四，地点是宁寿宫皇极殿。

第一次：康熙五十二年（1713 年）三月十八日，康熙皇帝玄烨 60 岁寿辰，称为"万寿节"。康熙皇帝在畅春园举办了第一次千叟宴，宴请从天下来京师为自己祝寿的老人。康熙皇帝即席赋《千叟宴》诗一首，故名。

康熙皇帝认为："自秦汉以降，称帝者一百九十有三，享祚绵长，无如朕之久者。"所以，康熙皇帝决定，举办一场隆重的万寿庆典。北京，搭建彩棚，从西直门一直到畅春园，长达 20 里。礼部特别规定："今岁，恭遇万寿六旬大庆，非寻常可比"，从三月初一至月终，京官都要穿蟒袍、补褂。此举，打破了只穿朝服七天的常例。最引人注目的是，康熙皇帝布告天下，年65 岁以上者，不论官民，均可按时赶到京城，参加畅春园皇家寿宴。

三月二十五日，康熙皇帝在畅春园正门前，宴请汉族大臣、官员以及士庶年 90 岁以上者 33 人，80 岁以上者 538 人，70 岁以上者 1823 人，65 岁以上者 1846 人。诸皇子、皇孙、宗室子孙年纪在 10 岁以上、20 岁以下者，均为老人们执爵敬酒、分发食品，扶 80 岁以上老人到康熙皇帝面前亲赐饮酒，以示恩宠；并且，赏给外省老人银两不等。

三月二十七日，康熙皇帝在畅春园正门前重设酒筵，招待八旗大臣、官兵及闲散人年 90 岁以上者 7 人，80 岁以上者 192 人，70 岁以上者 1394 人，65 岁以上者 1012 人，礼遇如前。

清　佚名　《百老图卷》

画中有上百位老人聚集在一起，或对弈，或弹琴，或赏画，或聊天，妙趣横生，怡然自得。

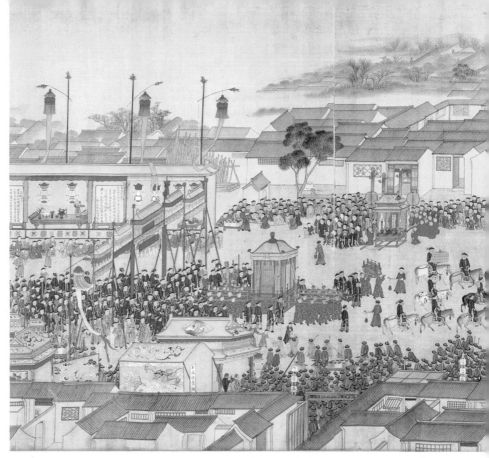

151

三月二十八日，康熙皇帝在畅春园皇太后宫门前三开宴席，宴请70岁以上的八旗老妇：90岁以上者就席宫门内，80岁以上者就席丹墀下，其余都在宫门外。这次寿宴，参加宴会的满汉耆老多达6600余人，加上人数不详的八旗老妇，应该超过了7000人，真是盛况空前，一时传为佳话。

第二次：康熙六十一年（1722年）正月，康熙皇帝年届69岁，为了预庆自己70岁生日，他在乾清宫举办了第二次千叟宴。当时，12岁的弘历作为皇孙，参加了这次宴会。

康熙六十一年（1722年）正月初一，宫中举行新年贺礼，康熙皇帝饱经风雨，对自己六十年的帝业颇感满意。他挥笔写下了《六十一春斋戒书》诗：

> 性理参天地，经书辅国朝。
>
> 勿劳民力尽，莫使俗氛嚣。
>
> 不误农桑事，须轻内外徭。
>
> 风高林鸟静，雨足路尘清。
>
> 视察焉能隐，行藏岂可摇。
>
> 桑榆虽景暮，松柏后霜凋。
>
> 长养春容盛，宽严君德调。
>
> 倦勤应不免，对越愧明昭。

康熙皇帝规定，参加寿宴者的条件：

1. 京城大臣，年六十以上者；

2. 致仕大臣，年六十以上者；

3. 京畿老人，年七十以上者。

当时，年老在职京师官员，共70人；致仕（退休）朝臣、京畿高年老人，共660人，合计730人，应邀出席了康熙皇帝主持的千叟宴。

正月初二，康熙皇帝在紫禁城乾清宫前，设宴招待八旗文武大臣、官员，以及致仕、退斥人员年65岁以上者680人。诸王及闲散宗室成员，为老人们授爵劝饮，分发食物。

正月初五，康熙皇帝再次设宴，宴请汉族文武大臣、致仕、退斥人员年

65 以上者 340 人。康熙皇帝赋七言律诗《千叟宴》一首。

寿宴上，康熙皇帝命皇子、皇孙 100 余人，身穿彩服，为在座的老人们执爵进酒。年幼的皇子、皇孙一身新衣，侍立一旁，观看寿礼。康熙皇帝非常高兴，即兴作诗，命与宴儒臣依韵和诗，以纪念清宫这一场意义非凡的千叟宴。

盛宴后，康熙皇帝吩咐，赐给与宴者每人一副鸠杖。

乾隆第一次千叟宴

祖父举办的千叟宴，场面宏大，给幼小的弘历留下了深刻印象。乾隆皇帝效法其祖父康熙皇帝，举办了两次千叟宴。

第一次：是在乾隆五十年（1785 年）正月，为了纪念即位 50 周年，75 岁的乾隆皇帝在乾清宫举办了第一次千叟宴。

第二次：嘉庆元年（1796 年）正月，乾隆皇帝退位，作为太上皇，他在宁寿宫皇极殿举办了第二次千叟宴。这场宴会成为历史上千叟宴之绝唱。

乾隆五十年（1785 年），四海承平，天下富足。

乾隆五十年（1785 年）正月初六，乾隆皇帝在乾清宫设宴。适逢乾隆皇帝喜添五世元孙，乾隆降旨：自宗室王贝勒以下，内外文武大臣官员、致仕大臣官员、受封文武官员、士农工商；外藩蒙古王公、台吉、回部、西藏代表、西南土官，以及朝鲜贺正陪臣，凡年过 60 岁者，皆可参加皇家盛宴。共计 3000 余人，欢聚一堂。殿廊下设 50 席，丹墀内 244 席，甬道左右 124 席，丹墀外左右 382 席，共计 800 席。

当时，推为上座者是一位最长寿的老人，名叫邓钟岳，据说已有 141 岁。乾隆皇帝和大臣纪晓岚为这位老人作对联，堪称绝对：

花甲重开，外加三七岁月；
古稀双庆，内多一个春秋。

上联之意，两个甲子，就是 120 岁，再加三七二十一，正好是 141 岁。

下联之意，古稀双庆，两个相加是140，再加一，正好也是141岁。

邓钟岳，福建人，当时实际为105岁（据《乾隆朝上论档》）。邓钟岳，以国子监司业职衔，休养在家。为赴乾隆皇帝的千叟宴，老人精神抖擞，在子孙的扶掖下，千里迢迢，专程从福建来到北京。百岁寿星参加千叟宴，一时传为盛事。

乾隆皇帝非常高兴，吩咐侍从特别照料邓钟岳老人。

寿宴高潮时，乾隆皇帝笑容可掬，特地召请邓钟岳老人以及90岁以上老人，来到皇帝御座前，亲自赏赐他们宫廷美酒。乾隆皇帝命皇子、皇孙、皇曾孙等人手执酒杯，向殿内王以下大臣行酒；御前侍卫等人，向其他众叟行酒。进餐之时，丹陛之上，演奏清乐。随后，宫廷演艺机构升平署上演承应戏目。

寿宴中，汉大臣以嵇璜为领班。据档案记载，嵇璜和乾隆皇帝同庚，生辰在六月，乾隆皇帝的生日是八月十三日。报个人年庚时，嵇璜口奏：臣不敢先君，愿意改自己生日，于皇帝万寿生日之后。乾隆皇帝笑吟吟地接受了

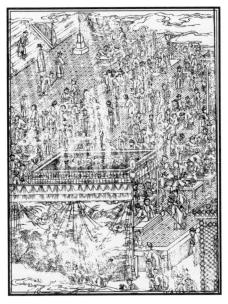

🔺乾清宫千叟宴

选自日本《唐土名胜图会》初集，冈田玉山等编绘。

这位老臣的忠心和知礼，当场宣旨将嵇璜的生日改为八月十五日。

乾隆皇帝仿照祖父康熙皇帝的做法，倡议群臣，现场作诗，依康熙皇帝当年的诗韵。乾隆皇帝特下旨命在场王公大臣、文武百官、蒙古、回部藩臣，以及朝鲜使节共100人，仿柏梁体，联句赋诗。寿宴结束之后，共计获诗3429首，号称"乾隆盛世之歌，极千古咏歌之盛"。

寿宴后，乾隆皇帝赏赐众人《千叟宴诗》刻本、如意、朝珠、缯绮、貂皮、文玩、银牌、寿杖等。百岁老人邓钟岳，备受赏赉。

随后，乾隆皇帝依祖父康熙皇帝《千叟宴》诗原韵，再赋《千叟宴》诗：

> 抽秘无须更骋妍，惟将实事纪耆筵。
>
> 追思侍陛髫垂日，讶至当轩手赐年。
>
> 君酢臣酬九重会，天恩国庆万春延。
>
> 祖孙两举千叟宴，史策饶他莫并肩。

乾隆第二次千叟宴

乾隆六十年（1795年），乾隆皇帝已85岁，为了不打破祖父康熙皇帝在位61年的纪录，他决定将皇位禅让给第十五子永琰，自己当太上皇。

嘉庆元年（1796年）正月初四，禅位刚刚3天，太上皇乾隆皇帝在宁寿宫皇极殿第二次举办千叟宴。此时，乾隆86岁，因此，规定参宴老人年龄，由60岁改为70岁以上。

当日，宁寿宫皇极殿盛宴，列名参席者3056人，列名邀赏者有5000人，"其仪率多由旧，而盛事实视前有加"。

当时，席位安排如下：

1. 内外王公、贝勒贝子、台吉、一二品大臣席在殿内；

2. 朝鲜、回部、西藏、暹罗、安南、廓尔喀等地区来客在殿廊下；

3. 三品大臣官员在丹陛甬路；

4. 四品以下在职官员在丹墀左右；

5. 其余拜唐阿、护军、马甲、兵民、匠艺等均在宁寿门外。

皇子、皇孙、皇曾孙、元孙等人，给殿内王公大臣敬酒；侍卫等给众叟依次行酒；承旨，分赐食物。

加恩：著赏百岁老人熊国沛、邱成龙等六品顶戴；其余 90 岁以上者，授予七品顶戴（《乾隆实录》卷 1494）。

这一天，皇极殿内异常庄严、隆重。皇极殿檐下，陈设着中和韶乐；宁寿门内，陈设着丹陛大乐。殿内，陈设王公、一二品大臣席位；殿廊下，布设朝鲜等藩属国使臣席位；殿外阶下，摆设有宴千叟的席位。

宴会开始，中和韶乐奏响。在嘉庆皇帝的侍奉下，太上皇乾隆皇帝升上皇极殿宝座。嘉庆皇帝亲率 3056 名银须白发的耄耋老人参拜乾隆皇帝，山呼万岁，为太上皇祝寿。面对着天下耆老为自己祝寿，太上皇乾隆心满意足。

盛宴之后，观赏戏剧。然后，与宴人员即席赋诗，盛宴进入高潮。这次宴会，结集诗作共有 3497 首。

乾清宫最后的主人

皇帝去世，称为"驾崩""宾天""升遐"；去世皇帝入葬之前，称为"大行皇帝"。

"大行皇帝"在紫禁城中最后的停留之地，就是乾清宫。

明清两朝，皇帝遗体停留之地，有所不同：

明朝，停放于武英殿之北的仁智殿，俗称白虎殿；

清朝，停放于乾清宫。

乾清宫最后的主人，是皇帝的遗体。

明朝时，第一位死于乾清宫的皇帝是明宣宗；后来，除明武宗死于豹房，崇祯皇帝死于景山；其他皇帝，都死于乾清宫。

清朝时，皇帝以养心殿为寝宫，但是，死于养心殿的皇帝并不多：顺治皇帝、乾隆皇帝、同治皇帝，死于养心殿；其他皇帝，死于离宫别苑——康熙皇帝，死于京西畅春园；雍正皇帝、道光皇帝，死于圆明园；嘉庆皇帝、咸丰皇帝，死于承德避暑山庄；光绪皇帝、慈禧太后，死于西苑瀛台。

清朝时，从顺治皇帝到光绪皇帝，每位皇帝去世后的梓宫都曾安放在乾清宫内：丧礼之时，大展殿堂设立灵堂，大堂安设素白帏幛，帏幛之下，就是大行皇帝梓宫；乾清宫两庑，全部垂挂雪白布帘；后妃、王公、百官、外藩外使，一律身穿素服，按照规定，依次入内哭丧。

顺治皇帝治丧时，百官们身穿丧服在乾清宫哭。当时，大臣们向外走，目睹了孝庄太后哀哭一幕：孝庄太后一身黑色袍服，站在乾清门台基上，扶着栏杆，失声痛哭。她的身后是搀扶的宫娥，都是白帕系首，一身素白，跟着太后，凄惨痛哭。

"大行皇帝"在乾清宫大敛后，朝廷正式颁布遗诏：

大学士恭奉遗旨，捧着"大行皇帝"在乾清宫"正大光明"匾额后的遗诏，恭敬侍立；嗣皇帝，一身丧服，在乾清宫檐下，跪接遗诏；皇帝遗诏，安放在黄案之上，嗣皇帝恭敬行礼，起立；大学士恭捧遗诏，沿着乾清宫中阶郑重走出；遗诏经过之时，嗣皇帝恭敬跪地，再次表达深切哀痛；最后，遗诏送往天安门，按照天安门颁诏程序，由金凤口衔，从天安门徐徐降下，颁布天下。

"大行皇帝"治丧期间，嗣皇帝以乾清宫东庑或者南庑为居丧期间的居所，称为"倚庐"。

中国古代时，父母丧期，孝子在父母墓旁搭建草庐，住在里面，以草席为褥，以土块为枕，称为守墓。

皇帝居住在"倚庐"里，为先皇守丧，以最简朴、最节欲的方式生活，表达沉痛之情。

康熙皇帝丧期，雍正皇帝以乾清宫东庑作为"倚庐"。

雍正皇帝丧期，乾隆皇帝以乾清宫南庑上书房作为"倚庐"。

嘉庆、道光、咸丰诸帝，在父皇治丧期间，皆以上书房作为"倚庐"。

治丧之时，嗣皇帝必须清心寡欲，将发辫截短，摘去冠缨；身穿素服，不穿彩衣，不听音乐，不近女色；所有宗室王公大臣，同样必须如此；所有治丧人员，都要哀毁至极，表达哀痛，在"大行皇帝"梓宫前，捶胸顿足，失声痛哭。

康熙皇帝治丧时，最受宠爱的宜妃郭络罗氏，居然以身体不适为由，坐着四人所抬软榻来到乾清宫。结果，遭到雍正皇帝的斥责。

每天，嗣皇帝早、中、晚三次，恭敬地来到乾清宫，为已故"大行皇帝"祭奠：梓宫前，设立几案，嗣皇帝亲自献上食物、酒，三跪三拜，失声哀哭；宗室王公大臣、宫廷女眷在乾清宫内，副都统以上百官在乾清门外，文武百官分别在景运门、隆宗门外，连续三日，朝夕哭丧。

"大行皇帝"治丧时间，通常为二十七日。

大丧期间，京城所有佛寺道观，各撞钟三万杵。

"大行皇帝"用过的冠服、器物和珍玩，按照民俗，当庭焚烧。

顺治皇帝御用物品，在乾清门外焚烧时，火焰之中，宝器发出爆豆般巨响，火焰呈五色。

雍正皇帝时，在为父皇康熙皇帝治丧时，改变焚烧做法，吩咐将康熙皇帝御用物品予以珍藏，其中一部分分别赏赐给王公、大臣、侍卫。

乾隆皇帝遵照父皇做法，将雍正皇帝御用之物，于皇宫收藏；部分赐给大臣、近侍，令他们供奉家中，随时瞻仰。

受赐大臣，在乾清宫丹墀上恭敬地接过御用物品，来到"大行皇帝"梓宫前，跪伏谢恩。

交泰殿：龙穴之谜

"龙穴"

"龙穴"，在天地阴阳交会之地，就是乾清宫、坤宁宫之间的交泰殿。

交泰殿，是紫禁城中历史悠久的宫殿建筑，是皇宫内廷后三宫之一，位于乾清宫和坤宁宫之间。

交泰殿名，取自《易经·泰》："天地交，泰。"王弼注解："泰者，物大通之时也。"意思是：天地之气融通，万物各遂其生，谓之泰也。

交泰，意思有二：

一、天地之气祥和，万物通泰。

汉王符《潜夫论》："是以天地交合，阴阳平和。"

二、君臣沟通顺畅，上下一心。

明张居正《庆成侍宴》诗："交泰正逢千载会，谫才何以佐升平。"

交泰殿，是皇帝、皇后约会之地，是阴阳交合之所，是整个皇宫的核心，故称为"龙穴"。

明清时期，交泰殿是重要场所：

举行册封皇后典礼，举行皇后生日典礼；皇后端坐，接受后宫妃嫔朝拜；

皇后春分祭蚕，前往西苑采桑喂蚕；春分前一天，皇后要在此验看采桑工具。

🔹清　宫廷绘　《亲蚕图（祭坛）》（局部）

共四卷，依次描绘了乾隆皇帝的孝贤皇后举办亲蚕礼的四个场景：诣坛、祭坛、采桑、献茧。

清朝时期，在此贮藏清二十五宝玺。

清世祖顺治皇帝，鉴于明代宦官专权，规定宦官不得干预朝政，特别在交泰殿立"内宫不许干预政事"之铁牌。

交泰殿，平面为方形，面阔、进深各3间；黄琉璃瓦，四角攒尖，鎏金宝顶。

大殿顶内正中，为八藻井。单檐四角攒尖顶，铜镀金宝顶，黄琉璃瓦，双昂五踩斗栱，梁枋饰龙凤和玺彩画；四面明间开门，三交六椀菱花，龙凤裙板槅扇门各4扇。

殿内顶部，为盘龙衔珠藻井；大殿地面，铺墁金砖。

大殿正中明间，设宝座；宝座上，悬挂康熙皇帝御书"无为"匾；宝座后，有板屏一面，上书乾隆皇帝御制《交泰殿铭》。

交泰殿内东次间设铜壶滴漏，乾隆年以后不再使用。

交泰殿内西次间设有一座自鸣钟，嘉庆三年（1798年）制造，高6米，是中国现存最大的古代座钟。

崇祯帝后冲突

史书记载，崇祯皇帝和周皇后曾在交泰殿争吵，揭开了"龙穴"之谜。

皇后周氏，祖籍苏州（江苏苏州），后来徙居顺天府大兴。天启年间，明神宗刘昭妃摄太后事，宫中事务决于明熹宗张皇后。崇祯皇帝朱由检是明光宗的第五个儿子，17岁时即皇帝位。周氏是在朱由检为信王时选为王妃的。当时，张皇后见美艳沉静的周氏很单薄，担心她不能担当重任，母仪天下。刘昭妃却说："如今虽弱，以后必会长大。"这才册为信王妃。信王即皇帝位，周氏便被册为皇后。周皇后作为明帝国的末代皇后，在明覆亡时，毅然决然地舍身殉国，万分悲壮。

周皇后素性俭朴。正位六宫以后，周皇后便开始裁减中宫用度。她首减椒房资用，亲事妇事，衣着浣衣，注重内治。周皇后祖籍苏州，穿着江南服饰，极得崇祯皇帝的宠爱，宫中纷纷仿效，称为"苏样"。服饰宫女是可以仿效的，但美色却是天成，谁都无能为力。周皇后早年居家时，有一次被文士陈仁锡瞧见。陈仁锡惊叹周氏的美貌，对她的父亲说："你的女儿是天下贵人。"陈仁锡便教授周氏《资治通鉴》和经史之书。因此，周皇后知书达礼，颇通文墨。崇祯皇帝也极好读书，各处宫室宝座左右都遍置书籍，坐即随手翻阅。书生风度的崇祯皇帝自然对才、色双绝的周皇后宠爱无比，视为红颜知己。

能与周皇后争艳争宠的人物，是贵妃田氏。田氏多才多艺，她的美貌与周皇后相当，却冷艳过之。相比之下，崇祯皇帝对田贵妃更加着迷。田贵妃恃宠而骄，谁都不放在眼里。周皇后对娇惯的田贵妃不能容忍，日常就多加裁抑。史书说，有一年岁元日，天气寒冷，田贵妃朝见周皇后，翟车直至庑下。周皇后故意拖拉，好半天才出室就座，受田贵妃跪拜。拜过以后，周皇后一言也不发，竟自离去。而另一位贵妃袁氏来朝时，周皇后则热情接待，相见甚欢，两人亲热地说话多时，久久方才离去。

田贵妃听到这些消息以后，恨死了周皇后。田贵妃受制于皇后，自己又没有办法，便向崇祯皇帝倾诉委屈。崇祯皇帝不高兴，觉得皇后有些过分。有一次，皇帝和皇后在交泰殿谈事，所议不合，崇祯皇帝怒火顿起，愤然推开皇后，扬长而去。可怜的周皇后，哪里受得住皇上一推，当即仆倒在地上，悲泣不已。皇后自此躺在床上，拒绝进食。崇祯皇帝后悔自己鲁莽，就派中使持貂裀赐赏皇后，算是谢罪，并询问皇后的饮食起居。周皇后这才结束绝

明崇祯款填漆戗金龙纹床

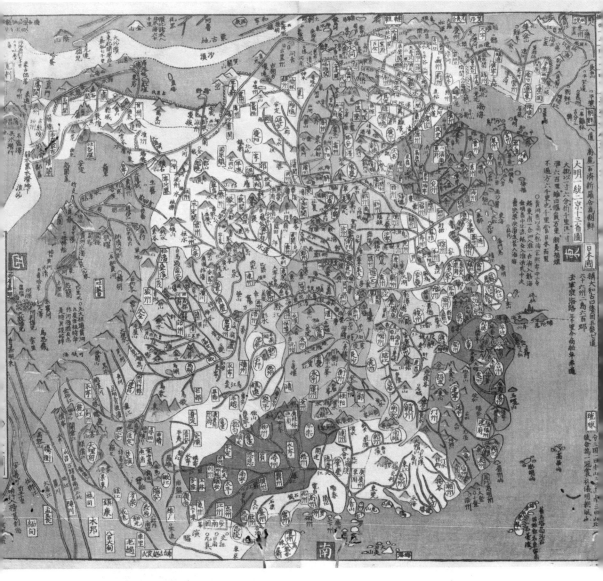

🔺 大明一统二京十三省图

选自《唐土历代州郡沿革图》，日本人长赤水编著，日本 1789 年初版。

食，帝后和好如初。

不久，田贵妃惹怒了崇祯皇帝，被斥居启祥宫，整整三个月不被召幸。周皇后这时又于心不忍。有一天，周皇后陪崇祯皇帝在永和门看花。周皇后见崇祯皇帝高兴，便乘机进奏，请召田贵妃。崇祯皇帝没有作声。周皇后就命人用车迎来田贵妃。崇祯皇帝见到了爱妃，心中感念不已，两人和好，如胶似漆。

宫内温暖平静，宫外却狼烟四起。农民起义军横扫江南，局势危急。周皇后有意南迁，便进言说："我在南边还有一家居！"崇祯皇帝忙问家居情况，周皇后又吞吞吐吐的。崇祯皇帝为国事忧心，决意茹素理政，时日久了，显得容颜憔悴。周皇后关心皇上的身体，执意亲理佳肴，进呈皇上。刚好崇祯皇帝的岳母瀛国夫人进奏，说夜梦崇祯的生母孝纯刘太后，刘太后哭着说，皇上忧劳憔悴，不能再这样下去，并最后说："为我语帝，食毋过苦。"崇祯皇帝拿着奏章进宫，恰遇进呈美食的周皇后，两人相向而泣，泪水洒满案头。

崇祯十七年（1644 年）三月十八日，李自成攻陷北京。崇祯皇帝知道末日到了，回到后宫，见到周皇后，痛苦地说道："大势已去，你为天下之母，应当赴死。"周皇后顿首恸哭说："我侍奉陛下十八年，什么都听陛下的，今天同死社稷，又有何恨！"

周皇后扶着太子和二王失声痛哭，让侍从将他们护送出宫。崇祯皇帝令周后自尽。周皇后走入内室，关上门户。一会儿后，宫女出奏："皇后领旨。"周皇后自缢而死。皇后死了，崇祯皇帝又命袁贵妃自尽。袁贵妃吊上屋梁，不料绳子断了，贵妃落在地上，一会儿后便苏醒过来。崇祯皇帝拔剑向贵妃肩头砍去，袁贵妃像一片败叶，倒在血泊之中。田贵妃两年前已死去。崇祯皇帝砍过袁贵妃，又胡乱地向其他嫔妃刺去，死伤数人。但袁贵妃命大，最终还是活了下来。清廷感于崇祯皇帝的悲壮，以礼赡养袁贵妃，而全其节。

坤宁宫：明代皇后寝宫与清代祭祀、大婚场所

明代皇后的寝宫

坤宁宫为中国古代宫殿建筑之精华，属于北京故宫内廷后三宫之一，位于交泰殿后面。

坤宁宫宫名出自《道德经》原文："昔之得一者，天得一以清，地得一以宁，神得一以灵，谷得一以盈，万物得一以生，侯王得一以为天下正。"

皇帝是天，皇后就是地；皇帝是乾，皇后就是坤。皇后，也是天下间之唯一，皇后的寝宫取自道德经，地得一以宁，故名坤宁宫；天得一以清，皇帝寝宫名乾清宫。

乾清宫代表阳性，坤宁宫代表阴性，以表示阴阳结合，天地合璧之意。

坤宁宫始建于明朝永乐十八年（1420年），正德九年（1514年）、万历二十四年（1596年）两次毁于火灾，万历三十三年（1605年）重建。

清沿明制，于顺治二年（1645年）重修，顺治十二年（1655年）仿盛京沈阳清宁宫再次重修。嘉庆二年（1797年），乾清宫失火，延烧此殿前檐，嘉庆三年（1798年）重修。

明代时，坤宁宫是皇后的寝宫。面阔9间，原来是正面中间开门，有东西暖阁。李自成率农民起义军打进北京时，崇祯皇帝的皇后周氏就是在坤宁宫自缢身亡的。

坤宁宫

坤宁宫内景

169

坤宁宫东西两庑有两座门：东侧，景和门；西侧，隆福门。其南边，分别是日精门、月华门。

坤宁宫东庑，是寿膳房；西庑，是寿药房，供奉药王。

坤宁宫西庑西北角有一间房，为太医值班房。

坤宁宫北边是后宫北门，名坤宁门，通往御花园。

坤宁门东庑，是值宿太监值班处，宫中称为东板房；房共9间，人称"九间房"。

坤宁门西庑，掌事太监居住之所，宫中俗称为西板房。

坤宁宫祭神

清代时，坤宁宫祭神是宫廷中的大事，主要包括：

每年腊月二十三日，是小年，皇帝、皇后祭祀灶神；

元旦子时，皇帝、皇后来到坤宁宫，在司香神位前亲自上香，祭祀诸神；

大祭——每年元旦次日，或者正月初十；春祭、秋祭，皆为大祭；

二月初一、五月初五、七月十五、九月九日之祭；

冬至日祭天，也在此祭祀；

每日，朝祭、夕祭。

坤宁宫内西侧大炕，供奉着朝祭神位；北侧炕上，供奉着夕祭神位。

每天朝祭，是寅时（3点到5点）至卯时（5点到7点）之间；每天夕祭，是未时（下午1点到3点）至申时（下午3点到5点）之间。

朝祭、夕祭之神，包括：满族始祖、关帝君、释迦牟尼佛、蒙古神。

关羽，是三国时蜀汉大将，武艺高强。满人受汉人影响，非常崇敬关公，视他为"战神"，恭敬祭祀。明清（后金）战争和进取中原期间，清军往往高举关帝大旗，战无不胜，所向披靡。满洲将士敬爱关羽，亲切地称他为关玛法。玛法，满语，意为父亲。

坤宁宫祭祀的主事者，是满族世代神职女性，称为萨满太太。

据史料记载，负责宫廷祭祀的萨满太太共计20余人，她们生活在宫中，居住在紫禁城东南的南三所——这里是皇子生活之地，进景运门，就能很快到达后宫。

按照传统，皇后每天应在神前恭敬行礼。后来，由一名女官代替皇后，负责在神前行礼。

清代时，坤宁宫全面改造。宫前广场竖立着一个"神竿"，高三丈，是祭祀祖宗用的，称为"祖宗竿子"。

清宫祭祀之时，"神竿"上面悬挂着最佳的猪颈骨肉，敬献给祖宗、诸神；"神竿"东北特设一张案子，陈放着祭祀的猪肉。

萨满太太衣着奇特，整个跳神仪式就在"神竿"之下进行。

坤宁宫内西部，有大锅三口，用来煮祭肉，煮整头猪。西边墙壁上，悬挂着天神、布偶像；墙壁上，悬挂着黑色布幔。一个长条桌，陈放着祭神法器，包括铜铃、拍板等。

宫廷档案、史料记载，坤宁宫祭祀较为神秘。

朝祭神位所供，据《满洲祭礼》载，为释迦牟尼（在鬃金小亭内）、菩萨像、关帝像（画像轴挂神幔上）。

据《满洲祭礼》记载："礼毕，司香太监撤菩萨像，位关帝像于正中。"这时才开始杀猪。

夕祭所供神位，根据《满洲祭礼·卷二》夕祭仪的记载："穆里罕神，自西按序安奉架上，画像神安奉于神幔正中；设蒙古神座于左，皆于北炕南向。"

坤宁宫的夕祭祝词中，为"喀屯诺延为蒙古神"，所以，这两件偶像就定名为喀屯诺延。

供夕祭神位绘花黑漆抽屉桌中原有画像一轴，当即是画像神：为七个盛装女子端坐椅上，上有飞鹊二只，下有清代服装的供养者二人。

煮肉、蒸糕锅灶部分：在正间之东的首间（即对着门的一间）向南槅扇内。灶上有大锅三个，两只猪各占一锅，另一锅蒸切糕。

大灶北窗棂上，挂着煮猪肉用的铁钩、铁勺、铁铲；窗台上，放着照明用的铁板灯、木板蜡台；东墙上，设着"东厨司命灶君之位"木牌。

槅扇外，靠东墙，设着"盛净水瓷缸"二件，放在红漆缸架上；两缸架之间，放着一块圆形石头，叫作打糕石。

据《满洲祭礼·卷五》解释，打糕是"以稷米蒸饭，置于石，用木榔头打烂"。

宝座布置，《啸亭杂录》记载："大内于元旦次日及仲春秋朔，行大祭神于坤宁宫。钦派内外藩王、贝勒、辅臣、六部正卿，吃祭神肉。上（指皇帝）面北坐。"

《啸亭杂录》作者是乾嘉时代的人，可以知道在那个时代以前，皇帝坐在南窗大床，面朝北。

据《曝直纪略》记载："每年坤宁宫吃肉三次，枢臣皆与。两宫祭神毕，太后坐北床，皇上坐南床，如太后不御坐，则皇上坐北床。"

从这个材料知道，到了同光年间，除了南床上安设座褥、靠背、隐枕、一份宝座以外，在北床上又增设了一份。

御前侍卫每隔几天在月华门值宿。他说："每逢值宿的日子到五更天的时候，就听见乾清门有太监喊：请大人们吃肉。当时的习惯语是，'叫肉'。所有的乾清门侍卫，来到坤宁宫门口领肉：伊立答（满语即站班的头目）、御前和卓钦（即侍卫中管理蒙文翻译事）、太医院值班，共六人。

"进门来，从南窗下，每人拿一块毯垫，白心红边；地当中有一灯架子，在灯前放下垫子，向西一叩首，坐下。有太监拿出一盘整方的肉，另有一人给盘内撒一把细盐，用手来撕吃。吃完后，把盘子一举，就有太监接过去。"

清代皇帝的洞房

清代时，雍正皇帝决定，皇帝不再居住在乾清宫，搬到养心殿居住；皇后也不在坤宁宫居住，而是选择东西六宫中之一所宫院作为寝宫。

从此以后，坤宁宫主要是大清皇帝大婚和宗室祭神之场所。

皇帝举行大婚时，按照清宫规定，坤宁宫东暖阁，就是皇帝、皇后大婚的洞房。

据档案记载，清朝时期，在坤宁宫中大婚的皇帝有三位：康熙、同治、光绪，其他皇帝，在登基之前就已经成婚，在位时期，不再举行大婚。当然，皇帝在位期间，即使册立新皇后，也不再举行大婚仪式。

皇帝大婚，是宫廷中难得一遇的特大喜事。皇家会拨出专款，筹备皇帝大婚。

宫廷筹备大婚时，将坤宁宫全面布置，焕然一新：东暖阁中，铺设着皇帝专用的龙凤喜床；喜床上放着一个宝瓶，宝瓶中装着金银、珠宝、粮食谷物等；龙凤喜床上悬挂着喜帐，喜帐上精心绘绣着五彩缤纷的百子图案；喜床上摆放着皇帝御用的床褥，是大红色真丝缎，缎上绣着龙、凤、双喜字；喜床上摆放着大婚被子，是宫廷特制的彩绣百子图明黄被和朱红缎子被。

皇帝大婚之日，紫禁城焕然一新：各大宫门、殿门，高高地悬挂着彩灯；彩灯呈红色，阳光照耀下，显得格外喜庆；主要宫门上，贴着喜庆的门神和对联；太和门、太和殿、乾清门、乾清宫、坤宁宫，全部用双喜字红绸精心装饰，喜气洋洋。

汉族大婚时，新娘必定要跨越马鞍。

清代皇帝大婚，皇后在乾清宫跨过火盆，出乾清宫，来到大婚洞房坤宁宫门槛之时，必须从门槛上的马鞍跨过，才能进入洞房。

清代宫廷规定，坤宁宫门槛上安置马鞍，马鞍之下要放两个苹果。

跨马鞍、放苹果，与汉人一样，同样寓意"平平安安"。

共同的文化语系，有共同的吉祥祝福。谐音"平安"，是人们对于美好生活的共同祈祷和祝福。

汉族和各民族中，大婚礼的高潮就是合卺礼，它是大婚的标志，代表男女正式成为夫妇。

《礼记·昏义》称："共牢而食，合卺而酳，所以合体同尊卑以亲之也。敬慎重正而后亲之，礼之大体，而所以成男女之别，而立夫妇之义也。男女有别，而后夫妇有义；夫妇有义，而后父子有亲；父子有亲，而后君臣有正。故曰：昏礼者，礼之本也。"

合卺，就是喝交杯酒。

坤宁宫东暖阁

清代皇帝大婚：喜字桌灯

◀ 清 光绪皇后大婚龙凤袍

◀ 清 贵妃凤冠

什么是合卺？"合卺，破匏为之，以线连柄端，其制一同匏爵。"

清张梦元在《原起汇抄》中称："用卺，有二义：匏，苦不可食，用之以饮，喻夫妇当同辛苦也；匏，八音之一，笙竽用之，喻音韵调和，即如琴瑟之好合也。"

清代时，合卺礼，在皇帝大婚的坤宁宫洞房举行。

合卺礼，最为隆重。皇后必须重新梳妆、打扮——皇后端坐着，把没上头的长发姑娘上头，梳妆打扮为"两把头"媳妇；重新换下在母家奉迎之时所穿的龙凤同和袍，穿上崭新的皇后龙袍、龙褂。

皇后梳妆打扮完成之后，进入洞房，等待皇帝，正式开始合卺礼。

清代皇帝、皇后进入洞房以后，按照中国古礼，男女合卺，席地而坐，"内务府女官，恭进宴桌，铺设坐褥于龙凤喜床沿下，相向坐。恭进皇上、皇后交杯用合卺宴"。

皇帝居右，皇后居左，相对而坐，对饮对食。

皇帝、皇后对饮对食之时，健康、和谐的侍卫夫妇侍立在坤宁宫外屋檐下，用满语高声传唱交祝歌。

合卺礼之食，必须吃完：新郎、新娘象征性地对食之后，从者吃剩余之食：

"媵，馂主人之余；御，馂妇余。"意思是，新娘一方的陪嫁女子"媵"，吃新郎所剩的饭食；新郎从人"御"，吃新娘所剩的饭食。合卺礼成，阴阳（男女）蕴藉交接。

明代时，皇帝、皇后大婚，合卺礼仪是用四个金爵、两只卺，进行合卺礼。合卺时，三次酌酒。皇帝从者，馂皇后之馔；皇后从者，馂皇帝之馔。

清代皇帝大婚，宫廷档案、文献记载，没有金爵、卺并用。皇帝、皇后合卺，用金质合卺杯。

正式合卺礼之前，皇帝、皇后静坐，同吃子孙饽饽。

子孙饽饽，就是饺子，由皇后母家事先预备。

子孙饽饽不能煮熟，一定要煮得半生才行。

皇帝、皇后在龙凤喜床上，皇帝居左，皇后居右。男童问："生不生？"皇后回答："生！"表示大婚之后，生儿育女，皇室兴旺，瓜瓞绵绵。

满族百姓，新郎新娘合卺之后，食子孙饽饽，一男童隔窗问道："生不生？"新郎或娶亲太太回答："生！"

清代皇帝、皇后合卺之后，吃长寿面，然后进入喜床就寝。至此，婚礼算是正式举行完毕。

第二天凌晨，皇帝、皇后再进一次"团圆宴"，表明生活幸福，婚姻美满。

满族百姓，合卺礼时，萨满太太会向空中抛肉。

慈宁宫：太后正宫

慈宁宫麒麟

慈宁宫，位于紫禁城外西路，隆宗门西侧；始建于明嘉靖十五年（1536年），在仁寿宫故址上撤除大善殿而建成。明清时，为皇太后、皇贵妃所居。

清朝前期、中期，是慈宁宫的兴盛时期。当时，孝庄文皇后、孝圣宪皇后，都先后在这里居住；顺治皇帝、康熙皇帝、乾隆皇帝，以孝闻名，在慈宁宫经常举行太后庆寿大典。

慈宁宫是皇太后寝宫，亦是皇太后举行重大典礼之地。凡遇皇太后"圣寿节"、上徽号、进册宝、公主下嫁，均在此处举行庆贺仪式。特别是太后寿辰时，皇帝亲自率众臣行礼，皇帝和近支皇戚一起彩衣起舞，礼节十分隆重。

慈宁宫宫门前有一东西向狭长广场，广场两端分别是永康左门、永康右门，正南为长信门。

慈宁门，位于广场北侧；门内，有高台甬道，与正殿慈宁宫相通；院内东西两侧为廊庑，折向南与慈宁门相接；北向，直抵后寝殿（即大佛堂）之东西耳房；前院东西庑正中各开一门，东曰徽音左门，西曰徽音右门。

清代时，慈宁宫正殿悬挂着两幅乾隆皇帝御笔横匾："宝篆骈禧""庆隆

尊养"。匾额两边对联：爱日舒长，兰殿春晖凝彩仗；慈云环阴，萱庭佳气接蓬山。

麒麟，被人们称为"圣兽王"。

麒麟，是神的坐骑，形状像鹿，头上有角，全身鳞甲，尾像牛尾。

麒麟，一直受到中国皇帝、后妃的青睐，是宫廷祥瑞的象征。

紫禁城慈宁宫慈宁门前，出三阶，正中为龙凤御道；阶前左右，有一对鎏金铜麒麟：大约一人多高，威风凛凛，头上长一对肉角；这对鎏金麒麟身长 1.37 米，高 1.41 米；麟发上耸，双目前视，昂首挺胸，栩栩如生；外形特征：龙头、鹿角、龙身、马蹄、龙鳞，尾似龙尾。

颐和园仁寿殿前的麒麟，建造于清乾隆时期，其外形特征和慈宁门前麒麟一致："龙头、鹿角、龙身、马蹄、龙尾"。

慈寧燕喜

◁ 清　佚名　《慈宁燕喜图》（局部）

选自《胪欢荟景图册》，清宫旧藏。崇庆皇太后为乾隆皇帝生母，清世宗孝圣宪皇后钮祜禄氏。此画描绘的是崇庆皇太后七旬大寿万寿庆典的场景，其背景为慈宁宫。

紫禁城慈宁门前，为何设立一对麒麟？

寓意有三：一是长寿，二是尊老，三是怀仁。

慈宁宫主人是皇太后、皇太妃，是尊长之辈。

麒麟，是瑞兽，象征长寿。

慈宁宫，为皇太后、太妃等人颐养天年之地，大门外设置麒麟，自然寓意怀仁之德，平安吉祥。

万历皇帝孝养太后

万历皇帝（明神宗）大婚之后，开始亲政。

慈圣皇太后李氏从乾清宫移出，迁居到皇宫西部慈宁宫，颐养天年。

万历皇帝亲政以后，虽然疏于政务，但是他对母亲的孝养长年不懈，自始至终。

万历皇帝孝养太后的事迹，是数十年后宫生活之中，唯一令人称道之事。

万历皇帝心存仁孝，不仅奉养着生母慈圣皇太后李氏，还奉养着父皇的另一位遗孀——仁圣皇太后陈氏。

每年重大节令，万历皇帝都要在乾清宫主办大型宫廷宴会活动，观戏娱亲。

万历皇帝喜欢戏曲，事先训练近侍宦官二百余人，排演宫中百戏。宫廷宴会活动时，皇帝特地在乾清宫内安设两位太后的宝座，亲自恭请两位太后光临乾清宫，观赏戏曲。

据档案记载，每次活动，万历皇帝都亲自在保和殿后的云台门下，面向北方，拱手静候。

两宫太后坐在舆轿中，由贵妃导引，分别从景运门、隆宗门进入乾清门广场。万历皇帝恭恭敬敬地向北跪下，恭迎太后。

两宫太后，一齐来到乾清门前。万历皇帝恭敬起立，令王皇后扶着陈太后、郑贵妃扶着李太后，一起进入乾清宫。

万历皇帝毕恭毕敬地请两宫太后升座，然后，皇帝才落座。

宴会期间，万历皇帝站起来，亲自为两宫太后敬酒、祝酒、布菜、献食。

每当万历皇帝亲自敬酒、捧觞、献馔之时，他必定屏住呼吸，膝行叩首礼。

按照古礼，幼辈对长辈行礼，必须屏住呼吸，以免口气不佳，令长辈不快。可是，皇帝是至高无上的，中国古代没有哪一条礼仪规定皇帝必须这样做。但万历皇帝遵守古礼，要求自己做到。

酒宴之后，开始观赏百戏。

万历皇帝喜爱民间风情的戏曲小品、幽默短剧。太监们尽情表演，充满欢乐。戏曲之后，就是杂耍杂技表演。皇帝一起侍奉太后，观赏节目，尽欢而散。

孝庄太后的独家纪念馆

顺治十年（1653 年），慈宁宫修葺一新，迎来了它的第一位主人——孝庄太后。

孝庄太后博尔济吉特氏，蒙古科尔沁部贝勒博尔济吉特·布和之次女。

科尔沁博尔济吉特氏与清初的皇室关系密切，世代联姻：清太祖努尔哈赤一后、清太宗皇太极一后四妃、清世祖福临二后、清圣祖玄烨一后等，都是出自博尔济吉特氏。天命十年（1625 年），孝庄太后年方 13 岁，就嫁给能征善战的大汗皇太极为妻。11 年后的崇德元年（1636 年），皇太极改后金为大清，正式称帝，她被册封为永福宫庄妃。崇德三年（1638 年），她生下福临，就是后来的顺治皇帝。

清太宗皇太极与博尔济吉特氏真是有缘，一后四妃都是来自这一家族。非常有趣的是，孝庄太后一家两代 3 人都嫁给了英气逼人的皇太极：第一位是孝庄太后的姑姑孝端文皇后哲哲，她于明万历四十二年（1614 年）嫁给皇太极，但一直没有生子；由她举荐，孝庄太后又嫁给了皇太极。好长一段时间，孝庄太后也没有怀孕生子。皇太极很喜欢她们，特别是孝庄太后，于是，又娶了孝庄太后的亲姐姐。这样，姑侄3人，同为皇太极的后妃。

姑侄3人之中，最聪明过人的是孝庄太后，她在婚后的第13年生下了福临，地位日隆以后，才干也逐步显示了出来。而最受宠爱的却是孝庄太后的姐姐海兰珠，可惜，天妒红颜，她不久即病逝，谥敏惠恭和元妃。耸立在4米高台上的城堡式建筑清宁宫（正宫，今沈阳故宫中路正中），见证了皇太极与孝庄太后相知相爱的感情，这里是他们起居的寝宫，也是孝庄太后熟悉政务的重要地方。宫前两侧是东西配宫，顺治皇帝福临就降生在东部的永福宫内。

孝庄太后是位精明能干、具有远见卓识的女人。她的一生，是有着传奇色彩的一生。她的一些举动影响了历史，也创造了历史。她辅助6岁的儿子福临登上皇帝宝座，走过一段刀光剑影的风雨历程，甚至下嫁权臣多尔衮，确保了皇位稳固，进而定鼎中原，稳稳地入主紫禁城。她力主让年仅8岁的皇孙玄烨即皇帝位，从而产生了中国历史上少有的一位圣明君主，并诞生了长达百年的"康乾盛世"。

孝庄太后对于福临的关爱，远远不及对于孙子玄烨的关爱、教养和呵护。孝庄太后是位有一定文化素养的女人，她拥有相当的历史知识，尤其嗜好图史。正是在她的影响和教导下，诱发和引导了幼年玄烨的读书兴趣，并形成嗜好，伴随他的一生。玄烨一生都在矢志读书，他早晚诵读，寒暑从不间断，常常废寝忘食。

保姆朴氏从没有见过像小玄烨这样酷爱读书的人，看他小小年纪，瘦瘦单单的，一拿起书就忘掉一切，担心他像这样读下去，会伤了身体，所以，总是及时地劝他休息，多到外面活动活动。劝告不奏效，朴氏干脆时不时地将玄烨痴迷的书籍藏起来，每次总要等他急得团团转时再拿出来。索回了书籍的玄烨像换了一个人，立即津津有味地阅读起来，并沉醉其中。

小玄烨太爱读书了，酷爱到了他身边的人心里都有些害怕，深恐他会读书读得累死。对于孙儿的好学，孝庄太后又惊喜，又欣慰，又自豪，又心疼。有的时候，她看着废寝忘食读书的孙儿那样不知疲倦的样子，不禁会委婉地责备几句："读书要慢慢地来，你还小呢。哪有像你这样读书的人，贵为天子，却像个不分昼夜、寒窗苦读的书生，是不是准备赶考哇？"小玄烨只是羞涩地笑笑，继续看书。

　　孝庄太后不仅引导玄烨读书明理，更多的是非常注重他的全面发展，希望他能够成为一个心地仁厚、贤明正直、胸怀天下的人。她告诫玄烨，一定要先学做人，做人要正直廉洁，要堂堂正正，要心胸开阔，要严于律己，因为只有修养好了自己并身心健康的人，才能齐家，才能治国平天下。玄烨在孝庄太后的严格要求下，一直严于律己，对读书一丝不苟，并不耻下问，虚心学习；在生活上也律己甚严，坐有坐姿，站有站相，不喜饮酒，不好仙佛。

　　保姆好吸烟，好奇心重的小玄烨，看着保姆优美的吸烟姿势和袅袅升腾的烟雾，不禁有些着迷，也跟着吸了几口，并渐渐习惯了，还有点上瘾。孝庄太后知道此事以后，严肃地告诉玄烨，吸烟有许多坏处，不要吸烟。玄烨明白过来之后，知错就改，非常坚决地戒了烟。从此以后，玄烨再也没有尝试吸烟，并严禁在朝堂上吸烟。不仅如此，他还一再劝诫那些吸烟的大臣不要吸烟。所以，康熙一朝之中，吸烟的大臣很少，嗜烟如命的更是绝无仅有。

　　在孝庄太后的默认和鼓励下，玄烨系统地学习了儒家经典五经——《易》《书》《诗》《礼》《春秋》；四书——《大学》《中庸》《论语》《孟子》等。对于这些经典的学习，他自称是："必使字字成诵，从来不肯自欺。"《书经》是儒家经典之中较为难懂的，由于辅政大臣的干扰，没能及时延请硕学鸿儒充当老师，玄烨就在身边太监的指导下学习，他描述说："于典谟训诰之中，体会古帝王孜孜求治之意，期见之施行。"

　　当时，朝廷中有一股极强的顽固守旧势力，他们不愿让玄烨过早地接触汉文化，防止玄烨走上他的父皇顺治皇帝好华语、慕华制的老路，更不让汉官接近玄烨。孝庄太后力排朝廷中守旧势力的排汉、斥汉之风，毅然决然地延聘汉人老师，学习汉制，吸收汉文化。玄烨回忆他的早年学习经历时说："朕八岁登极，即知黾勉学问。彼时教我句读者，有张、林二内侍，俱系明时多读书人，其教书惟以经书为要，至于诗文，则在所后。"

　　幼年时期打下的学习基础，在小玄烨的心灵深处烙下了很深的烙印。这些学习的经历影响了他的一生，也影响了他所创造的一个繁荣昌盛的时代，

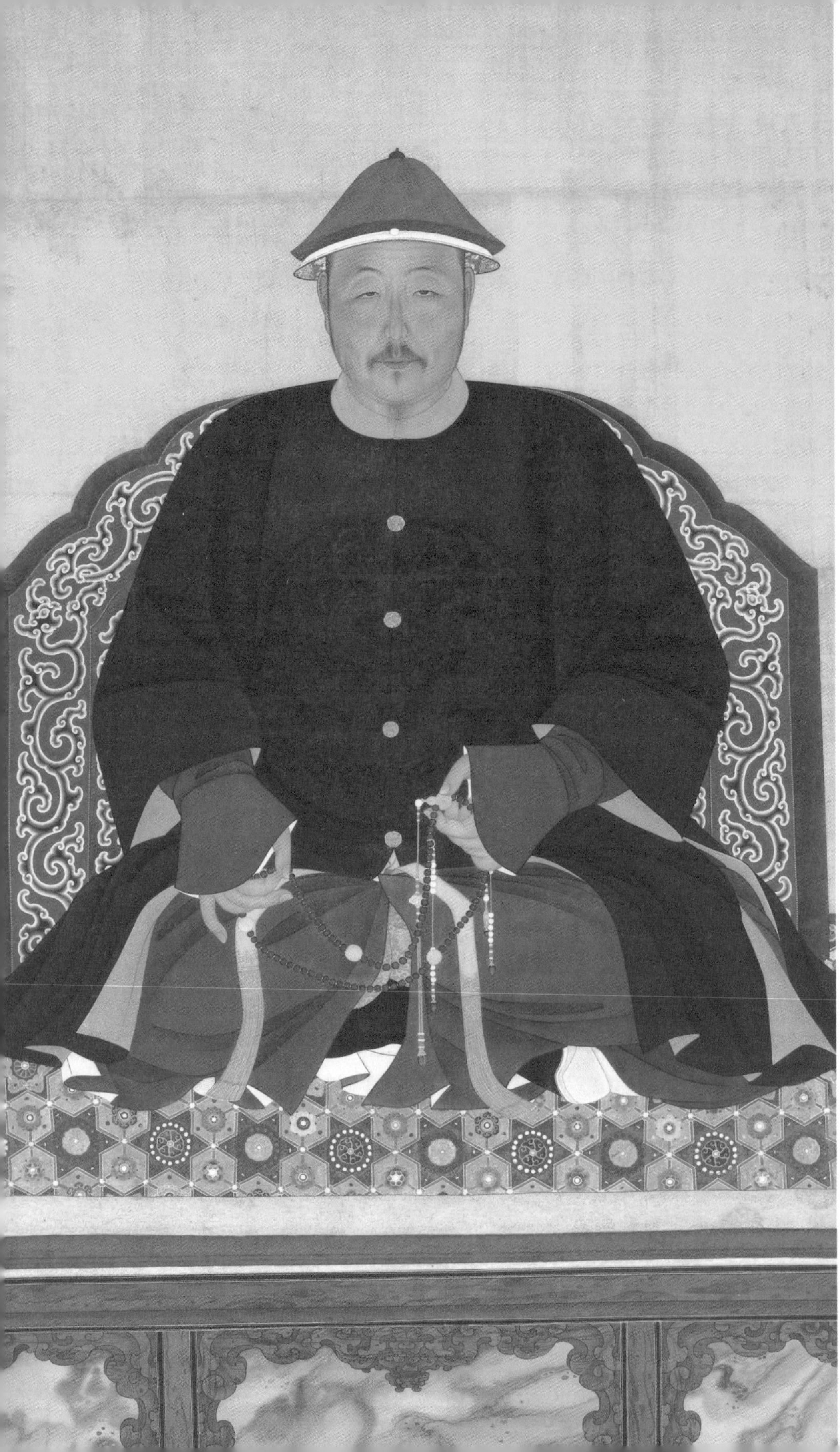

皇太极像

并对于其后世子孙产生着深远的影响。康熙皇帝后来回忆说:"朕七八岁所读之经书,至今五六十年,犹不遗忘。"可见,幼小之时所学,对于造就一个饱读经书的硕学皇帝来说,是何其重要。这些信手拈来的儒家治国之道,渗透到社会生活之中,也就自然而然地造就了一个温文尔雅、礼仪之邦的儒化国度。

骑射是清朝得天下、守天下的看家本事,玄烨在孝庄太后的督导下,从小就接受严格的训练,丝毫不敢懈怠。康熙皇帝回忆说:"朕自少习射,亦如读书、作字之日有课程,久之,心手相得,辄命中。用率虎贲、羽林,以时试肄。念祖宗以来,以武功定暴乱,文德致太平,岂宜一日不事讲习。朕于骑射、哨鹿、行猎等事,皆自幼学习,稍有未合式处,侍卫阿舒默尔根即直奏无隐。朕于诸事谙练者,皆阿舒默尔根之功。迄今犹念其诚实忠直,未尝忘也。"

孝庄太后注重孙儿的全面发展和综合培养,再加上玄烨的天赋和努力,使得玄烨成为一个心地仁厚、身体健康和知识广博的人,在言行举止、学识见解、个人气质和待人接物方面都达到了几乎完美的程度。人们常常从影视作品中能够看到皇帝在龙椅上俨然端坐、俯视众人的样子,其实,这俨然端坐的功夫是一个皇帝举止修养的基本功,是长期严格要求下培养出来的。孝庄太后曾一再告诫小玄烨:"凡人行住坐卧,不可回顾斜视。此等处不但关乎德容,亦且有犯忌讳。"

康熙皇帝常常忆起祖母对他的教诲,感慨不已:"朕自幼龄学步能言时,即奉圣祖母慈训,凡饮食、动履、言语,皆有矩度。虽平居独处,亦教以罔敢越轨,少不然即加督过,赖是以克有成。"康熙皇帝为此也颇为自豪,他曾这样告诉他的子孙们:"朕自幼年登极,以至于今日,与诸臣议论政事,或与文臣讲论书史,即与尔等家庭闲暇谈笑,率皆俨然端坐,此乃朕躬自幼习成,素日涵养之所致。"

康熙皇帝的儒雅气质,也深深地震动和影响了外国供职于中国宫廷的传教士们,并赢得了他们的爱戴和尊敬。法国传教士白晋就曾这样给他的国王描述康熙皇帝:"他和陛下一样,有高尚的人格,非凡的智慧,更具备与帝王相称的坦荡胸怀。他治民、修身同样严谨,受到本国人民及邻国人民的崇敬。

从其宏伟的业绩来看，他不仅威名显赫，而且是位实力雄厚、德高望重的帝王。在边陲之地能见到如此英主，确实令人惊讶。简言之，这位皇帝具有作为英明君主的雄才大略。他是自古以来，统治天下的帝王当中，最为圣明的君主。"

对于太后的养育、培养之恩，康熙皇帝一生都没能忘怀，时常铭记于心。他曾多次说："忆自弱龄，早失怙恃，趋承祖母膝下三十余年，鞠养教诲，以至有成。设无祖母太皇太后，断不能致有今日成立。罔极之恩，毕生难报！""朕自幼蒙太皇太后教育之恩，至为深厚，仰报难尽！"

孝庄太后去世后，康熙皇帝悲痛欲绝，于慈宁宫内停放棺椁。但是，此后再没有别的太后住在慈宁宫了。究其原因有二：一是孝庄太后是清代最有威望的太后，去世前一直在此居住，此后的太后觉得自己的身份不够，就不敢住慈宁宫。二是慈宁宫多少让人觉得晦气深重，不适合居住。

永寿宫：明孝宗及其生母纪氏

纪氏诞下皇子

明宪宗时期，骄横的万贵妃决定了宫女纪氏的悲剧命运。纪氏美丽、聪颖，她是广西一位酋长的女儿，因为酋长叛乱，明军平定叛乱以后，她作为俘虏入宫。纪氏受任女史，派往一处宫室，看管书籍。明宪宗临幸了纪氏，纪氏幸运地怀上了皇子。然而，当时的后宫是宠妃万贵妃的天下。万贵妃恃宠而骄，横行宫禁，皇后都退避三舍，遑论其他后宫女子。万贵妃自己的儿子死后，再也不能生育，她痛恨宫中的其他女子，尤其是被皇上临幸过怀孕的妃嫔宫女。她一旦得知宫中有谁怀孕，便千方百计使其堕胎！

纪氏的秘密终于被万贵妃得知，万贵妃派人如法炮制。可幸运的是，被派去的宫使同情纪氏，只让她吃了一点堕胎药，便回复万贵妃，搪塞了过去。万贵妃很得意，但她生性多疑，还是不放心。万贵妃将纪氏遣送安乐堂，囚禁在这处宫外的冷宫。安乐堂在宫城外的西内，地点在今北京西城养蜂夹道一带。纪氏来到安乐堂，默默无闻，小心谨慎，悄悄地生下了一个儿子。他就是未来的孝宗皇帝。

皇子生下了，头顶一寸无发。这是吃的那点堕胎药所造成的。纪氏生下了一位皇子当然觉得很幸福，也很高兴。然而，纪氏一想到万贵妃就心惊胆战，惶惶终日。纪氏知道这件事迟早都会被万贵妃知道，万贵妃一旦得知，

明孝宗朱祐樘坐像

后果不堪设想——皇子死于非命不说，自己惨死，还会牵连派来强迫其堕胎的好心的宫婢。

纪氏经过痛苦的思虑以后，决定结束皇子的生命。她命守门太监张敏抱出皇子，将他溺死埋掉。张敏大惊，慌忙进言说："皇上还没有儿子，怎么能丢弃呢？"张敏不敢遵命，于是纪氏就留下了皇子。张敏买了一些粉饵饴蜜之类的食品，帮助纪氏将小皇子藏在一个隐秘的地方，细心喂养。

万贵妃对纪氏始终不放心，又多次派遣心腹到安乐堂搜寻，但每次都是一无所获。当时，被万贵妃谗废的吴皇后也住在西内，住所紧挨着安乐堂。共同的命运将吴氏和纪氏连在一起，吴氏便加入了纪氏的行列中，共同对付万贵妃及其心腹，一起细心地抚养皇子。她们就这样苦撑时日，皇子在艰难的困境中一天天长大，一晃就熬过了六个春秋。明宪宗对此始终一无所知。

纪妃暴亡

成化十一年（1475 年）的一天，明宪宗召张敏为他栉发。明宪宗对着镜子，不禁长叹："我老了，却没有儿子！"张敏闻言以后马上跪伏请罪："奴才罪该万死，万岁已有皇子。"明宪宗不禁愕然，忙问皇子安在。张敏回答说："奴才说了即死，请万岁给皇子做主！"站在一边的太监怀恩，也随声伏地顿首说："张敏说的是真的，皇子偷养在西内，如今已 6 岁了！匿不敢奏闻！"明宪宗欣喜若狂，当即传令驾幸西内，并派宫使前往迎接皇子。

纪氏见到了皇帝的特使，知道苦日子熬到头了，热泪盈眶。纪氏抱着儿子，含泪哽咽着对儿子说："事已大白了，我将不久于人世。儿子去吧，那位穿黄袍，有胡须的就是你的父亲！"皇子穿上小红袍，坐着小轿，被一路簇拥着送到明宪宗的面前。皇子长期幽禁，胎发都没有剃，在这冷宫的凄风苦雨中度过了整整 6 年，这时已是长发及地。皇子披头散发，摇晃着扑向身穿黄袍、长着胡须的明宪宗。明宪宗张开双臂，抱着自己的儿子，老泪纵横，悲喜交加，将儿子放在自己的膝上，细细端详。他看了很久，最后流泪说道："是我的儿，很像我！"

明宪宗马上派太监怀恩将这件事飞报内阁。朝中大臣得知后万分欣喜，纷纷入贺，随即颁诏天下。明宪宗封纪氏为淑妃，立即迁出安乐堂，住进了宫城内的永寿宫。一时间，冷寂多年的后宫又热闹非凡起来，宫禁也因此失去了平静。万贵妃得知此事，恨得咬牙切齿，终日破口大骂："群小欺哄我！"不久，宫里出了一件特大的怪事：刚刚住进永寿宫的纪淑妃，突然暴死。

纪淑妃是因何而死的？史书写得很含糊。但对于这件事，显然，明宪宗像先前忘却了纪氏和她的儿子一样，非常失职。明宪宗对万贵妃又爱又怕，一直忽略了纪淑妃。纪氏的死，他既不追究死因，也不将凶手治罪，此事便不了了之。紧接着，太监张敏也吞金自尽。从常理上判断，纪氏和张敏的死，主谋是万贵妃，也只能是万贵妃。

⬥ 永寿宫正殿宝座

长春宫：乾隆皇帝和富察氏的爱情故事

贤后

乾隆皇帝先后有过两任皇后，第一任是富察氏，第二任是乌拉那拉氏。

两任皇后，两种命运：乾隆皇帝对第一任皇后的真挚爱情，令人感动；他对第二任皇后的冷落，令人感慨莫名。

乾隆皇帝弘历的原配夫人是富察氏。她出身于清朝著名的勋贵大家族，这个家族的祖先，从清太祖时期起就追随太祖起事，一生驰骋疆场，南征北战，为大清王朝的建立立下了汗马功劳。此后数代，这个"从龙"起事的大家族，都受到历代皇帝赐给的封爵和荣宠，其家族中的主要成员先后在宫中担任高级侍卫武官，并出任朝廷要职。

富察氏的曾祖父旺吉努，曾追随清太祖努尔哈赤起兵，努尔哈赤视他为"从龙"之士，留在身边。富察皇后的曾祖父哈什屯，是富察家族中担任皇帝亲军侍卫的第一人，他由前锋校升至内大臣、议政大臣，统领侍卫亲军，后荣加太子太保。哈什屯的长子米思翰，是康熙皇帝最亲信的大臣之一，历任内务府总管、礼部侍郎、户部尚书兼职议政大臣。他有四个儿子：长子马斯喀，次子马齐，三子马武，四子李荣保。

马斯喀，是康熙时期最著名的侍卫将军之一：他从上三旗侍卫佐领历武备院卿、副都统、内务府总管大臣、领侍卫内大臣，成为康熙朝最年富力强

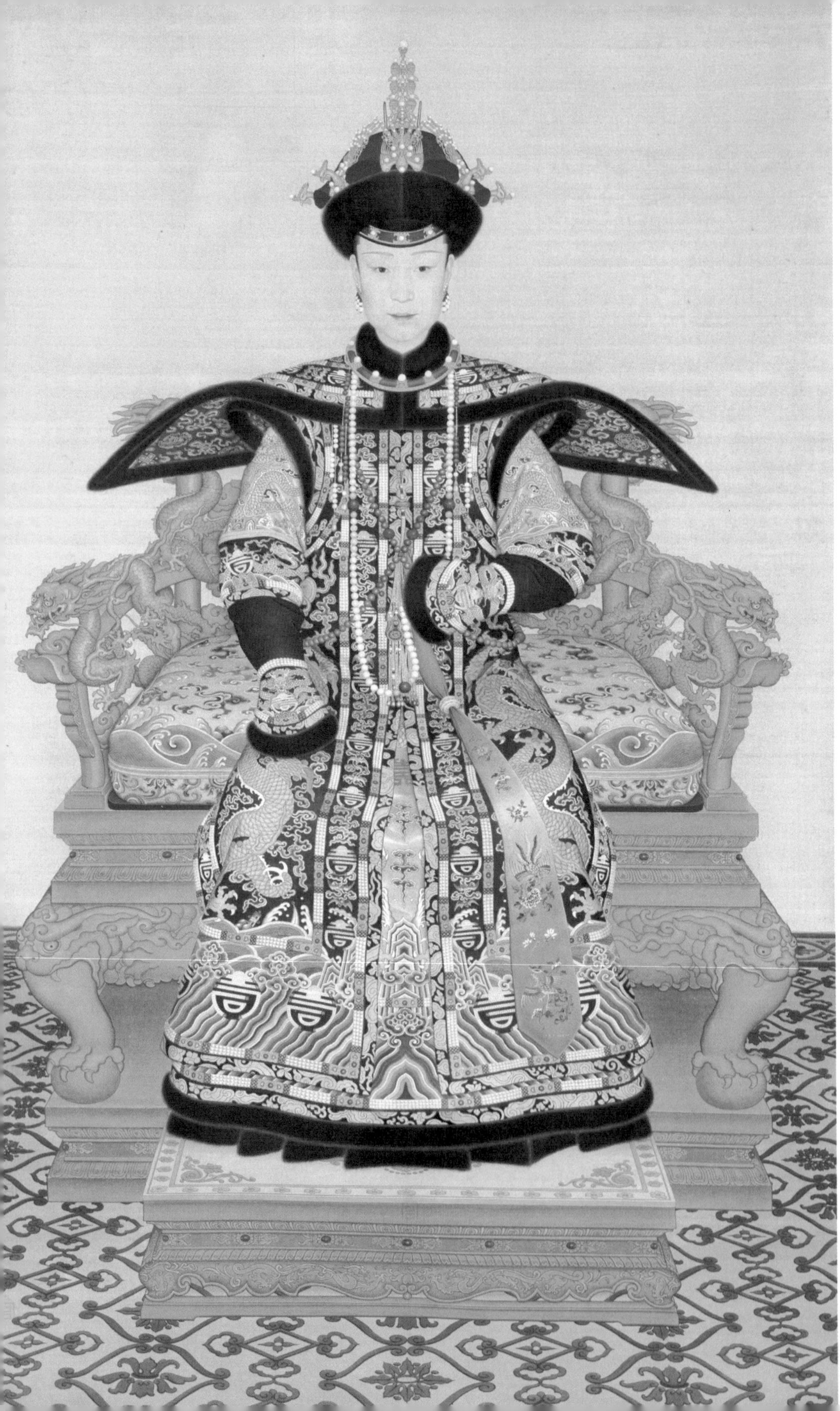

◀清　佚名　清高宗孝贤皇后朝服像

的侍卫首领。

马武是富察氏家族中担任御前侍卫最久的一位，他也是最受康熙、雍正两位皇帝信任的大臣。他先后历官副都统、都统、内务府总管、领侍卫内大臣，统领侍卫亲军，在内廷侍卫之职上任职长达50余年。

李荣保历官佐领、参领、察哈尔总管。因受康熙末年太子废立一事的打击，李荣保不幸英年早逝——其兄马武参与拥立皇八子胤禩之谋，他也被牵连下狱，被削夺一切官职，不久便离开人世。因他的女儿被立为皇后，他后被追封为一等公；他的女儿就是乾隆皇帝的第一任皇后富察氏，也是清代著名的孝贤皇后。乾隆时期被称为"中朝第一人"的掌握兵权的人物傅恒，是孝贤皇后的弟弟。

清雍正五年（1727年）七月，富察氏被册立为皇四子弘历的嫡福晋，时年16岁。乾隆皇帝即位以后，于乾隆二年（1737年）十二月初四，乾隆皇帝身穿礼服，亲御太和殿，册立富察氏为皇后。与此同时，乾隆皇帝恩及王公贵戚：皇室从王公以下，至奉恩将军、闲散宗室，民之公、侯、伯以下至二品以上之命妇，都加恩赏赐；八旗满洲、蒙古汉军40岁以上从小系为夫妇者，也一并给予恩典；除十恶、谋杀等不赦之犯以外的犯法妇女，一律赦免。

富察氏天性仁孝，为人很温和，日常生活方面非常朴素，衣着、饮食都很节俭，平常很少涂脂抹粉，也从不穿金戴银、佩饰珠翠。她的衣着很整洁，偶尔以通草绒花为饰。她心灵手巧，每年都要按关外的传统，亲手用鹿羔细皮绒缝制荷包，送给皇帝，以此表示永不忘本。

富察氏是一位典雅的女人，具备了贤后的美德，婚姻生活中，她与乾隆皇帝的感情很好，伉俪情深。大学士阿桂讲了这样一件亲历之事，足见她与乾隆皇帝的笃爱之情：乾隆皇帝壮年的时候，身上有毒，长了一个痈，十分难受。御医细心诊治，快好时，特别叮嘱：要休养一百日，元气才可恢复。皇后知道以后，二话不说，立即搬到皇帝寝宫外居住，每天朝夕亲自侍奉，不离皇帝左右。直到一百天，皇后才搬回自己的寝宫。

皇后是后宫的主人，负责统摄六宫之事——对上要孝敬、伺奉皇太后，朝夕承欢太后膝下，让太后满意；日常要侍奉皇帝，过问皇帝的饮食起居；对下要抚视诸后宫嫔妃，照料诸位皇子的生活和学习，处理后宫一应事务。富察氏细心周到，为人谦逊，后宫上下左右，从皇太后到诸宫嫔妃到宫女、太监，无一不心服口服，赢得一片赞扬之声。

富察皇后令人敬佩的就是两个字：孝和贤。乾隆皇帝很感念皇后，视她为生命的一部分，称她为贤内助。乾隆皇帝曾对侍臣们由衷地说："我之所以能够很专心地处理国家事务，有很多空闲的时间从事文化活动，全得力于皇后啊！（朕得以专心国事，有余暇以从容册府者，皇后之助也！）"

天妒红颜

富察氏与乾隆皇帝缠绵恩爱，天遂人愿，先后生下了二男二女。可惜的是，上天也许是妒忌她与皇帝的恩爱幸福，她的两个可爱的儿子竟先后夭折：长子（乾隆皇帝的第二个儿子）永琏，乾隆皇帝疼爱有加，将他内定为皇位继承人。清乾隆三年（1738年）去世，时年9岁。次子（乾隆皇帝的第七个儿子）永琮，长得聪慧可爱，极像幼年的弘历，乾隆皇帝也已经将他内定为储君。遗憾的是，乾隆十二年（1747年）除夕，孩子竟然因出痘而去世！这一年，富察氏36岁。皇后所生二女：皇长女，早殇；皇第三女固伦和敬公主——下嫁额驸科尔沁和硕亲王色布腾巴勒珠尔。在乾隆皇帝的御制诗中，这位额驸的名字是色布腾班尔珠尔。这是一桩政治婚姻，乾隆皇帝曾写诗吟咏：

世笃姻盟拟晋秦，宫中教养喜成人。

诗书大义能明要，妫汭丛祥遂降嫔。

此日真堪呼半子，当年欲笑拟和亲。

同来侍宴承欢处，为忆前弦转鼻辛。

天妒红颜，次子去世的一个月后，富察皇后因哀痛过度，也离开了人世。乾隆十三年（1748年）二月初四，经历了失子之痛的乾隆皇帝下旨东巡，想让皇后从痛苦中振奋起来，他想以游乐来分散皇后的注意力。皇后满含着伤痛，强装笑颜，领情地随皇帝圣驾东巡。一路上，皇后细心地照料着同样悲伤的乾隆皇帝。

二月下旬三月初，皇帝的车驾抵达曲阜，乾隆皇帝携富察皇后祭祀孔庙，拜谒少昊陵，致祭周公庙，登临泰山顶，临幸繁华的济南府。不幸的是，皇后在这番奔波中，微感风寒。乾隆皇帝体贴皇后，休息了几天，皇后还是有些不适，但她表示自己已经康复了。他们一同观赏奇特的趵突泉，举行阅兵大典。乾隆皇帝还兴致勃勃地张弓射箭，连射中的。他们到舜庙行礼，又到千佛山拈香，然后泛舟大明湖，过历下亭，至北极庙行香，最后又重新游历了趵突泉。经过了一段时间的诊治和调养，皇后的风寒之症得到了有效的控制，并且一天天好转。

三月初八，乾隆皇帝一行从济南回銮。三月十一日，皇帝的车驾行至德州登舟，皇后突然病情加重。乾隆皇帝忧心如焚，一时有点手足无措，他亲自跑到太后的御舟告知皇后病危的消息，太后立即前往皇后寓所看望。太后久久凝视病中的富察氏，眼泪哗哗地往下淌：多好的一位皇后啊，上苍怎么忍心将她收走？这么年轻，这么俊美，这么善解人意，这样好的一个女人，怎么就不能让她长寿！太后泪如雨下，悲恸不已。史官记载当时的情景，只写下这样一行字："皇太后临视，悲恸良久。"三月十一日子夜时分，皇后富察氏与世长辞，终年 37 岁。

长春宫词

乾隆皇帝伤心欲绝，泪如泉涌。一整夜，他都坐在皇后的枢前，不忍离去。第二天，乾隆皇帝降谕天下："皇后同朕奉皇太后东巡，诸礼已毕，忽在济南微感寒疾，将息数天，已觉渐愈；诚恐久驻劳众，重厪圣母之念，劝朕回銮。朕亦以肤疴已瘥，途次亦可将息，因命车驾还京，今至德州水程，忽遭变故。言念大行皇后乃皇考恩命作配朕躬，二十二年以来，诚敬皇考，孝奉圣母，事朕尽礼，待下极仁，此亦宫中、府中所尽知也！"

⬥ 长春宫

⬥ 长春宫内景

经历了两次丧子之痛的乾隆皇帝，再次经历丧失爱妻之痛，他的内心伤悲，无以言表，怎么办？悲痛的乾隆皇帝，只好用隆重的丧礼来寄托自己无尽的哀思。他吩咐，大办丧事，以最高的规格、最隆重的方式来操办富察皇后的丧礼。"大行皇后"富察氏的梓宫，一路顺利地回到北京，送进紫禁城内皇后一直居住的长春宫。

长春宫，明代天启皇帝（明熹宗）以前称为永宁宫。明代天启皇帝在位时，因为宠爱李成妃，特地下旨修葺此宫，并改名为长春宫，赐赏李成妃居住。当时，天启皇帝与乳母客氏关系暧昧，客氏恃宠而骄，横行宫中，使尽种种手段，让张皇后失宠，并残酷地饿死了即将临产的张裕妃，还残忍地将范慧妃打入冷宫。最后，客氏打算收拾居住在长春宫的李成妃：她以皇帝的名义下旨，断绝李成妃的所有饮食。聪明的李成妃早有准备，预先在墙角、屋壁间储存了一些粮食。过了好些时日，李成妃没有被饿死，客氏觉得十分奇怪，疑惑不解。于是，宫内人都觉得长春宫一定是一座福宫，这里有天神保佑。

最后，相信长春宫为福宫的客氏，只得拿出撒手锏：又以皇帝圣旨的名义，废李成妃为宫女，将她赶出长春宫。李成妃离开长春宫的那一天，正是一个寒冷的风雪天，她面色苍白，众宫人默默为她流泪，为她伤怀。乾隆皇帝很清楚这段往事，他知道这风景雅致的长春宫是一座福宫，也知道当时流传宫中的一首宫词：

> 众中自恃独承恩，锦帐宵分夜语频。
>
> 回首繁华成往事，萧萧雪霰别长春。

惊世"国葬"

乾隆皇帝宠爱富察氏，特地将长春宫赐赏给她居住。乾隆皇帝在长春宫的前殿亲自御书大匾：敬修内则。大匾悬挂于大殿正中。每年年节的时候，长春宫的西壁上悬挂着《太姒诲子》的宫训图——这是指西周开国之君周武王的母亲太姒教诲儿子的故事。乾隆皇帝亲自撰写《太姒诲子赞》，让大臣梁诗正墨笔抄写，悬挂在东壁之上。

"大行皇后"的梓宫停放在长春宫以后，乾隆皇帝亲自临视，吩咐让皇子祭酒，王以下文武百官服丧服齐集灵堂，举行哀礼。乾隆皇帝口授圣旨："皇帝服持素绸，9天内不理政事；嫔妃以下，皇子、皇子福晋，均服白布，截发辫，剪发致哀。允准总理丧仪王大臣所请，诸王以下、文武百官，俱斋宿27天，缟素27天，100日后才许剃头；公主、福晋以下，至乡君、奉恩将军，公、侯、伯、一品夫人以下，至侍郎、男夫人，皇后娘家一应男妇，俱服成服，齐麻举哀；外藩额驸、王、公、台吉、公主、福晋、郡主以及朝鲜诸国使臣于服内来京者，也是服成服，每天三次奠献；外省文武官员，从奉圣旨时起，应摘去冠缨，齐集公所，哭临3天。"

深为哀恸的乾隆皇帝，亲自撰写《挽诗》祭奠自己的爱妻：

恩情廿二载，内治十三年。
忽作春风梦，偏于旅岸边。
圣慈深忆孝，宫壸尽钦贤。
忍诵关雎什，朱琴已断弦。

夏日冬之夜，归于纵有期。
半生成永诀，一见定何时？
祎服惊空设，兰帏此尚垂。
回思相对坐，忍泪惜娇儿。

愁喜惟予共，寒暄无刻忘。
绝伦轶巾帼，遗泽感嫔嫱。
一女悲何恃，双男痛早亡。
不堪重忆旧，掷笔黯神伤！

总理丧仪王大臣进奏乾隆皇帝，如何议谥？乾隆皇帝记起了在乾隆初年时，贵妃高佳氏去世，乾隆皇帝赐给高佳氏谥号"慧贤"皇妃。当时，富察氏也在场，她郑重地对乾隆皇帝说："我以后去了，赐谥'孝贤'可以吗？"乾隆皇帝没有说话，以为是悲伤的富察氏随便说说而已，而且她还这么年轻，怎么会死呢？想不到，在她37岁的时候，真的撒手西去！乾隆皇帝悲伤不已，下旨，赐谥：孝贤皇后。皇帝的圣旨下发礼部，敕谕天下："思惟孝贤二字之嘉名，实该皇后一生之淑德，应谥为孝贤皇后。"

　　乾隆皇帝特地下旨，长春宫要长期保存孝贤皇后平日所用的器具、妆奁和衣物，她作为皇后所特有的东珠、礼冠、朝珠、朝服，也要长期存放在这里，留待嗣皇帝即位以后，由新皇后服用。据记载，此后的数年间，每逢年节之时，长春宫总要悬挂孝贤皇后的画像。一时间，恩爱缱绻的乾隆皇帝，还没有从皇后爱情的温情中清醒过来，他一直不敢相信，皇后真的已经离他而去。夜深人静，多情的乾隆皇帝无以排遣自己对皇后的相思，铺好宣纸，挥毫写下了感人至深的思念富察皇后的《述悲赋》：

　　有序：乾隆十有三年春，车驾幸山左，礼成返跸。皇后以三月十有一日崩于德洲（州）舟次。星夜解维兼程，旋轸归殡于长春宫，奉迁于观德殿，丧仪有制，时日如流，触绪增悲，非文奚述，感孙楚除服之篇，效潘岳悼亡之作，用缘情而遣藻，聊写恨于哀弦。
　　赋曰：
　　《易》何以首乾坤？《诗》何以首《关雎》？惟人伦之伊始，固天俪之与齐。念懿后之作配，廿二年而于斯。痛一旦之永诀，隔阴阳而莫知。
　　影与形兮难去一，居忽惚兮如有失！对嫔嫱兮想芳型，顾和敬兮怜弱质。……呜呼！悲莫悲兮生别离，失内佐兮孰予随？入椒房兮阒寂，披凤幄兮空垂。春风秋月兮尽于此矣！夏日冬夜兮知复何时！

　　"大行皇后"的梓宫迁到观德殿后，乾隆皇帝来到白纱缥缈的大殿，目睹灵堂的一切，伤怀不已。他睹物思人，情不自禁。近侍备好文房四宝，乾隆皇帝挥毫疾书，又写成一首长诗以寄托哀思：

> 凤轿逍遥即殡宫，感时忆旧痛何穷。
> 一天日色含愁白，三月山花作恶红。
> 温清慈闱谁我代？寂寥椒寝梦魂通。
> 因参生死俱归幻，毕竟恩情总是空。
> 廿载同心成逝水，两眶血泪洒东风。
> 早知失子兼亡母，何必当初盼梦熊？

其他死因

乾隆皇帝对于爱妻富察氏的思念真的是情真意切，对亡妻的哀思可谓缠绵深沉。乾隆皇帝对于皇后富察氏的情意是真实的，也是无可怀疑的。然而，风流皇帝在皇后之外的多情风流，大概也是不可否认的事实。因此，富察皇后之死因，又有了一种新的说法：乾隆皇帝风流好色，导致了这场本可以避免的悲剧。

皇后富察氏生长于名门之族，从小娇生惯养，身体一直不是很强壮，金枝玉叶之身，体质较为虚弱。她被龙凤喜轿迎入皇宫、入主皇后宝座以后，更是仆从成群，她的身体越发虚弱不堪。皇后这样的身体状况，经不住任何的挫折，更不用说是风霜雨雪的打击了。对于一个女人来说，最大的挫折、最痛彻心扉的打击，莫过于感情的背叛。

乾隆皇帝是一个多情种子，天性喜爱拈花惹草。名义上，皇帝是带着丧子之痛的皇后奉皇太后东巡，而实际上，皇帝却一路上无所顾忌地风流好色。身为皇后的富察氏自然伤心欲绝，有苦无处哭诉，有怒不敢发，剩下的唯一出路，就是强忍着这口苦水，自己折磨自己。这样，对于身体虚弱的富察氏来说是极其残酷的，结果，只能是走向死亡。

官方史家不敢直书皇帝风流，只简单地写下：皇后崩于德州。正值盛年的孝贤皇后之死，的确是一件值得怀疑的事，好在有一些史料笔记可资参考。孝贤皇后此前一直没有什么疾病，只是身体有些虚弱而已，偶遇风寒，突然得病虽有可能，但不会一下子导致死亡。据朝臣们在私下里传，此事是风流皇帝乾隆，与皇后的弟弟、朝中一品大臣、被乾隆皇帝称为"中朝第一人"的傅恒之妻的私情有关。

傅恒是在乾隆五年（1740年）以贵戚的身份进入皇宫入充侍卫亲军的。因为身份特殊，一入宫，他就被授予蓝翎侍卫，很快升迁为头等侍卫。出身于侍卫世家、又是皇后亲弟弟的傅恒，自然受到乾隆皇帝的格外信任、器重和欣赏。仅仅在内廷任侍卫两年便扶摇直上，历任总管内务府大臣兼管圆明园事务、户部侍郎、军机大臣，此时，傅恒年仅24岁。随后，傅恒命在军机处行走，继而迁任户部尚书。就在这个时候，孝贤皇后在德州去世。

傅恒的妻子非常美丽，乾隆皇帝垂涎已非一日。很快，天下至尊的风流皇帝乾隆，与傅恒的妻子一同堕入爱河。对于皇后来说，皇帝与自己的亲弟弟之妻关系暧昧，发生私情，这种违背伦理、大违伦常之事，皇后无

🔵 清　佚名　《傅恒朝服图》

论如何都不能相信、不能接受，也不敢相信，无法接受。然而，这件可怕的事竟然是真的，而且活生生地摆在了皇后的面前，皇后不相信也得相信，不接受也得接受！

皇后为此多次劝导、进谏和告诫皇上，都无济于事。皇后跟皇上争吵，一次又一次，终致夫妻反目。乾隆皇帝念及与皇后的恩情，一直隐忍着，也曾一时下定决心，断绝与傅恒妻子的瓜葛。然而，这次东巡，风云突变，一切发生得那么突然，让所有人都感到意外和措手不及。回銮途中，乾隆皇帝与孝贤皇后同宿在御舟之中。不甘寂寞的乾隆皇帝，面对美好的夜色，又一次心猿意马，想起了与傅恒美丽妻子的缠绵之情，说起她来，那份欣赏，那份思念，那份牵挂，竟形之于颜色。皇后脸色苍白，一时花容失色，瞪着一双惊恐的眼睛看着皇上，委婉地说了几句责备皇帝的话。

想不到的是，神思恍惚的乾隆皇帝立时勃然大怒，失去了理智——竟然在恼羞成怒之下，命令皇后从御船上跳下去！皇后怒气攻心，血液沸腾，一时间气血上涌，竟然真的冲上船头，一头栽进了波涛汹涌的滚滚江水之中。当时，正值深夜，护从圣驾的侍卫们得讯以后，心惊肉跳，一时之间乱成一团。他们慌忙跳入水中，救起皇后。然而，一切已经太迟了，皇后因为溺水而死。

不管孝贤皇后是如何死的，但乾隆皇帝对她的感情是真挚的，这毋庸置疑。孝贤皇后去世以后，乾隆皇帝多次南巡，每次总是绕道而过，不入济南城，怕的是触景生情，引起无限伤感。乾隆三十年（1765 年），乾隆皇帝第四次南巡，终于按捺不住自己对于亡故皇后的思念，写下了这样一首《南巡过济南韵诗》，以寄托自己的哀思：

济南四度不入城，
恐防一入百悲生。
春三月昔今偏剧，
十七年过恨未平。

翊坤宫：后宫宠妃的结局

乾隆皇帝最后的宠妃

乾隆皇帝晚年最宠爱的女人，就是惇妃汪氏。汪氏是满洲正白旗人，她的祖父汪整是正白旗包衣旗鼓人，四世孙四格就是汪氏的父亲，历任员外郎、佐领等职，官至都统。汪氏生于乾隆十一年（1746年），而这一年，乾隆皇帝正好36岁。

清乾隆二十八年（1763年），汪氏被选入皇宫，时年18岁，这一年，乾隆皇帝已经54岁了。最初，她被封为永常在，不久晋封为永贵人。乾隆三十六年（1771年），汪氏晋封为惇嫔，时年25岁，正是乾隆皇帝即位时的年龄。而这一年，乾隆皇帝已是61岁了。乾隆三十九年（1774年），她由嫔晋迁为妃。

最令乾隆皇帝欣慰的是，在他66岁的时候，汪氏替他生下了一个女儿，即乾隆皇帝的第十个女儿和孝固伦公主，她也是乾隆皇帝的最后一个女儿。这位小公主的相貌酷似乾隆皇帝，且天资聪颖，人极伶俐，为人活泼可爱，俊俏的小脸，妩媚动人。

老来得子的乾隆皇帝，视小公主如掌上明珠。小公主5岁的时候，由乾隆皇帝做主，将她许配给宠臣和珅的儿子丰绅殷德。小公主13岁时，乾隆皇帝破例正式册封她为和孝固伦公主——因为，根据清制规定，只有皇后生的

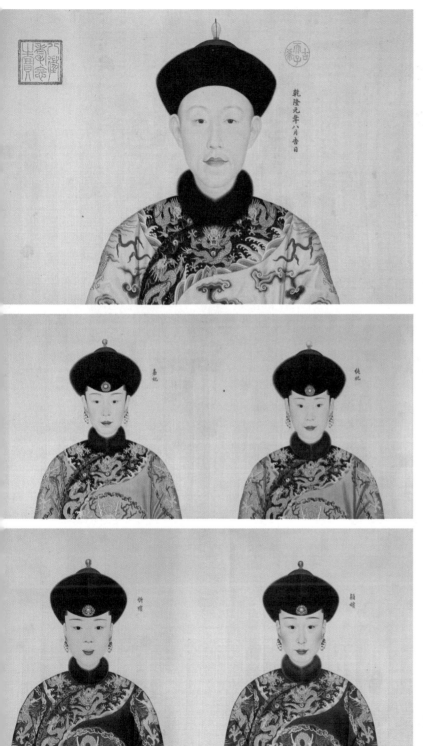

乾隆元年八月吉日

◀ 清　郎世宁　《心写治平图》卷

画像由右至左依次为乾隆皇帝、孝贤纯皇后（富察氏）、贵妃（高氏）、纯妃（苏氏）、嘉妃（金氏）、令妃（魏氏）、舒妃（叶赫那拉氏）、庆嫔（陆氏）、颖嫔（巴林氏）、忻嫔（戴佳氏）、惇妃（汪氏）、顺妃（钮祜禄氏）、循嫔（伊尔根觉罗氏）。美国克利夫兰美术馆藏。

⚪ 翊坤宫内景

⚪ 满族女性

女儿才有资格册封为固伦公主，而嫔妃们生下的女儿只能册封为和硕公主。

汪氏依恃着乾隆皇帝的宠爱，性情越来越暴躁，脾气也日益刚烈，动不动就虐待下人，她的近侍宫女、仆从等人，都很怕她。乾隆四十三年（1778年）十一月初七，乾隆皇帝正在为自己的太平盛世扬扬自得的时候，国泰民安、四海升平的大清帝国竟然出人意料地发生了一起殴打宫女致死案，制造这一耸人听闻的命案的当事人，就是乾隆皇帝宠爱的妃子汪氏。被殴打致死的宫女是翊坤宫里执事的一名宫女，不知道因为什么事，惹怒了脾气暴躁的汪氏，汪氏盛怒之下，将她打死。

乾隆皇帝得报以后，非常震惊，也万分愤怒，在这堂堂礼仪之邦的"天朝上国"，怎么会发生这样惨绝人寰的血案？边疆藩属之邦和周边的国家如果听说，会有怎样的看法？会作何想？

第二天，生气的乾隆皇帝召集诸皇子和军机大臣，临御大殿，亲自过问此事，严厉呵斥和指责汪氏之过，下旨将她降为嫔。乾隆皇帝同时训诫诸皇子，要以此为戒，严加约束家属，并再次申谕，禁止滥施刑罚，虐待宫婢。

乾隆皇帝是如何处理如此严重的杀人命案，如何严惩汪氏的呢？他将汪氏降妃为嫔，罚银100两，并将罚银交给被打死宫女家人作为丧葬费；翊坤宫首领太监郭进忠、刘良革去顶戴，罚钱粮两年；翊坤宫总管太监王忠、王秉义、赵德胜、郑玉桂各罚钱粮一年；以上太监受牵连受罚，所有被罚之钱粮一半，由汪氏代缴。

乾隆皇帝表面上是秉公执法，一再强调不徇私情，实际上，他只是在道义上给予惩罚和训斥，并没有真的雷霆震怒。王子犯法，与庶民同罪。人命关天，打死一个宫女，只降级一等、罚银100两就可了事？古代，"刑不上大夫"，法是治理草民百姓的。话又说回来，当时，乾隆皇帝能做到这一点，已经是很难能可贵了。

对于懂得养生之道的乾隆皇帝来说，他心胸较为开阔，任何事情发生以后，过了就过了，不会再放在心上。挥之不去、日夜烦忧的情形，乾隆皇帝是基本没有过的。乾隆皇帝和他的后妃们，此后又过了21年的美好时光，到嘉庆四年（1799年）时，他才依依不舍地离开人世，那时，他已经年届89岁高龄了。

这件殴毙宫女案对于汪氏来说，确实是影响她人生的一件大事，从此以后，她不再那么暴躁了，脾气见好，人也变得安静了。在乾隆皇帝去世后的第七年，即嘉庆十一年（1806 年）正月十七日，汪氏去世，终年 61 岁。第二年（1807 年），十一月初三，汪氏安葬于乾隆皇帝裕陵妃园寝。

末帝溥仪皇后婉容

溥仪是 1906 年旧历正月十四日出生的，在他刚过 15 周岁时，宫里的老太太们便闲不住了，张罗着皇帝的大婚，太妃们把溥仪的父亲醇亲王载沣请到宫里商议了好几次，并召集了 10 位王公讨论此事。据溥仪回忆，从开始议婚到最后成婚，前后历时近两年时间，在这期间皇后还没有确定，两个老太太——溥仪的生母和庄和太妃却撒手人寰。由于时局的变幻莫测和动荡不安，师傅们多次劝谏大婚从缓，再加上在世的几个太妃卷入情形十分复杂的争执，使得这最后一对皇宫帝后的大婚变得微妙而复杂，一波三折，几起几落。

庄和太妃去世后，宫里主要有三个太妃主事：荣惠太妃没什么主见，由谁来立皇后都行；敬懿太妃是同治皇帝的妃子，总是抬出当年慈禧太后遗嘱的话"承继同治、兼祧光绪"，认为宣统皇帝是继承同治皇帝的帝位，所以应当由她来推选皇后；隆裕太后（光绪皇帝的皇后）在世时就不睬敬懿太妃的这一套，因她主持宫中事务，不仅没有尊重敬懿太妃，反而把她打入了冷宫。隆裕太后去世后，袁世凯干涉皇宫内政，指定端康太妃继承隆裕太后的权力主持宫中事务，端康太妃便想找个自己的亲系女子册立为皇后。这样，敬懿太妃、端康太妃互不服气，也互不相让，把选婚闹得乌烟瘴气。溥仪两位掌握兵权的叔父各支持一个太妃，上下奔走，使得宫廷更为热闹。

究竟选谁做皇后，当然由皇帝说了算。宫里的规矩是：让候选的女子排成一排，由皇帝和太后挑，选中的递上玉如意（一说系荷包于其扣上）即可。可到民国时代了，王公大臣们觉得让人家闺女站成一排挑来挑去，不太妥当，便改为排照片，看准后，用铅笔做个记号。候选的四名女子即蒙古王公阳仓扎布家、满洲都统衡永家以及荣源家和端恭家，照片一同送到养心殿。溥仪说："在我看来，四个人都是一个模样，身段都像纸糊的桶子；每张照片的脸部都很小，实在分不出丑俊来，如果一定要比较，只能比一比旗袍的花色，谁的特别些。"

15岁的溥仪没什么标准，便胡乱地在一张顺眼些的相片上用铅笔画了一个圈，交差了事。这个女子就是满洲额尔德特氏端恭的女儿文绣，比溥仪小3岁。文绣是溥仪的六伯父海军大臣载洵推荐的，是敬懿太妃中意的姑娘，敬懿太妃十分高兴。但这个结果令端康太妃就不满意了，她不管三七二十一，强行让王公们劝溥仪，重选她推选的满洲正白旗敦布罗氏荣源的女儿婉容，理由是文绣长得不好，家境清苦，而婉容长得美丽，家境富裕。

婉容是禁卫军大臣载涛推荐的，端康太妃中意。溥仪听从劝告，用铅笔在婉容的相片上画了个圈，重选与自己同岁的婉容为皇后。这一下，敬懿、荣惠两太妃又不乐意了。太妃、王公们争执不下，最后荣惠太妃出面说："皇上圈过文绣了，她不能再嫁平民，就纳为妃吧。"溥仪想不通怎么一下子有了两个老婆，不大乐意。王公们劝说，溥仪让步，一后一妃就这么定了。

后、妃刚确定，1922年3月11日的《宫门抄》便发出通告：荣源之女郭佳乐（婉容）立为皇后。但这并不意味着结婚。庄士敦说："中国皇帝婚礼的一个奇怪特点是，一位青年妇女晋为皇后，并不是由于她嫁给皇帝这个事实而自然形成的，而是由于皇帝发布命令造成的。命令一旦发布，她即成为皇后，尽管发布上谕的时间和举行婚礼的时间之间也许要消磨好几个月。"

宣布立后的同时，《宫门抄》也宣布了选额尔德特氏（文绣）为淑妃。这一结果令汉族忠臣大失所望，他们希望皇帝能娶汉人为皇后以扭转乾坤，而甚嚣尘上的传言是皇上的新娘非徐世昌总统之女莫属。3月14日的《宫门抄》又发出双重婚礼通告：荣源为其女儿晋为皇后已谒见皇帝，当面致谢；文祺为其侄女额尔德特氏被封为淑妃感到荣幸，已通过内务府代向皇帝致谢。皇后之父被赐各种恩典，授头品顶戴，送御前侍卫，赐紫禁城骑马。不久，他升为内务府大臣，晋升公爵。

皇帝的大婚礼很隆重，一直在紧锣密鼓地进行准备。清廷任命了 4 名大婚礼大臣：贝勒载涛总办，帝师朱益藩和内务府大臣绍英、耆龄为副。随之成立大婚礼筹备处。设定照同治大婚礼的规模，简肃而隆重。但即便一切从简，也得需要 40 万元。内务府府库空虚，这笔经费从何而来？清室与民国政府磋商，要求把历年所欠的清室优待费先拨 40 万元应急，但得到的答复是："方今国库空虚，碍难照办，请另行筹措。"清室只好变卖珍宝。报纸一经披露，天下哗然。最后，小朝廷只好改用抵押，用 40 多箱金银器皿作抵押，向英国汇丰银行筹借经费。民国政府财政部送给小朝廷一封致歉的信，说特意从关税款内拨出 10 万元给皇帝筹办大婚，其中 2 万元算是民国政府的贺礼。

1922 年 10 月 21 日，举行纳采礼，以礼亲王诚坤、睿亲王中铨任纳采正、副使。礼亲王骑马在前，睿亲王手中持节，一行人从乾清宫出发，后面是大队的仪仗和采礼。但京师市民看见的却是一支不伦不类的纳采队伍：分两行随行的是手持黄缎龙旗和木牌、木棍的仪仗，持节使后是一把黄伞和雕鞍锦辔，鞍上覆盖黄色绒毯的 4 匹黑马、白马；采礼是木亭、锦匣、绍兴酒和果品，采礼队列的最后是全身染成红色的 40 只绵羊。纳采队伍走到神武门后，步军统领衙门和保安队的 300 马队在前开路，宗人府和内城守卫队三起乐队随行奏乐——马队和乐队的人员全都身穿相同的服装，背挎洋枪马刀，吹打洋鼓洋号。纳采队伍在人们的嬉笑声中，直奔荣公府（荣源被封为承恩公）。

11 月 12 日，举行大征礼。筹备处发布消息，定于 12 月 1 日举行大婚。11 月 29 日，清室举行册封淑妃文绣的仪式，迎文绣入宫。11 月 30 日，举行册封皇后典礼，由礼亲王诚坤、怡亲王毓麒为正、副使。12 月 1 日，举行大婚典礼。溥仪身穿袍褂，来到乾清宫。满蒙王公和遗老们齐集宫内。恭亲王奕䜣的长子庆亲王载振和郑亲王昭煦任正、副使，御前侍卫衡永等 8 人随行，带着大队迎亲人马前往荣公府。蒙古亲王那彦图、蒙古郡王贡桑诺尔布和宗室载泽、溥信 4 个御前大臣在乾清宫照料一切。新郎溥仪派人把一柄如意放在凤舆里。24 人抬的大凤舆涂金的轿顶，正中一只很大的金凤凰，凤背上一个小金顶，周围 9 只小金鸾嘴里都衔着长长的黄丝穗；鹅黄色缎子轿围，上绣抱着红双喜字的蓝凤凰。

大婚使用的是全副卤簿仪仗：伞棍、旗、牌、金瓜、钺、斧、节、扇和各百余对的牛角、大鼓。队伍至神武门，增加五起军乐队和民国步、骑卫队、禁卫军警察中队 2000 人。队列中有一座银顶黄缎轿和三辆银顶黄缎旧式马车，都是空的。这是备皇后日后私人使用的。队伍中较引人注目的是 60 人手提的大宫灯、70 余人肩扛的龙凤旗伞和无数仆役抬着的装金册、金印、新娘嫁妆的黄龙亭。

皇后入宫的时间预定在 12 月 1 日凌晨 4 时。满人的婚礼不同于汉人，都是在夜间举行，因为这个时辰的月亮几近饱满，月光明亮，月华似水，天空澄澈无云，大地静寂无声，乾坤朗朗。凤舆从乾清宫出发，浩浩荡荡地在夜色中行至皇后家。銮仪卫轿夫将凤舆抬至前院，转由太监抬至内堂正厅，放在一个角落，使之面朝东南——此时此刻，这里由"福星"统辖。新娘早已梳妆打扮完毕：梳着双髻，戴上双喜如意，身穿龙凤同合袍，头上盖着精绣龙凤的红盖头，手里拿一个苹果。女官请新娘升入凤舆就座。太监们抬出内堂，在大门口转交给轿夫。大婚队伍启程，向紫禁城进发。新娘没有家人陪伴，只有她的父亲跪在大门外的红毯上送行。

队列行进在北京的街上。月亮西沉，夜色一片漆黑。街上的电灯稀稀

⚫ 溥仪与婉容

⚫ 婉容与庄士敦、任萨姆合影

英国人庄士敦是溥仪的英文老师，任萨姆是婉容的英文老师。

落落，忽明忽暗。街道上挤满了人，他们通宵未眠，就为了一睹这最后一次的大婚盛况。凤舆经过的街道中央都撒满了黄色的沙土，街道上干干净净。坐在凤舆中的新娘婉容忐忑不安，心中十分迷惘和复杂。队伍从东华门中门进入皇宫，一直走到乾清宫大门。凤舆在汉白玉台阶下落地。太监接替轿夫，将凤舆抬进乾清宫丹墀，停在龙座前。龙座两边是王公、福晋、侍女、太监、内务府大臣和高级官员。

王公和官员退避之后，新娘在福晋、命妇、太监的照应下走出花轿，通过乾清宫后门，来到洞房之地的坤宁宫。16岁的丈夫溥仪正在坤宁宫迎候。福晋和命妇早已布置好了洞房：龙凤喜床上是绣工精细的锦缎被褥，上面绣着龙凤呈祥的图案，正中放一只宝瓶，瓶内装着珍珠、宝石、金银钱币和五谷，四角各放一柄如意。

过了大火盆和马鞍的新娘，由载涛的福晋接过她手中的苹果，换上宝瓶。溥仪在洞房中隆重而小心地揭掉新娘遮面的盖头，这位新郎是第一次见到自己16岁的新娘，原来确实十分美貌。随后是合卺礼和合卺宴。皇宫热闹非凡，并从次日起三天三夜唱大戏，恭贺助兴。

溥仪这样回忆他的洞房之夜：行过"合卺礼"，吃过了"子孙饽饽"，进入这间一片：

> 暗红色（坤宁宫洞房）的屋子里，我觉得很憋气。新娘子坐在炕上，低着头，我在旁边看了一会儿，只觉着眼前一片红：红帐子、红褥子、红衣、红裙、红花朵、红脸蛋……好像一摊融化了的红蜡烛。我感到很不自在，坐也不是，站也不是，我觉得还是养心殿好，便开开门，回来了。我回到养心殿，一眼看见裱在墙壁上的宣统朝全国各地大臣的名单，那个问题又来了：我有了一后一妃，成了人了，和以前有什么不同呢？被孤零零地扔在坤宁宫的婉容是什么心情？那个不满14岁的文绣在想些什么？我连想也没有想到这些。我想的只是：如果不是革命，我就开始亲政了……我要恢复我的祖业！

溥仪在新婚之夜回养心殿后，将婉容独自留在坤宁宫。此后，溥仪也很少与婉容同居。溥仪在日本扶植下称帝的伪满洲国，一度打算废掉皇后，并借口去旅顺避寒，想将婉容留在旅顺，因日方不同意这才作罢。

婉容有眼病，畏光，见人时常以折扇挡住脸，通过扇缝看人。她还有神经病，又吸食鸦片。犯神经病或鸦片瘾发作时，她的样子很吓人，但正常的时候，她显得温文尔雅，说话很幽默风趣，有条有理。婉容天生丽质，通习琴棋书画，对新鲜事物不乏热情和兴趣。她闲居宫中，看了许多新文化方面的书籍。刚开始，溥仪对婉容十分宠爱，为她请了两位英文教师，让她对西方文化接受了一些。她还和溥仪用英文写信，溥仪替她取了英文名字"伊丽莎白"。

1946 年 8 月，婉容去世，终年 42 岁。

翊坤宫其他主人的结局

"翊"的意思是辅佐，皇后的寝宫为坤宁宫，因此，"翊坤"的意思即辅佐皇后管理六宫。翊坤宫的主人通常是皇后之外最为尊贵和得宠的女人，那么住在翊坤宫的历届女主人都有谁呢？

郑贵妃：明神宗朱翊钧之皇贵妃

万历十年（1582 年），明神宗御皇极殿，郑氏因姿色出众，受册为淑嫔，时年 15 岁。万历十四年（1586 年）正月初五，郑贵妃生下皇三子福王朱常洵，明神宗命取太仓银十五万两庆祝。因为明神宗对皇三子的偏爱超过了皇长子朱常洛，由此展开了长达几十年的"国本之争"。明神宗临终时的遗诏还要将她封为皇后。明光宗朱常洛继位后，遵从明神宗的遗诏，着礼部查例来行，后被众大臣反对乃止。郑贵妃死后得以葬在天寿山帝陵区域内，且陵墓规制宏大，地面建筑之多，远远超过其他陪葬墓。生前，她又牵涉"妖书案""梃击案""移宫案""红丸案"，被认为是祸国殃民的妖孽。《明史·后妃传》说："万、郑两贵妃，亦非有阴鸷之谋、干政夺嫡之事，徒以恃宠溺爱，遂滋谤讪。"

袁贵妃：明崇祯皇帝妃子

袁氏原是崇祯皇帝为信王时的侍妾，朱由检即位后，她在紫禁城中居于西六宫之一的翊坤宫，在妃嫔中仅次于田贵妃。但由于田贵妃素来与周皇后不和，而袁贵妃对周皇后向来温恭谦让，因此她们之间的关系很是融洽。

崇祯十七年（1644年）三月十八日凌晨，李自成挥军攻陷北京后直捣紫禁城，朱由检见亡国在即，便命周皇后与袁贵妃自尽。袁贵妃领命后，回宫悬梁自尽，但绳带断裂，她遂堕地昏去，许久后才苏醒。朱由检见状，便拔剑对她乱砍了几剑，袁贵妃昏死在血泊中。朱由检以为她死了，便没有再砍。其实袁贵妃只是伤在肩部，后来被救活了。

清军入关后，怜悯这位崇祯皇帝的遗孀，赐居所赡养袁贵妃。但袁贵妃终因伤势过重，又伤心国破家亡，不久便死去了。

宜妃：清康熙皇帝妃子郭络罗氏

宜妃（1660—1733年），郭络罗氏。满洲镶黄旗包衣佐领兼侍郎三官保之女，包衣佐领岸塔穆之孙女。

康熙十六年（1677年）入宫，八月，被册封为宜嫔，"眷顾最深"。康熙十八年（1679年）十二月初四，生皇五子胤祺。康熙二十年（1681年）十二月，晋封为宜妃，在四妃中居位第二。康熙二十二年（1683年），生皇九子胤禟。康熙二十四年（1685年），生皇十一子胤禌。康熙四十年（1701年）左右，宜妃为翊坤宫首领主位。

康熙皇帝驾崩后，皇四子胤禛登基为帝，生母德妃乌雅氏登位皇太后。康熙皇帝驾崩时，宜妃正抱病。在康熙丧礼期间，她便坐着四人抬的软轿到帝灵前致祭，不承想竟走到了已成为皇太后的乌雅氏前面。当见了雍正皇帝时，宜妃的态度十分不恭敬。雍正皇帝为此诘责宜妃的太监，借以给她难堪。

宜妃的儿子胤禟是雍正皇帝的政敌，雍正皇帝即位后尊封先朝妃嫔为太妃时，唯独将宜妃排除在外。雍正四年（1726年）九月二十二日，她的儿子胤禟被圈禁而死，享年 43 岁。雍正十一年（1733 年）八月二十五日，宜妃在自己的大儿子恒亲王府中寿终正寝。

敦肃皇贵妃：清雍正皇帝妃子年氏

年氏原隶汉军镶白旗［后全族一百七十余丁于雍正元年（1723 年）抬入镶黄旗］，康熙四十八年（1709 年）皇四子胤禛获封亲王，年家所在的佐领划归于雍亲王属下，成为雍王府属人。而年氏约于康熙五十年（1711 年）后，以致休湖广巡抚年遐龄之女身份，由康熙皇帝指婚为雍亲王侧福晋。其长兄年希尧先后任广东巡抚、工部右侍郎、内务府总管；次兄年羹尧则为抚远大将军、川陕总督。

年氏是雍正朝首位贵妃，首位皇贵妃，非常受重视，地位仅次于皇后乌拉那拉氏，她先后为雍正生育了三子一女，可惜都夭折了。年氏去世后谥号为敦肃皇贵妃，雍正皇帝辍朝五日举行皇贵妃丧礼。

乌拉那拉氏：清乾隆皇帝继后

乌拉那拉氏皇后，满洲镶蓝旗人，世袭三等承恩公、佐领讷尔布的女儿。雍正年间，乌拉那拉氏嫁与时为宝亲王的弘历，为侧福晋。弘历登基后被封为娴妃，之后晋贵妃。乾隆十三年（1748 年），因孝贤皇后富察氏去世，册封为摄六宫事皇贵妃，乾隆十五年（1750 年）立为皇后。乾隆三十年（1765 年），乾隆皇帝南巡时因忤旨剪发"迹类疯迷"，囚禁于翊坤宫后殿，次年病故。乌拉那拉氏是清朝唯一没有谥号的皇后，表示她并不得乾隆皇帝的宠爱，主要是在皇太后钮祜禄氏的支持下走上后位的。

储秀宫：慈禧太后的发迹之处

慈禧太后的发迹之处

慈禧太后 17 岁入宫，封兰贵人，丈夫是咸丰皇帝。10 年后，咸丰皇帝去世，26 岁守寡，儿子载淳即皇帝位，为同治皇帝，她成为皇太后。历咸丰、同治、光绪三朝，经历咸丰、同治、光绪、宣统四位皇帝，立 6 岁的同治、4 岁的光绪、3 岁的宣统，执政统治中国长达 48 年之久，入宫近 60 年；光绪三十四年十月二十二日（1908 年 11 月 15 日）去世，终年 74 岁。

咸丰元年（1851 年），兰儿参加清宫选秀女。清宫后妃分八级：皇后、皇贵妃、贵妃、妃、嫔、贵人、常在、答应。兰儿如此清秀，一身兰香，自然入选，并封为第六等级的贵人。因为她一身兰香，喜爱兰花，咸丰皇帝赐名为兰儿。少女兰儿入宫，获得皇帝的格外恩宠，主要取决于"三绝"：一是貌绝。她美貌惊人，在少女中出类拔萃。史官描述为："姿容超群，天生丽质，娇艳无匹。"二是才绝。她的才气是古来所少有的，代批军政奏章，驾轻就熟，似乎是天生的政治家。三是艺绝。能书善画，能歌善舞，善解人意，姿态迷人。

刚刚入宫的兰贵人，毕竟才 16 岁，从来没有经历过男人，她是用什么手段将风流成性的咸丰皇帝征服，从皇帝痴迷又独擅风情的"四春"手中将皇帝俘虏，并让皇帝从此收起自己的真情谁也不给，只给兰儿？这实在是令人

▲ 咸丰皇帝朝服像

▲ 慈禧太后朝服像

223

雨前龙井茶罐

慈禧太后 99 件御用物品之一。清宫旧藏。

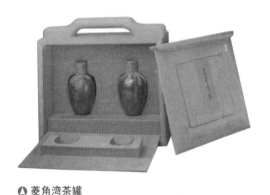

菱角湾茶罐

慈禧太后 99 件御用物品之一。清宫旧藏。

匪夷所思，也一直是一个只有慈禧才知道的历史之谜。咸丰皇帝一生为爱疯狂，他为了"四春"，抛弃了所有的清规戒律，也忘记了所有的祖训宝训，只想拥有这些绝色的美人。可是，兰儿一进入他的生活，一切都发生了改变。皇后钮祜禄氏小兰儿 1 岁，比兰儿更加端庄美丽，然而，年轻的咸丰皇帝就是喜欢和兰儿在一起。这段深宫情事，令所有史学家感叹。

丈夫咸丰皇帝

咸丰皇帝是位风流皇帝，名奕詝，生于道光十一年六月初九（1831 年 7 月 17 日），属兔。20 岁即位，在位 11 年。年号咸丰，意思是：四海丰盈，天下富足。咸丰十一年七月十七日（1861 年 8 月 22 日）去世，终年 31 岁。

咸丰皇帝是位独特的男人，他的标准身份就是慈禧太后的丈夫。咸丰皇帝在世的时候，慈禧的身份一步步升迁：16 岁入宫时，因为年轻美丽，封兰贵人。一年后，受到咸丰皇帝的特别恩宠，封懿嫔。渐渐地，皇帝再也离不开这位非凡的女人，经常留宿于

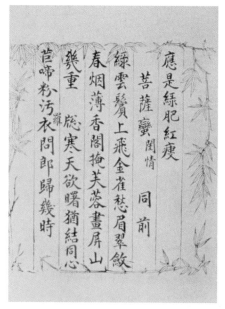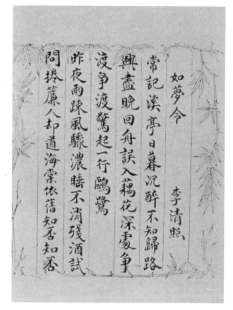

她居住的储秀宫。兰儿知道，咸丰皇帝何止风流倜傥，简直是一位令人着迷的风情好男人，他不仅英姿勃勃，多情浪漫，擅唱小曲，会演戏，高兴的时候，还亲自粉墨登场，那身段、做功都是一流的。

特别可爱的是，咸丰皇帝喜爱诗词，对于经典的诗词歌赋了如指掌，自己能写一手好字，创作的诗词也别具一格。一句话，在兰儿的心目中，咸丰皇帝是一位风流浪漫、很有情趣的好男人，是一个和他在一起永远不寂寞、不枯燥的多情男人。

兰儿喜欢喝茶，咸丰皇帝也喜欢。他们每天一起品茗的同时，还有闲情逸致一起赏诗。他们都喜爱诗的意境，特别喜爱唐代大诗人元稹的作品，尤其是那一首别具一格的宝塔诗《一至七字茶诗》："茶。香叶，嫩芽。慕诗客，爱僧家。碾雕白玉，罗织红纱。铫煎黄蕊色，碗转曲尘花。夜后邀陪明月，晨前命对朝霞。洗尽古今人不倦，将至醉后岂堪夸！"咸丰皇帝抚诗感叹："好一个碾雕白玉，写尽了人间风情！"兰儿点头相和："是啊，不愧是大唐超凡才子，罗织红纱，透彻肌肤！"

后妃矛盾

咸丰皇帝经常流连于兰儿生活的储秀宫，有时甚至几天都不上朝，只喜欢和这个美丽妖冶的女人在一起。皇后几乎每天盼望着皇帝驾临，皇帝却似乎忘记了这里。皇后感觉奇怪，论相貌、论身份，皇后都优于兰儿啊，而且，皇后比兰儿还小1岁！这个妖冶的女人是用什么办法让皇帝迷恋？皇后认为，兰儿不是狐狸精就是妖魔的化身。

皇后几乎每天都在失望中煎熬，最后实在忍无可忍，只好搬出《祖训》来要挟皇帝，希望皇帝不要迷恋女色，要勤于政务，做一个合格的好皇帝。皇后怒气冲冲，命人传唤懿嫔到坤宁宫。她坐在皇后的宝座上，决定动用皇后的权威来维护后宫主人的尊严。她冷冷地坐着，脸上是冷嘲热讽的神情，然后严厉地责问懿嫔："你说说，你是用什么妖术迷惑了皇帝？皇帝本来是一位勤政爱民、很有抱负的君王，自从你进宫以后，一切就彻底改变了！为了你，皇帝变得不早朝，不理政，成天和你纵欲狂欢！你说，你知罪吗？"

兰儿跪在冰冷的金砖地上，低着头，流着眼泪，一副楚楚可怜的样子。看到她这样，心慈面善的皇后不仅没有生出一丝同情，反而更加莫名地烦恼起来，她盯着兰儿，无名的怒火呼的一下子点燃了。皇后心想："这女人一定是妖狐，她这个样子，我都动心了，何况是好色成性的皇帝！"皇后压往怒火，再次喝问："你说，你到底认不认罪？"兰儿流着泪，有气无力地小声说："兰儿知罪！兰儿知罪！"

皇后一听皇帝天天叫唤的"兰儿"两个字，就浑身冒火，她咬着牙说："兰儿知罪！好，来人啊，家法伺候，给我打！"听了这声喊，兰儿吓了一大跳，不自觉地用双手捧着小腹，眼泪哗哗地淌。身强体壮的侍从拿着棍子，闻命走了进来，正想行皇室家法，惩罚兰儿。这时，皇帝的御前太监突然高喊："皇上到！"兰儿闻言，一下子昏了过去。咸丰皇帝告诉盛怒的皇后："兰儿有喜了！"皇后万分惊愕，嗫嚅着说："为何不早说？快扶兰儿！"

慈禧太后一生之中，最敬仰、最喜爱的有两个男人，一个是乾隆皇帝，一个就是她的丈夫咸丰皇帝，她认为这两个男人，似乎与她有缘。她喜欢花，她曾形象地用花来比喻这两个男人。她说，皇家宫院里、御花园中、颐和园山麓和乐善堂前，都栽种了玉兰，那是乾隆爷留给后人的。乾隆爷一身清香，玉树临风，才华横溢，他就是玉兰的化身。他的福泽覆盖天下，绵延至今。最盛的时候，宫院里一片一片的玉兰，多达几十棵。初春时节，玉兰花开，宫院外几十里都能闻到花香，能感觉天恩浩荡，宫人都叫喊着"玉香海"！后来，乾隆爷晏驾了。但奇怪的是，这些香飘数十里的玉兰似乎都有灵性，它们不再盛开了。从那以后，宫里有个规矩，无论何时何地，不管修缮到哪里，所有的玉兰树一概都要保护起来，不管死活，然后才考虑建筑宫殿。

想到这些往事，慈禧太后常说："宫里这样做，算是思念祖宗的一点心意。我们日常听讲史书，就是要听出史书字里行间的一点真意来。古代有位召公，他和周公一起做丞相，辅助周朝，天天勤劳国事。有一天，召公实在太累了，就在一棵树底下休息了一会儿。很快，召公便睡着了。这棵树，就是玉兰树。从那以后，老百姓就把那棵玉兰树保护起来。他们说，无论如何，这棵树永远不能被砍伐，我们尊敬的召公，曾经在这棵树下休息过！老百姓多好，有这样真挚的感情！百姓都如此，何况我们？我们也要这样对待列祖列宗留下来的珍贵树木！"

慈禧太后也很喜爱海棠，每年四月初，大大小小的宫院之中，海棠盛开，浓郁的花香在高大的红墙中弥漫，那香味仿佛沿着宫殿中闪光的黄琉璃瓦流淌。每年海棠花开时节，慈禧太后总是格外高兴。她经常看着海棠，自言自语。有好几次，慈禧太后一边说，一边流泪。每当这时，她身边的宫女心里就想，那么威严的太后，居然如此多情，谁会想到啊！

储秀宫与体和殿

清光绪十年（1884年），慈禧太后 50 岁大寿，群臣恭贺，进献《万寿无

◀ 《万寿无疆赋》

清代群臣进献慈禧太后寿辰所作。

疆赋》。

慈禧太后生活的储秀宫回廊墙壁上，镶嵌着群臣进献的《万寿无疆赋》，琉璃墙壁上花纹图案，凤在上，龙在下。

当然，东西六宫，大殿梁枋上，都彩绘龙凤和玺彩画；不过，一般是龙在上，凤在下。

体和殿，位于紫禁城西部，是西六宫翊坤宫的后殿。

慈禧太后为了庆祝50岁大寿，特地对储秀宫进行大修：储秀门和翊坤宫后殿拆除，在其旧址之上建筑体和殿；两宫打通，两宫一殿连成一体，便于生活、起居。

体和殿，面阔5间，前后开门；当中1间，为可以进出的过道；东二间相连，慈禧太后居住储秀宫时，作为太后用膳之处；西二间相通，作为太后饭后饮茶之地；殿之东西耳房，各有1间，辟为通道，可连通翊坤宫、储秀宫。

慈禧太后经常居住储秀宫，就在这里吃饭、饮茶。

体和殿前，慈禧太后特别设立了标志性的建筑：铜凤、铜鹤。

体和殿左右，有东西配殿；东南，有井亭1座；后檐，出廊，东西两侧接游廊，北转与储秀宫东西配殿相连。

△ 体和殿内景

◁ 储秀宫北房明间御用宝座

景仁宫：明代冷宫和康熙皇帝出生地

明代第一位被废黜的皇后胡善祥

　　在中国古代，后妃宫嫔居住的宫区，都在皇帝的寝宫北面，正宫就是乾清宫、坤宁宫、交泰殿三大宫，三宫两边就是东西六宫。在建筑上，东六宫和西六宫是完全对称的；在名称上，东西六宫的门户、长街的名称，也都是尽可能地对应。西六宫中心街西二长街的南口是螽斯门，北口是百子门；东六宫中心街东二长街南口是麟趾门，北口是千婴门。西六宫包括：永寿宫、太极殿、长春宫、翊坤宫、储秀宫、咸福宫，东六宫是指：景仁宫、承乾宫、钟粹宫、延禧宫、永和宫、景阳宫。

　　从景运门进入乾清门广场，就走进了宫禁之地的后宫。走进乾清门东侧的内左门，在乾清门东廊的日精门外，就是内廷东六宫的一条永巷——东一长街。与长街南口内左门相对应的，是长街北口的通往御花园的琼苑东门。东一长街的东侧，就是整齐排列的东六宫：由南到北，第一排是景仁宫、承乾宫与钟粹宫，这三座宫院是东六宫中偏西的三座，它们的西侧是东一长街，东侧是东二长街。三座宫院都沿自明代，重修于顺治十二年（1655 年）。一般来讲，居住在这三座宫院中的嫔妃地位较高。第二排是延禧宫、永和宫、景阳宫。

　　从东一长街的咸和左门进来，东六宫中的景仁宫就到了。在明代中早期，

△ 乾清门广场

景仁宫叫作长安宫。明代第一位被废黜的皇后胡善祥，就是在长安宫中度过了她悲惨的余生。明代早期的宫廷之中，选婚、入住都十分讲求吉利，宫廷中还特地为此动用星象大师来测定宫室的吉祥方位。出生于山东济宁的胡善祥，就是由明成祖朱棣用这种方式为他的孙子朱瞻基择定的。朱瞻基即位以后，她很自然地成为皇后。但是，费尽心机的吉祥之选，并不能保障胡善祥一生吉祥。胡善祥成了宫中众宫人注目的中心。

明宣宗朱瞻基，是一位知书达理、很有理性的皇帝。但是，理性的皇帝为欲望所驱使，也有疯狂的时候。被爱情之火点燃了的年轻皇帝朱瞻基，狂热地迷恋美艳夺人的孙贵妃，他不顾太后和众大臣的反对，一意要立孙氏为

明宣宗孝恭章皇后像

孝恭章皇后孙氏（1399—1462年），明宣宗朱瞻基的第二任皇后，明英宗朱祁镇生母。

皇后。宣德三年（1428年）春天，心地仁慈、通情达理的皇后胡善祥，依照皇帝的指令，主动提出辞位，默默地为新皇后孙氏腾出坤宁宫，平静地搬进了东六宫的长安宫，并从此断却尘缘，做了一名女道士，皇帝赐名为"静慈仙师"。胡氏性情淡泊，与世无争，在长安宫了却了余生。从此以后，长安宫就成了宫中的不吉之宫。

康熙皇帝诞生地

明嘉靖十四年（1535年），长安宫改名为景仁宫。清承明制。明宫中一直笼罩在不祥阴霾下的景仁宫，在进入清代以后重见天日，开始弥漫着吉祥的喜气。先是清朝入主紫禁城的第一位皇帝顺治皇帝的妃子佟佳氏入此宫，生下了康熙皇帝；接着是康熙皇帝的儿子雍正皇帝荣宠此宫；康熙皇帝的孙子乾隆皇帝更是对此宫充满热情，大量题写匾额——景仁宫的前殿，悬挂着乾隆皇帝的御笔匾额：赞德宫闱。

每年宫廷年节的时候，景仁宫都要装饰一新，其西壁张挂《燕姞梦兰图》，东壁张挂乾隆皇帝御撰的、大臣张照敬书的《燕姞梦兰赞》。宫训图

"燕姞梦兰"是一则很有教育意义的典故,讲的是春秋时期郑文公宫廷中的一位普通姬妾燕姞的故事。有一天,她梦见上天赐给她一束兰草,兰草很幽香,她闻了闻,于是就有了身孕,生下了一个男婴——他就是后来成就霸业的郑穆公。宠姬生下儿子,郑文公很高兴,特地为儿子起名为"兰"。

清顺治十一年(1654年)三月十八日,一个男婴降生在景仁宫,他就是后来的康熙皇帝。他的母亲佟佳氏,当时只是顺治皇帝的一名普通嫔妃。这一年,顺治皇帝福临17岁,而生下儿子的佟佳氏刚刚15岁。因为佟佳氏不过是顺治皇帝身边的一名普通妃子,有关她的记述非常少,除了她的出身和生下康熙皇帝之外,再也没有留下什么别的事迹。

佟佳氏是少保佟图赖的女儿。她被选入皇宫以后,就自然而然地成为顺治皇帝的妃子之一。顺治十一年(1654年)春天,正是春暖花开、柳絮堆烟的时节。在一个阳光明媚的日子,佟佳氏怀着愉快的心情,按照宫中惯例来到慈宁宫,向孝庄太后问安——当时,她已经怀孕八个月了,但她的腹部却并没有明显地隆起。问安完毕,佟佳氏将要出宫的时候,敏锐的孝庄太后吃

▲ 景仁宫

惊地发现，眼前这位普通的妃子的衣裾之上，闪着奇异的光泽！

孝庄太后万分惊讶，就叫回了佟佳氏，慈爱地问她："是不是有身妊了？"佟佳氏点点头，脸上洋溢着按捺不住的幸福。得知佟佳氏确实身怀六甲以后，一直庄严肃穆的太后脸上绽开了笑意。孝庄太后微笑着对身边的近侍说："我当年怀皇帝福临的时候，就是显现了这种祥瑞，如今，佟佳氏也是，一定会生出一个杰出的皇子，必定会有大福啊！"〔朕妊皇帝（顺治皇帝）实有斯祥，今妃亦有是，生子必膺大福〕

宫里迅速地忙碌起来，为孕妇佟佳氏准备各种待产用品，特别是要挑选合适的从明代时起就被宫人们所俗称的奶口、稳婆、医婆。中国宫廷历来是一夫多妻制的婚姻形式，为皇帝提供服务的宫廷嫔御制度，是指众多的女人共同拥有一个丈夫，即皇帝。这样，后宫之中，嫔妃众多、宫女无数，怀孕、生产之事没有规律可循，都是不时地发生。所以，中国历朝历代的宫中，都要时时地备办好孕、产有关的各种事务。这些事务之中，最为重要的就是选择好奶口、稳婆、医婆。

奶口就是喂养乳汁的乳媪，是经过严格挑选以后进入宫廷专门为皇室婴儿哺乳的。奶口要求在 15 至 20 岁之间，必须是丈夫、子女齐全，容貌端正，而且是生完第三胎以后第三个月的妇女。符合上述条件以后，内廷要检查其是否有什么隐疾，乳汁是否均匀，通常是精选 40 名，备选 80 名。一旦内廷宣召，就从正选的 40 名中选择最好最出众的妇女，穿上新的宫廷衣服，送进后宫。

稳婆就是接生婆，是从民间接生婆中挑选技术最娴熟、人品最端正的女人充任。医婆就是精选通晓妇科、方脉的妇女入充宫廷，负责孕妇的生活起居，料理产妇的身体，配方用药，调养血脉，恢复产妇的健康。在中国古代，民间妇女历来是以入选宫廷、供职禁地为家族荣耀的，所以，内廷所需要的这三类妇女，竞争非常激烈。相比之下，奶口依靠的是自然生理状况，稳婆和医婆则是依靠自己的技术和手艺，因此后两个职业的竞争尤其激烈。

皇子出生前几天，相关的各种准备都已经就绪，特别是稳婆、医婆和奶口这三类妇女，必须每天都到内廷值房候召，一旦有分娩的消息，立即前往伺候。如果生下的是女孩，就以生下男孩的奶口哺乳；如果生下的是男孩，就以生下女孩的奶口哺乳。几位奶口依次试着哺乳，大约一个月后，留下最佳的奶口，以奶妈的身份长期留在宫中，负责哺乳皇子，其余的则全部送回。产妇满月以后，稳婆、医婆会在得到厚赏之后，送出后宫。

孝庄太后吩咐备办产育物品的一个多月之后，就是这一年的三月十八日，佟佳氏在景仁宫生下了皇子玄烨。据说，玄烨降生的时候，景仁宫显现了种种异象，有人说霞光满室，有人说宫院中紫气升腾，有人说景仁宫的上空祥云高悬，文殊菩萨踩着五彩霞光降临宫院。这些传闻真实与否，不得而知，但从此以后，景仁宫在宫人的眼中就变成了一座福宫、吉祥宫。康熙皇帝玄烨也对此宫充满温情，即使在政务繁忙之时，也时常在这里盘桓，流连忘返。

景仁宫宫院很整洁，很幽雅。宫院迎门是一座汉白玉石屏，据说是元代宫廷的遗物。院子中生长着一株苍劲挺拔的雪松，孤傲高洁的雪松注视着幼小的玄烨一天天长大。长大后的玄烨知道了他出生时的各种传说，并不大相信。康熙皇帝一生不信仙佛，但他却一直以文殊自居，常自称文殊菩萨。故宫博物院成立以后，发现景仁宫中收藏有康熙时期噶尔丹、喀尔喀等部奏章，奏中称康熙皇帝为至尊皇帝、仁圣太平皇帝、文殊菩萨皇帝。

🔺 清　青铜文殊菩萨像

高 57.2 厘米，宽 33 厘米，厚 21.6 厘米。

承乾宫：顺治皇帝和神秘的董鄂妃

顺治登基

顺治皇帝名福临，生于清太宗崇德三年（1638年）正月三十日，属虎。卒于顺治十八年（1661年）正月初七，庙号世祖，葬于河北遵化清东陵之孝陵。他6岁登基，在位18年，终年24岁。他是清朝第一位入关的皇帝，也是清朝第一位幼年登基的少年天子。年号顺治，意思是顺利昌盛治国，华夏完全一统。

作为入关第一人，顺治皇帝对后继诸帝影响深远。顺治皇帝是在八旗铁骑的征战之中长大的，并没有接受系统的儒家教育。他取名福临，但他并不认为自己有福，恰恰相反，他认为自己十分不幸。他对自己少年时代的不幸遭遇并不忌讳，认为失学是大不幸，他曾坦承：

> 朕极不幸，五岁时，先太宗早已晏驾。皇太后生朕一人，又极娇养，无人教训，坐失此学。年至十四，九王薨，方始亲政，阅诸臣章奏，茫然不解。由是，发愤读书。每晨牌至午，理军国大事外，即读至晚，然顽心尚在，多不能记。逮五更起读，天宇空明，始能背诵。计前后诸书，读了九年，曾经呕血。从老和尚来后，始不苦读，今唯广览而已。

237

作为少年皇帝，他的政治压力是巨大的，主要来自他的叔父摄政王多尔衮。这位叔父是位强权人物，手握重兵，在确立顺治为帝、入主中原、定鼎北京、稳定局势、统一全国的重大活动中，都起着极其重要的关键性作用。然而，正是这位强有力的叔叔，让少年天子倍感生活的艰难和做人的沉重。在他幼小的心灵中，他虽然身为皇帝，但是他经常感到自己是看人脸色生活，时时刻刻都觉得孤立无援，生活没有自由。顺治七年（1650年）十二月，多尔衮在塞外喀喇城狩猎时暴死。顺治八年（1651年），顺治皇帝亲政，时年14岁。顺治亲政的第一件大事，就是下令追究多尔衮的罪责：列十大罪状，籍没家产，削除封典，撤享宗庙，诛杀其党羽。

与孝庄太后的矛盾

年轻的顺治皇帝福临，幸福并没有降临，他的一生都是很苦的。孝庄太后本来很疼爱他，母子关系很好。但是，福临贪玩，孝庄太后又十分严厉，他们之间的冲突一再爆发。孝庄太后做主，将自己的侄女册立为皇后。皇后娇生惯养，脾气很大。皇太后是她的姑母，小皇后恃宠而骄，更是目中无人。顺治皇帝和皇后经常发生口角，最后，不可调和，顺治皇帝决定废了皇后。他又娶了科尔沁贝勒的女儿为后，两人关系依然不好。顺治唯一喜欢的女人是董鄂氏，但皇太后却反对。顺治皇帝感觉心力交瘁，想放弃皇位出家，皇太后怒斥他，表示坚决反对。

顺治皇帝感觉很绝望，

⬆ 清世祖孝惠章皇后之青玉册

清世祖孝惠章皇后朝服像轴

孝惠章皇后博尔济吉特氏（1641—1718年），清世祖福临的第二任皇后。

清世祖玉质孝惠章皇后之宝

清世祖玉质孝惠章皇后之宝印文

心里凄苦，无人可以倾诉。宫中唯一可以安慰他的人是乳母李氏，他们一直关系很融洽。他说："乳母李氏，当朕诞毓之年，入宫抚哺，尽心侍奉。进食必饥饱适宜，尚衣必寒温应候。啼笑之间，曲意调和，期于中节。言动之际，相机善导，务合规程。诸凡襁褓殷勤，无不周详恳挚。睿王摄政时，皇太后与朕分宫而居，每经累月，方得一见，以致皇太后萦怀弥切。乳母竭尽心力，多方保护诱掖，皇太后眷念慈衷，赖以宽慰。"可惜，乳母却溘然长逝了！

顺治皇帝之后妃

据记载，福临有后妃18人：皇后4人，妃子14人。第一位皇后是蒙古科尔沁博尔济吉特氏，是孝庄太后的亲侄女。第二位是孝惠章皇后，也是蒙古科尔沁博尔济吉特氏，14岁聘为妃，一个月后册立为皇后。有趣的是，她与淑惠妃是亲姐妹，共同侍候皇帝。第三位皇后是孝康章皇后佟佳氏，都统佟图赖的女儿，顺治十一年（1654年）生下了玄烨，时年14岁。玄烨即位，为康熙皇帝，追封佟佳氏

▶ 清世祖孝康章皇后朝服像轴

清世祖孝康章皇后佟佳氏（1640—1663年），顺治皇帝的妃嫔，康熙皇帝生母。

为皇后。第二年，佟佳氏因病去世，康熙皇帝10岁，她24岁。第四位皇后是孝献章皇后，也就是董鄂氏，是顺治皇帝魂牵梦萦的女人。

董鄂氏的传说

关于董鄂氏，有多种说法，主要有三种：第一说，她是栋鄂氏，不是董鄂氏。第二说，她是福临弟弟博穆博果尔亲王的福晋（媳妇）。第三说，她是江南名妓董小宛。

第一说，代表者是《清史稿》，书中记载她姓栋鄂，18岁时入侍皇帝："孝献皇后栋鄂氏，内大臣鄂硕女。年十八入侍。上眷之特厚，宠冠后宫。"

第二说，代表者耶稣会士汤若望，他在《回忆录》中记载：董鄂氏明秀

▶ 清　女性礼袍

温婉，有过人的聪明才智。她吟诵经史，熟读诗书，特别善解人意。她是福临第十一弟襄亲王博穆博果尔的福晋，福临与襄亲王是同父异母的兄弟。一次偶然的机会，福临与董鄂氏相遇，两人一见钟情，热烈相恋。襄亲王发现了他们的私情，怒斥董鄂氏。董鄂氏感觉很委屈，就到福临跟前哭诉。福临大怒，召来襄亲王，挥手打了他一个大耳光。襄亲王血气方刚，可是，他无处发泄，感觉愤怒、痛苦、伤心、绝望。顺治十三年（1656年）七月初三，襄亲王含恨去世：一说是忧郁成疾，不治身亡；一说是忧伤难抑，自杀而死。董鄂氏服丧，二十七日服满，顺治皇帝将她迎进后宫。

第三说，董鄂氏是江南名妓董小宛，纯属无稽之谈。

宠　爱

顺治皇帝对董鄂氏的宠爱是真诚和真挚的，没有半点虚假。顺治十三年（1656年）八月，董鄂氏入宫。几天后，八月二十五日，顺治皇帝就册立她为贤妃。一个月后，九月二十八日，晋为皇贵妃。十二月初六，顺治皇帝特地为她举行了十分隆重的册妃典礼，大赦天下。为皇贵妃大赦天下，这在中国历史上是极其罕见的，清廷是第一次，也是最后一次。

传教士汤若望说：自从董鄂氏进入顺治皇帝的生活以后，顺治皇帝变成了一个感情专一的情圣和圣徒。董鄂氏受到皇帝的特别宠爱，感到心满意足。顺治十四年（1657年）十月初七，董鄂妃生下了皇帝的第四个儿子，也是董鄂妃的第一个儿子。可惜，3个月后，小皇子夭折了，没有取名。痛失爱子，对董鄂妃是一个致命的打击。顺治皇帝也是同样，陷入了痛不欲生、不能自拔的境地。顺治皇帝全心安慰董鄂妃，悉心地照料她。皇帝特降谕旨，追封这个去世的皇四子为和硕荣亲王。顺治皇帝下令，在蓟州风景如画的黄花山下，修建高大的"荣亲王园寝"，墓碑上刻着："和硕荣亲王，朕第一子也！"

真实的顺治皇帝和董鄂妃

顺治皇帝和董鄂妃的关系，历来传闻极多。有关的史料、论文、著述不少，大略讲明了其来龙去脉。当然，年轻的顺治皇帝也给历史留下了诸多谜案，有些谜案至今未解。一个不争的事实是，顺治皇帝对董鄂妃很迷恋，他们之间相亲相爱。他们的爱子去世，对董鄂妃打击很大。董鄂妃忧郁而终，对顺治皇帝的打击很大，他基本上丧失了一切生的希望。可以说，顺治皇帝和董鄂妃的奇特恋情，在古往今来的历史上是实属罕见的，只有唐玄宗和杨贵妃的恋情能与之相比。

可惜的是，由于入关以后，清朝实行高压的专制集权统治，大量有关顺治皇帝和董鄂妃的史料消失了，现有的史料零零碎碎，没有一部真正可信的史书能将他们之间的事情，完整详细地记载下来。人们感觉奇怪，从顺治皇帝和董鄂妃的爱情事迹中，找不到太多像唐玄宗和杨贵妃那种生死与共、回肠荡气的生动史实。不过，好在顺治皇帝留下了亲笔书写的回忆董鄂妃的《行状》，字里行间，能够感觉这位多情皇帝的感情是多么沉重。

更多的时候，人们面对史料缺乏的历史无法解释时，就可以通过想象来加以丰富和完善。于是，顺治皇帝和董鄂妃之间的生死恋情便被无限地放大，笼罩在传说与真实相叠加的重重迷雾之中。传闻最盛、流传最广、也最让人相信的说法，就是董鄂妃是汉人，是明末秦淮四大名妓之一的董小宛。这一传说，情节生动，故事逼真，仿佛是真人记述真实的历史一样，让人没法不信。可是，冷静下来后，你就会怀疑它的真实性：顺治皇帝是清朝入关的第一个皇帝，汉室女人能够进入大清宫廷吗？董鄂妃是真有其人？顺治皇帝真的为了这个女人出家？顺治皇帝和董鄂妃的恋情是真实的吗？传闻之后，人们怀疑历史，更怀疑董鄂妃是否真实存在。

历史上，顺治皇帝和董鄂妃都是真实存在的，他们之间真诚相爱也是一段不容置疑的历史事实。让世人迷惑的是，董鄂妃和董小宛是不是一个人？

顺治皇帝和董小宛是否有关系？顺治皇帝真的出家五台山？康熙皇帝因何多次奉母拜谒五台山？大家相信的说法是，顺治十七年（1660年）八月十九日，顺治皇帝的宠妃董鄂氏于东六宫之一的承乾宫去世，年仅20岁。顺治皇帝得悉这个噩耗，痛不欲生。他辍理朝务，不思饮食。5天以后，顺治皇帝突然召见军机大臣，在养心殿发布了一道圣谕，追封董鄂妃为皇后，赏赐谥号。

圣谕一下，群臣大惊失色，目瞪口呆。董鄂氏不过是一位贵妃，何以如此隆重？况且，朝中盛传董鄂妃实际上是明代秦淮名妓，真名叫董小宛，是明末四公子之一冒辟疆的宠姬。董小宛是在明末弘光年间被掳入京师的，入宫以后赐姓董鄂氏，旋即册封为贵妃。冒辟疆曾访知其下落，知大势已去，不敢声张，便写下了《影梅庵忆语》，寄托相思。像这样的一位贵妃，皇上竟然要追封为皇后？群臣默然不语。顺治皇帝追封爱妃，不过是无以排遣相思。深切的哀痛一直折磨着他，令他神思恍惚，不能自拔。年轻的皇帝无法面对人去楼空的空寂殿阁，毅然决然地走出皇宫。他削去头发，决心远离尘世，登上五台山，遁入空门，长守空寂。

这一传闻很生动，但显然是荒诞不经的。事实上，董鄂妃和董小宛并非同一个人，她们互不相干。顺治皇帝也没有出宫上五台山，出家削发为僧。

汤若望和《清史稿》的不同记载

董鄂妃的身份和来历有些复杂，她的相貌美丽却是不容置疑的。据清初经常出入宫禁的传教士汤若望说：董鄂妃原是一位满洲贵族的妻子，相貌十分美丽。顺治皇帝看上了她，他们之间产生了特殊的恋情。这位贵族不知因犯何罪，被顺治皇帝虐待至死。这位贵族不是别人，正是顺治皇帝的异母兄弟、襄亲王博穆博果尔。襄亲王被虐待致死一个月后，董鄂妃入宫。

根据这一段史料记述，可以推测，顺治皇帝是在一次极偶然的机会，见到了襄亲王福晋鄂董氏。更确切的说法是，顺治十三年（1656年），福临大婚，董鄂氏作为陪娘被福临看见了，两人眉目传情。董鄂氏仙人一样的美貌，

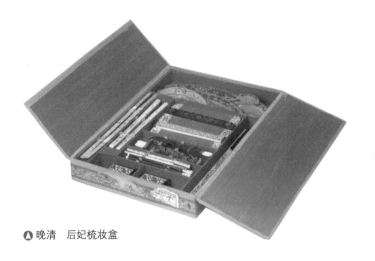

惊动了年轻的皇帝。很快，顺治皇帝向董鄂氏示爱，董鄂氏不敢拒绝。不久，董鄂氏的丈夫得知真相，怒不可遏。顺治皇帝以至尊身份虐待襄亲王，襄亲王走投无路，忧愤自尽。这段记述是可信的，却也耐人寻味。这位记述者是清初大名鼎鼎的传教士汤若望，他和顺治皇帝关系密切。

　　董鄂妃留下的史料，在中国正统的史书中是非常简略的。《清史稿》称其为董鄂氏，是内大臣鄂硕的女儿。董鄂氏 18 岁进入后宫，侍奉顺治皇帝。顺治皇帝对她眷爱特厚，宠冠后宫。顺治十三年（1656 年）八月，董鄂氏立为贤妃。十二月，晋为皇贵妃，行隆重的册立礼，大赦天下。上皇太后徽号时，鄂硕以军功授一等精奇尼哈番，旋越级特进三等伯。顺治十七年（1660 年）八月，董鄂氏去世，顺治皇帝追封董鄂氏为孝献皇后。董鄂氏去世后，顺治皇帝特别忧伤，食不甘味，亲笔撰写《行状》，记述他和董鄂妃之间的感情和董鄂氏的为人。

董鄂妃《行状》

　　根据顺治皇帝在《行状》中的描述，可以清楚地看出，董鄂妃在顺治皇帝心中的形象：董鄂妃端庄秀丽，是一位温柔、贤惠的女人，也知书达礼。

如果说，顺治皇帝初次见到董鄂氏，为其气质所动，迷恋的是她的美色，那么，在他们共同生活的岁月，董鄂妃以完美的女人心彻底征服了顺治皇帝，成为皇帝心目中最完美的女人：娴静优雅，对他关心体贴，无微不至。可以说，她将女性的温柔、体贴和美丽演绎到了极致，令顺治皇帝刻骨铭心。

顺治皇帝结识董鄂妃时，年19岁，比董鄂妃大1岁。顺治十三年（1656年）八月，董鄂氏入宫时，年18岁。《行状》说，第二年，董鄂妃生荣亲王，时间是丁酉年，也就是顺治十四年（1657年）。汤若望说，皇子生下以后，仅几个星期，就不幸死去。顺治十七年（1660年）八月十九日，董鄂妃在东部承乾宫病逝，年仅22岁。

董鄂妃去世，对顺治皇帝打击很大。顺治皇帝怀念爱妃，痛不欲生。他追怀董鄂妃的音容笑貌，连续5天没有上朝。他天天守护在董鄂妃的灵前，几次哭倒，昏死过去。顺治皇帝追封董鄂妃为皇后，在灵柩停放的承乾宫，举行了隆重庄严的追封仪式。顺治皇帝悲痛欲绝，亲撰董鄂妃《行状》，洋洋数千言。董鄂妃死后，顺治皇帝下令举行国丧，全国致哀：百姓服丧3日，文武百官服丧30天。顺治皇帝特别降旨，命太监、宫女30人殉葬。高僧奉旨在景山寿椿殿主持仪式，为董鄂妃火化，收取骨灰。

顺治皇帝死于天花

顺治皇帝出家之说，自然也是子虚乌有。顺治皇帝没有出家，而是死于天花。顺治皇帝身体羸弱，又多愁善感，经历了爱子的夭折和爱妃的去世，对生已经绝望。顺治皇帝万念俱灰，打算遁入空门。董鄂妃去世后两个月内，他曾先后38次访问高僧，探讨佛法，商讨孤身修道事宜。在他的坚持下，高僧为他剃光了头发，引起了孝庄太后的愤怒，差点将高僧处死。不久，顺治皇帝受菩萨戒，受封大觉普济能仁国师。

董鄂妃死后不到半年，身心俱疲的顺治皇帝不幸染上了天花。《清世祖实录》记载：顺治十八年（1661年）正月初一，皇帝没有视朝。初二，上不豫

圖 皮 蛇

圖 錢 疊

▲ 生天花的孩子们

选自清代医学插图。

（皇帝病重）。初四，上大渐（皇帝病危）。初七，上崩于养心殿。也就是说，顺治皇帝死于养心殿，终年24岁，准确地说是23岁11个月。第二年五月，顺治皇帝和董鄂妃合葬：他们两人的骨灰坛放在一起，一同入葬遵化孝陵。

关于顺治皇帝死于天花，有不少史料可考。

供职内阁的大臣张宸很有文采，顺治皇帝很信任他。董鄂妃去世后，皇帝曾命他撰写祭文。他写了《青琱集》，在书中，他这样记载：

> 传谕，民间勿炒豆，勿燃灯，勿泼水。始知上疾，为出痘。……十四日，焚大行御冠袍、器用、珍玩于宫门外。时百官哭临未散，遥闻宫中哭声，沸天而出。仰见皇太后，黑素袍，御乾清门台基上，南面，扶石而立，哭极哀。诸宫娥数辈，俱白帕首、白衣从哭，百官亦跪哭。

王熙是翰林院的掌院学士，很受顺治皇帝的器重。顺治皇帝病危时，曾吩咐王熙起草《遗诏》。他在自己的《自定年谱》中，记载了皇帝之死：顺治十八年（1661年）正月初二，皇上前往悯忠寺（北京法源寺），看望代他出家的替身吴良辅。从悯忠寺回宫以后，皇上圣躬少安，突然病倒了。初三，皇上召王熙入宫，在养心殿赐坐、赐茶。初四，皇上再次召王熙入宫，进入养心殿，圣躬不安之甚，也就是皇帝病危了。初六子夜，急召王熙入宫。王熙刚到养心殿，顺治皇帝对他说："朕患痘，势将不起。尔可详听朕言，速撰诏书。"王熙含着泪，立即在皇帝病榻前静听速写。然后，他退到乾清门西围屏内，撰写《遗诏》。一天一夜，王熙三次进呈，三次钦定诏书。至夜，圣驾宾天，血泣哀恸。

传教士汤若望是皇帝的师傅，这位帝师也明确记载了顺治皇帝死于天花：

> 顺治对于痘症，有一种极大的恐惧。因为，这在成人，差不多也总是要伤命的。在宫中，特为侍奉痘神娘娘，是另设有坛庙的。或许，是因为他对于这种病症的恐惧，而竟使真正传染上了这种病症。在这个消息传出宫外之后，汤若望立即亲赴宫中，流着眼泪，请求容许他觐见万岁。……顺治病倒三日之后，于1661年二月初五到初六之夜间驾崩。

顺治皇帝出家之谜

顺治皇帝24岁就离开人世，正是风华正茂的年龄，没有人相信他是病死的。所以，有关他的传闻很多，出家之说尤其甚嚣尘上。持顺治出家之说的代表性人物，就是明末清初的大诗人吴伟业。吴氏字骏公，晚号梅村，人称"梅村先生"。他是江苏太仓人，经历复杂，有多重身份：崇祯年间进士，官至翰林院编修，曾上疏弹劾大学士温体仁、张至发等权贵；明朝灭亡，他曾在南明王朝任职，授少詹事，因与权臣马士英不和，愤然辞职。他是"复社"首领张溥的弟子，主张"反清复明"。

清朝入关以后，顺治年间，因为有人推荐，他来到北京，顺治皇帝授予

玉堂虚鬓节晓丁东
僚粲恭联焉挛豢意气
金门上鸿奏你即高當少
年场倒有尊明月一幅寮
山说好景真奇绕红泉碧
树官树业甫沽豪阴牵指
桃源深家连吾庐有梅花
如雪
燕蚌跃里升幽为
石调速瑾首
沂发年画属时乙未長夏
日也
平吴偉業

▲ 清　吴伟业　《山泉树图》

他国子监祭酒要职。他是一位博学的学者，见多识广，著述丰硕，以诗文闻名遐迩。他的诗歌多以明清交替之际的史事为内容，很有历史价值。他的诗词语言清丽，委婉含蓄，是不可多得的作品。吴伟业是一代学者，受到当世人和后世人尊重，他在清朝中央出任高官，喜欢以所见所闻入诗，所以，他的诗作可视为信史。他写有一首五言《清凉山赞佛诗》，内容正是记述顺治皇帝西行五台山出家：

> 房星竟未动，
> 天降白玉棺。
> 惜哉善财洞，
> 未得夸迎鍪。

吴梅村说顺治皇帝出家了，前往五台山。顺治皇帝的儿子玄烨继承帝位，为康熙皇帝。十分凑巧的是，康熙皇帝一生巡行天下80多次：3次东巡，3次西征，6次南巡，6次西巡，20次前往承德热河行宫，48次木兰围猎。其中，6次西巡中，5次前往五台山。有人提出质疑，如果顺治皇帝没有出家五台山，康熙皇帝为什么一次又一次地前往，而且5次之中有4次驻跸菩萨顶？

其实，康熙皇帝5次前往五台山，恰恰说明了顺治皇帝没有出家五台山。

第一次，是康熙二十二年（1683年）二月十二日，康熙皇帝刚刚30岁。史书记载："上幸五台山，至菩萨顶。随后，登南台、东台、北台、中台、西台。"两天后，康熙皇帝才下山。

第二次，是康熙二十二年（1683年）九月十一日，相距第一次仅仅7个月。史书记载："上奉太皇太后，幸五台山。"十九日，康熙皇帝登上菩萨顶，太皇太后没有上。

第三次，是康熙三十七年（1698年）三月二十八日，康熙皇帝45岁。他依然上幸五台山，登菩萨顶。

第四次，是康熙四十一年（1702年）二月初一，康熙皇帝49岁。初九，康熙皇帝驻跸菩萨顶。

第五次，是康熙四十九年（1710年）二月初二，康熙皇帝57岁。十三日，康熙皇帝驻跸五台县射虎川，没有登菩萨顶。

从康熙皇帝5次亲临五台山看，他是在父亲去世22年以后才前往的。如果顺治皇帝真的在五台山出家，他不可能要等到22年以后才去。

钟粹宫：慈安、隆裕成为封建皇权的殉葬品

慈安太后暴死之谜

祭陵冲突

咸丰皇帝驾崩后，皇太子载淳即位，是为同治皇帝。慈禧与皇后钮祜禄氏（慈安）并尊为皇太后。两宫太后御养心殿，垂帘听政。但二人之间的矛盾始终存在。

李莲英知道慈禧太后的心思，他知道这位表面慈祥的主子一直在考虑如何收拾慈安太后，但她始终不知道该从何下手。慈禧太后作为女人，心中一直耿耿于怀的有两件事：一是同治皇帝的皇后人选，同治皇帝是自己的亲生儿子，为儿子选皇后，竟然让慈安太后称了心！二是亲信内侍安德海，竟然惨死在济南，而且还暴尸三日。一气之下，所有相关内侍全部斩首，甚至于宫内的亲信内侍们也受到株连，所有品级的内侍在这场变故中差点被一网打尽……所有这些，都是慈安太后干的好事！

之前不久东陵致祭之辱，令慈禧太后咬牙切齿。东陵的地势真的很好，风光秀丽，山环水绕，藏风聚气，的确是祖宗选择的极佳吉地，也是真正的上乘风水宝地。按照礼仪规定，两宫皇太后一起前往东陵。本来，这是一件很轻松的事，姐妹俩兴致勃勃地一路说话，一边祭祀皇陵，一边观赏满眼的

青山绿水。这一路上，慈禧太后的心情极好。可是，让慈禧太后没有想到的尴尬事，竟然在大庭广众之下发生了。到达东陵后，慈禧太后想也没想地和慈安太后走在了一起，上前祭拜祖宗。

慈安太后却十分严肃地看着慈禧太后，冷着脸，一字一顿地说："先帝在日，都是帝后同祭，妃嫔不能并列！请你退后祭拜！"听了这些话，慈禧太后的好心情一下子降到了冰点，感觉浑身上下像是被泼了一桶冰水！如果说是真的泼了冰水倒也罢了，可是，慈禧太后觉得，她的脸上火烧火燎的，好像被慈安太后当众打了几耳光，红一阵，白一阵。慈禧太后此刻冷若冰霜，脸上全然没有一丝血色。慈安太后却十分坚定，无畏地直视着她。慈禧太后知道，这个女人一根筋，只要她认为自己有理，她就会坚持到底。众目睽睽之下，一生争强好胜的慈禧太后真的感觉无地自容，怒不可遏地瞪着她。面对慈禧太后第一次结巴，慈安太后知道，这个任性的妹妹真的动气了。可是，慈安太后也不怕，勇敢地瞪着她："妹妹，礼制就是礼制，不能变！"慈禧太后勃然大怒地叫喊："同是太后，分什么前后！"慈安太后十分镇定，再一次极严肃地说："这是祖制，请你退后祭拜。"

陵园的气氛，非常庄严肃穆。高大的松柏傲然耸立着，只有如歌的山风在天地间流淌。慈禧太后含着眼泪，只好强忍着怒气，退后一步。慈安太后松了一口气，众侍从人员也都松了一口气。只有李莲英，从慈禧太后的眼神之中，看出了一股令松柏为之侧目的杀气。从来不委屈自己的慈禧太后，从这一刻起，心里发生了巨大变化，她感觉身边的这位慈安太后已经不是那个相依为命的姐妹了，而是一个令人厌恶的女人。慈禧太后有点想吐，感觉自己的肝脏在这如歌的山风之中隐隐作痛。慈禧太后一直强忍着，冷静地保持着自己作为皇太后的威严。她的样子，侍臣们根本看不出来有什么不同。但她知道，她的内心有多痛苦，在这场痛苦中，自己差点乱了方寸。

事实上，这一次的祭祀之辱，真的差点要了慈禧太后的命。多年来，她一直操心政务，不知不觉间，已是不惑之年。因为消化系统不好，身体本来就虚弱，加之近期身子违和，寝食难安，本想借这次东巡散散心，没想到，竟然受此大辱。这一次，慈禧太后恼羞成怒，气恨交加，一下子大病了一场。接连几日，慈禧太后吃不下饭，睡不着觉，终于因为过度的困倦劳乏而浑身

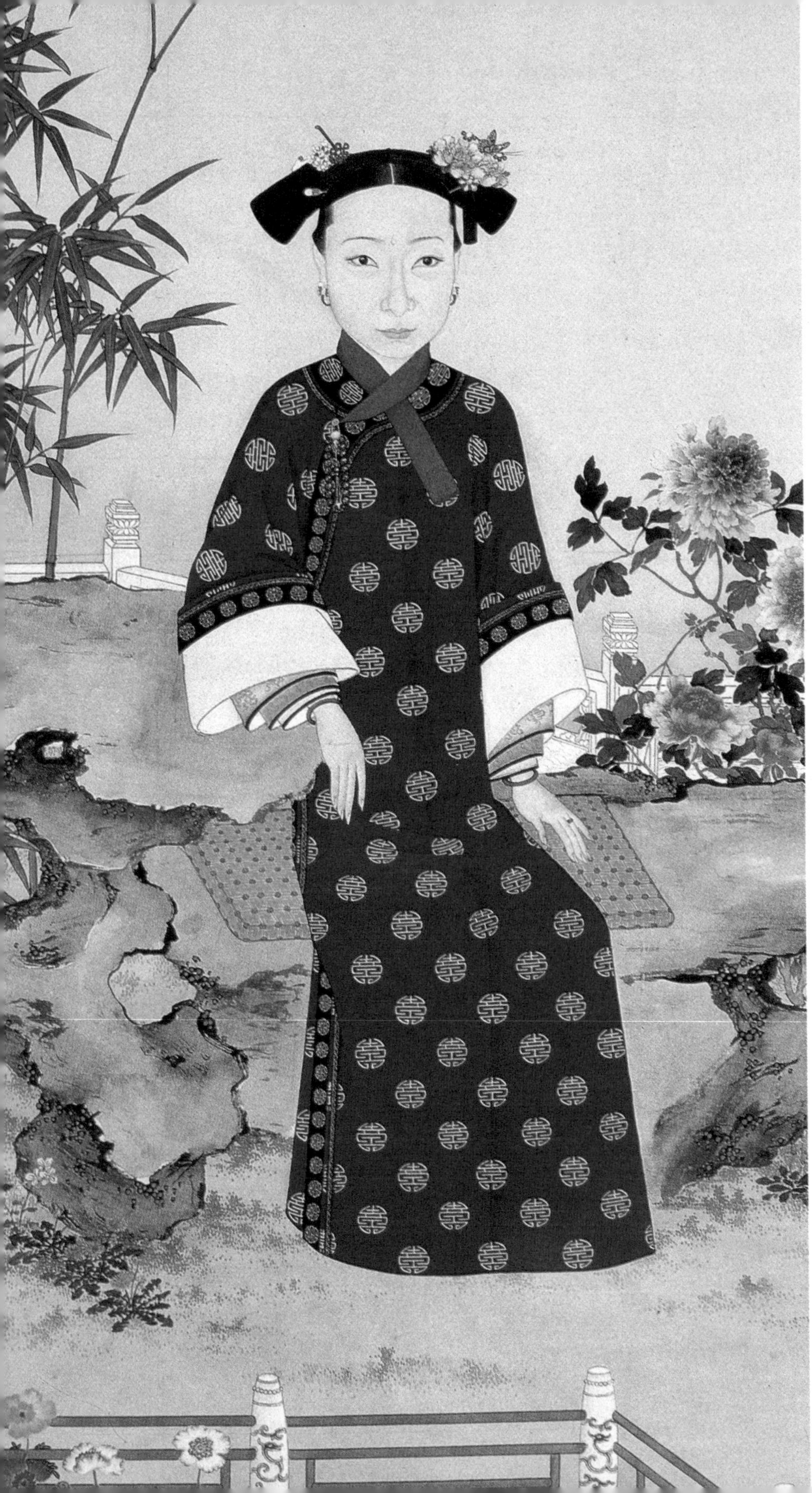

清　慈安太后便服像

酸软无力，伴随着日甚一日的腹泻，竟一病不起了。回到北京之后，慈禧太后病情加重，腹泻加剧。

从留存下来的档案和史料上看，自光绪六年（1880年）二月初二开始，所有处理政务之事，没有慈禧太后的身影，只有慈安太后一人，坐在帘后，决断大小政事。侍臣在《起居注》中写道："西太后夜不能寐，不胜劳乏。"翁同龢在《日记》中记述："召见办事，皆慈安太后御帘内，十余年来此为创见也！"慈禧太后病了，御医们千方百计地调理和诊治，忙得焦头烂额，但收效甚微。几个疗程下来，慈禧太后的病情依然毫无起色，还有加剧之势。御医无能为力，没有办法，清廷只好颁下重赏诏书，为了太后早日痊愈，遍召天下名医，为慈禧太后诊治疑难之病。

名医会诊

江苏、浙江是名医荟萃之地，由两江总督推荐，江苏名医马文植、浙江名医薛宝田等被选入内廷，负责为慈禧太后治病。薛宝田、马文植、汪守正会同太医院左院判李德立、右院判庄守和、太医李德昌等，一起为慈禧太后会诊，发现太后之病，根源有二：一是因为劳累，二是由于伤心。劳累、伤心，肝肾气亏，血海空虚，经脉不畅，自然就卧病不起了。这次会诊，主治医生是马文植。马氏是江苏孟河人，精通内科、外科和妇科。早年，他悬壶于孟河、苏州、杭州一带，因医术高超，手到病除，人又和善，一时闻名遐迩，人称"马医科"。他这次应召入宫，诊断精确，所开医方思虑周全，治愈了慈禧太后的心病。马文植以高超的医术，赢得了慈禧太后的敬重，成为慈禧太后的第一贴身御医。

马文植一直侍候在慈禧太后的身边，全年都留在宫中，诊断、观察和调理慈禧太后的身体。马文植认为，慈禧太后患有二阳之病。二阳之病，发于心脾之间，主要症状是月经不行、肌肉消瘦、肺气上逆、咳嗽喘息、心虚腹泻。他说，慈禧太后的二阳之病缘于积郁积劳，心脾受亏。心为君主之官，脾为后天之本，神思过虑，心脾伤痛，则五内俱虚。肾虚不能生木，木失畅荣；脾乏则生化无源；荣血内亏，经脉不调，腰酸体痛，肢体倦怠，虚热时作，谷食不香。对症诊治，二阳之病，发于心脾，拟以培养心脾治之，培养

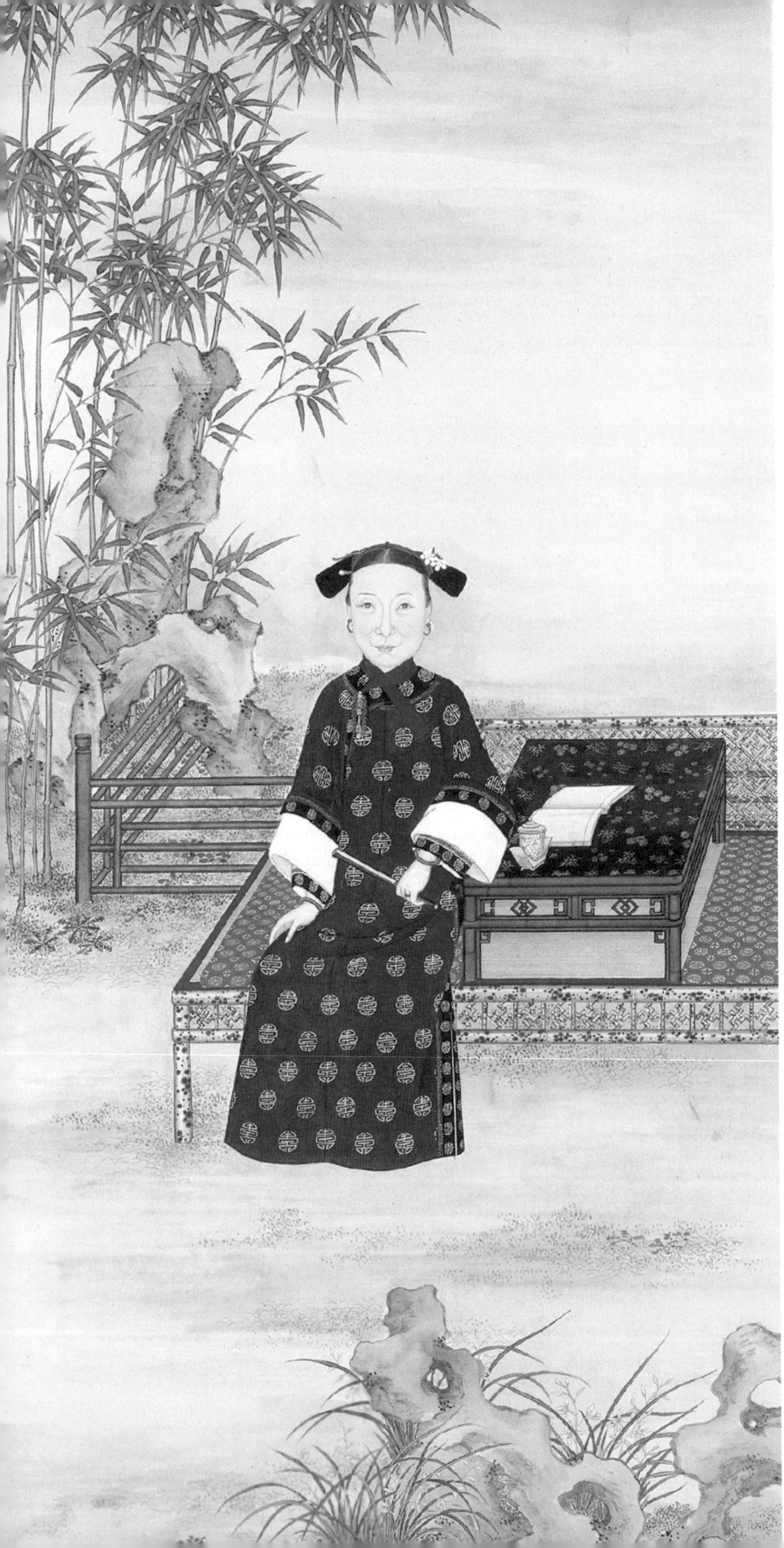

清　慈禧太后便服像

心脾，关键就在养血养肝。

经过一个月的调养，慈禧太后的病情有了明显的好转。然而，刚刚痊愈的慈禧太后一到养心殿，坐在明黄垂帘之后，她的心就开始隐隐作痛。李莲英知道，慈禧太后坐在那里，看见慈安太后漠视一切的神情，她的情绪就开始起伏，简直心如刀割。以后的日子里，慈禧太后开始调理自己，看戏听书，绘画写字，享受美好的生活。但各种流言纷纷扰扰地传到了慈安太后的耳朵里，说慈禧太后纵情声色，淫秽后宫，每日里淫戏欢歌通宵达旦；太后的寝宫中，有许多不堪入目的春宫画；不仅如此，太后每晚还让御医、文士说下流笑话，讲淫荡故事；特别是，太后私蓄男宠，有一位金姓的美貌男子，时常出入宫禁。

慈安太后开始有些不信，后来，慢慢地相信了，因为她好几次想进慈禧太后的寝宫，都没有让进。慈安太后觉得，寡居的日子不好过，听听淫戏也就罢了，但不能太过了。蓄养男宠，就是罪不可赦。更让慈安太后不能容忍和不能相信的是，说慈禧太后患病，不是什么疑难怪病，而是怀孕所致——以前的御医们不敢相信是怀孕，判断是血毒，只有薛宝田、马文植诊得慈禧太后的病症之所在，他们所开的药剂，正是按照产后虚症开的，主要在于补养、气血两亏方面，温而补之，所以见效！慈安太后大义凛然，就去兴师问罪，质问慈禧太后。慈禧太后刚刚好转的心情再度恶化，而慈安太后的末日也为时不远了。

姐妹重归于好

慈安太后心软，觉得妹妹大病了一场，应该省悟了自己的纵欲失德，应该收敛了。为了表示自己的宽怀，慈安太后特地设宴于寝宫，请慈禧太后过来一叙，想借此安慰她、劝导她、感悟她，想再劝劝她要注意日常的仪容，知道约束自己。这场家宴十分丰盛，气氛极其温馨，三杯温酒过后，两位太后面若桃花。她们姐妹相互看着，夸奖着对方年轻美丽，说这等容貌哪里像是太后，也根本不像是四十五六岁的女人。说到高兴处，慈安太后红着脸，挥了一下手，侍候在身边的宫人们都下去了，只留下她们姐儿俩。慈安太后动情地说："妹妹啊，这一路走过来，咱姐妹多么不容易啊。"

慈禧太后也红着脸，知道慈安太后有话要讲，就温柔地说："是啊，姐姐，要不是姐姐有主见，在艰难的日子主持着，哪里有我姐儿俩的今天！"慈安太后眼睛立即就红了，眼泪就要流出来了，她有点哽咽地说："是啊，妹妹，先帝北狩，那日子多难熬啊。车子一路颠簸，身子都快颠散了，都是妹妹你抱着我，我才没有倒下！"慈禧太后的眼睛也红了，喝下一杯酒，也有些抽泣地说："是啊，姐姐，最苦的是三天三夜没有吃的！我拿了三个鸡蛋，给了皇上两个，咱们姐妹分一个。"慈安太后的眼睛湿润了，眼泪哗哗地淌，哭着说："是啊，妹妹，多亏了你。对了，不是咱姐儿俩吃一个！妹妹，你没有吃！给了皇上两个，另一个给我了，我实在太饿了，连想都没想，就一口吃了，吃了之后，才知道没有了，妹妹还饿着呢！"

慈禧太后的眼泪也往下淌，哽咽着说："那是什么日子啊，没有坐的，没有吃的，连一碗稀饭也没有，只有一小碗水一样的小米粥。可是，咱姐儿俩一人一口，还你推我让，最后，把一小半碗给洒了，咱姐儿俩啊……"她们一边吃着，一边喝酒，一边诉说衷肠。最后，慈安太后很豪爽地抹一把泪，自己倒满了酒，一饮而尽。然后，她神秘地笑着，感慨地说："妹妹啊，日子过得真快，你看，咱姐儿俩如今都老了！终有一日，我们都归天了，还是要一同侍候先帝，是吧？妹妹啊，你说句心里话，咱们姐妹相处二十余年，是不是一直同心同德，没有真正伤过和气？"

　　慈禧太后一边听，一边点头，她知道，一直沉默寡言的慈安太后今天如此地感慨万千，一定是有什么重要的事情。慈禧太后动情地说："是啊，姐姐，这么多年，多亏姐姐照应，妹妹永远不会忘记。姐姐，归天以后，咱们还是一同侍候先帝，你还是姐姐。这么多年，我们何止是同心同德，所有的生活起居都是相互照应，也都是姐姐一直在照料我啊！姐姐的恩情，今生今世，来生来世，我都不会忘记的！"听了慈禧太后的话，慈安太后不禁苦笑，表情极不自然地说："不过，妹妹啊，有一件事，我一直瞒着你，你别生气。"

　　慈禧太后看着她，满脸惊讶地瞪着那双有神的眼睛："瞧姐姐说的！姐姐襟怀坦白，从来都是光明磊落，没有什么事瞒着我啊！是吧？"慈安太后郑重地说："我这有一件东西，是先帝留下的，如今，已经没有用了。不过，你先看看吧，倘或为他人所得，恐怕会怀疑咱姐妹二人貌合神离，似乎表面和好，阴生嫉妒！这样的话，不仅是咱姐妹二人一生之遗憾，也大负先帝之善意。"慈禧太后惴惴不安地看着慈安太后。慈安太后说罢，从袖内掏出一函，递给慈禧太后。慈禧太后打开一看，是一张精致的洒金黄纸，上面真的是先帝的手书遗诏。

　　慈禧太后细看之下，不禁大惊失色，内心立即翻江倒海，悔恨交加。她的脸像一张白纸一样，毫无血色。不知过了多长时间，慈禧太后感觉神思恍惚，仿佛一下子天就塌下来了。她艰难地闭上眼睛，眼前跳跃的全部是那一行不敢相信、却又真真切切的御笔朱书：

　　　　抱子临朝，恐不可制。令谨防之。即有过，宣诏赐死，毋游移。

　　慈禧太后一下子瘫坐在那里，感觉天旋地转。这是自己一直深爱的丈夫的亲笔手书？这是他对我十多年来体贴、关怀、柔情似水的回报？这就是他在海棠树下发下誓言的最好注解？慈禧太后不敢相信，也不能相信，这难道真的是他的亲笔手书吗？慈禧太后再看一眼，又看一眼。虽然她不敢相信，也不能相信，然而，她却不得不相信，也不能不相信，这是真的，这绝对是他的亲笔手书，只看一眼就知道。她的眼泪哗哗地流了下来。

面对如此可怜兮兮的慈禧太后，慈安太后感觉很舒服，也很受用。慈安太后很得意，她想不到，慈禧太后也有如此软弱的时候，也知道感激涕零，这是她从来未有过的感觉，真是感激先帝啊！慈安太后慢慢伸出她的手，那是一双令慈禧太后嫉妒的美丽如玉的手。她从慈禧太后苍白的左手上，索回了先帝的遗诏。她看见，慈禧太后的那张小脸，比起刚才来，更加苍白，更加面无血色。慈禧太后跪在地上，泣不成声："姐姐啊，先帝在时，常常夸你，说你善良，像观音菩萨，称你是女圣人。我先前不以为然，现在，我才知道，我的姐姐真的是一位菩萨，一个好姐姐，一个救人苦难的圣人！这么多年来，你一直真心待我，当我是亲妹妹，可我，实在太让你失望，太辜负你了，请姐姐赐死吧！"

万籁俱寂，烛光如豆，闪烁的灯光若隐若现，映照着慈禧太后的泪眼和慈安太后那张光彩照人的秀丽脸庞。慈安太后慈祥地笑笑，慢慢地说："妹妹啊，这么多年了，你我经历了多少苦难？咱们早已胜过亲姐妹了！这张纸，还有何用？不如烧了最好！"说罢，慈安太后真的把遗诏放在烛光上，一眨眼工夫，火光一闪，黄纸燃烧了起来。火光映照着泪光，泪光映照着笑脸。许久，她们两人相互挽扶着，双眼含泪，头靠头，坐下了。

慈安太后看一眼闪烁的烛光，最后郑重其事地轻声说："今天，我可以给先帝复命了。"慈禧太后泪眼蒙胧，再次跪拜在地，哭泣着说："姐姐救命之恩，妹妹记在心里，永世不忘！"慈安太后扶起慈禧太后，诚恳地说："妹妹啊，以后，别看淫书，别听淫戏了，嗯？"慈禧太后认真地点了点头，也诚恳地说："以后听姐姐的，再让姐姐生气，天打五雷轰！"慈安太后抱着她，说了好一阵贴心的、安慰的话，直到夜深，两人才罢酒而散。

可接下来的一连几日，慈禧太后又卧病不起。御医们忧心如焚，又一次忙得焦头烂额。开方熬药调养十余日，慈禧太后这才慢慢好转。慈禧太后召问御医薛宝田："病情如何？如实说。"薛氏说："回太后，由于郁怒伤肝，思虑伤脾，五志化火，不能荣养冲任，以致胸中嘈杂，少寐，乏食，短精神，间或痰中带血。"慈禧太后听不懂御医说的是什么，急切地说："这病要不要紧？"薛氏回答："皇太后万安，总要节劳省心，不日大安。"侍候在一边的内务府大臣及时进奏："叩请皇太后节劳省心，薛宝田所奏，有理。"慈禧太后冷笑一声，慢慢地说："节劳省心，我岂不知节劳省心啊？无奈不能！"

慈安太后暴死

慈安太后独自听政，整天昏昏沉沉的，感觉这裁理政务，也委实不容易。过了一些时日，慈安太后才真切地觉得，自己根本不是裁理政务的料，军政河道、六部科道、刑理钱粮，哪里弄得清楚那些东西！慈安太后心烦意乱，感觉自己确实是离不开慈禧太后这个精明能干的妹妹。于是，慈安太后天天来看望慈禧太后，每次都要带些好吃的东西，亲自喂药，亲手为她盖好被子。慈禧太后像是完全变了一个人似的，眼睛里没有了以前的冷傲和霸气，说话很温和，做事极得体，对慈安太后也是低眉顺眼，恭恭敬敬的。宫人们都觉得奇怪，私下嘀咕："这是怎么啦？莫不是要变天了？"只有一个人心里清楚，他就是慈禧太后的心腹内侍李莲英，他已经看见自己的主人慈禧太后，好几天都吃不下饭，睡不着觉了。这表示将有大事要发生了。而且，慈禧太后没事或者心烦的时候，总是坐在那里，一遍遍地写着一个字："东东东东东……"李莲英突然明白了，知道自己该做什么，也知道将会发生什么。

李莲英恭敬地呈上一包粉末，慈禧太后看了一眼，垂下了那双美丽的眼睛。她和李莲英对视片刻，李莲英会意，恭敬地退下。一切都是在静静地进行，他们两人始终没说一句话。但是，慈安太后的命运，就在这对视的一瞬间已经被决定了。这一天，阳光灿烂，像火焰一样的海棠在绿叶间盛开，引来无数五彩的蝴蝶。一丛丛丁香也相继绽放，白色的、紫色的，清香扑鼻，整个院子如同一座"香雪海"。慈安太后来到慈禧太后的寝宫，两人静坐着，看着窗外优美的景致。一阵阵清香，从窗外飘来，沁人心脾。慈安太后深深地吸了一口气："真香啊！闻见这清香，肚子就觉得饿了！"慈禧太后笑了笑，示意侍儿。侍儿捧上一盒饼饵，黄黄的，看上去香脆诱人，上面还有一层白茸。慈安太后笑着说："什么好东西？这么香啊？"她用湿手巾擦了一下手，顺手拿起一块，放进嘴里。谁知，这饼饵一入口就全化了，满嘴清香，口津横溢。

慈安太后笑着说："好啊，妹妹，这么好的美食，我还是第一次吃呢！"慈禧太后恭敬地说："姐姐，这是弟媳妇送来孝敬的，姐姐如果喜欢，明天再送些过去。"慈安太后摇摇头说:"谢谢!妹妹太客气了,不必不必,尝尝就行了!"慈禧太后认真地说:"妹家就是姐家,何必言谢?"第二天,慈禧太后真的派侍女给钟宫粹送来了一盒饼饵,和昨天吃的一模一样,色、香、味俱佳。慈安太后笑着说:"真让妹妹费心,替我谢了。"慈安太后一高兴,就把她最珍贵的祖传宝贝,那件一直不离身的血色玉佛送给了慈禧太后,说这会保佑她一生平安!

慈安太后一边说着,一边拿起一颗刚刚送来的饼饵,放入嘴里,入嘴就融化了,真是清香四溢,沁人肺腑。慈安太后闭上眼睛,细细地品味着来自心底的清香。一向清心寡欲的慈安太后,不禁也贪嘴了,一连吃了三颗,喝了一杯蜜水。她心满意足,慢慢地站起来,伸了一个懒腰。突然,她睁大了眼睛,脸上显现着痛苦的神情。她捂着自己的肚子,眼睛瞪得大大的,十分惊恐的样子。然后,只见她血管暴涨,七窍流血,四肢乌黑发紫……近侍、宫人们目瞪口呆,不知道发生了什么,也不知道该做什么?刚好入内奏事的内臣看见慈安太后十指紫黑,一个个吓得面无血色,没有人敢说一句话。

慈禧太后专执国政

得知慈安太后去世,年仅 11 岁的光绪皇帝终日魂不守舍,失魂落魄,每天都是那呆木木的样子。每天清晨,他不自觉地前往弘德殿,坐在慈安太后的灵前默哀致祭,天天如此,持续了一个月的时间。慈安太后的丧事结束了,但是,过了许多日子,光绪皇帝还是无法专心于政务、学习。皇帝的教师翁同龢,在《日记》中写道:"太后去世一月,皇上尤分心,神倦气浮。"三个月后,光绪皇帝依旧精神涣散,心神不宁。翁同龢写道:"读虽佳,气不静。言及慈安大故,泫然流涕。此发于真诚者矣!"

慈禧太后一直没有流过泪,也没有参加慈安太后的任何祭奠活动,更没有到慈安太后的灵前致祭默哀。她的悲痛都写在那张白净的脸上,眉宇之间是任何人都看不明白、也猜不透的阴冷,这种阴冷,让所有的人都感到一股无边的恐惧和透心的寒气。慈安太后的丧事十分简单,丧仪几乎可以说是草草了事。丧事期间,宫里几乎没有任何特别的祭奠活动,也没有宫中缅怀国母的繁杂仪式,以及从一七到七七不同形式的哀悼活动。就这样,日子匆匆

慈禧皇太后
御筆之寶

玉堂富貴四時春紫綬榮華
錦繡折枝凭几憑未閒高韻起
光緒乙酉精神
陳錫晉敬題

光緒甲午春正月御筆

光緒丙申季春中浣御筆

而过，一直到二十七日，宫里宫外、文武百官、朝野士民等，一律除孝。

慈禧太后不再穿素服，而是穿着她喜爱的兰花、西番莲纹的各色衣服。她的衣服很多，花样百出，每天都是光鲜美丽的样子，好像宫里没有发生什么哀事，也好像慈安太后压根儿就没有出现过。王公大臣们进言奏事，都穿着官服，没有任何的不同，也没有任何人再提起慈安太后。有个别大臣，念慈安太后的善良和功德，入朝奏事时，在官服里面穿了素衣。御史发现以后，这些官员遭到严厉申斥，并被降级或免官。了知内幕的大臣这样写道："丧仪甚草草，二十七日后，一律除孝。慈禧竟不持服，大臣进御者仍常服。国母之丧如此，诚亘古未有也！"

从咸丰十一年（1861年）至此光绪七年（1881年），历时20年的两宫太后临朝听政，从此终结，慈禧太后一手遮天的时代来临。从这一年开始，慈禧太后唯己独尊，专执国政。也是从这一年开始，宫里宫外，开始称慈禧太后为"老佛爷"。宫人称慈禧太后为"老佛爷"，起因有三：一是慈安太后去世后，宫中只有慈禧太后一人执政，唯我独尊；二是慈禧太后一心信佛，自称是观世音菩萨转世，称她"老佛爷"，高兴；三是自慈禧太后60岁大寿以后，李莲英带头恭称她为"老佛爷"。从此，宫人称赞慈禧太后的功德，赞颂"老佛爷"福寿无疆。

慈禧太后裁政之余，兴趣十分广泛，她不仅喜爱绘画、写字，而且还喜欢照相、赏花、养猫、遛狗等，她对这些方面兴致甚浓，乐此不疲。照相是洋玩意，她极喜爱，她常常自己扮成观音菩萨的模样，让李莲英扮成善财童子，陪侍左右。有时，她让四格格扮演善财童子，穿莲花衣，让李莲英扮成韦驮护法，让三姑娘、五姑娘扮成撑船仙女，穿素白蛇衣服。清宫中留有几张慈禧太后的这一类照片，照片中的慈禧太后神态安详，内心平静。《清宫词·慈禧照相》描述："垂帘余暇参禅寂，妙相庄严入画图。一自善财承殿宠，都将老佛当嵩呼！"

一生未获宠的隆裕皇后

慈禧太后为光绪皇帝选婚

光绪皇后叶赫那拉氏，出生于同治七年正月初七（1868年2月3日），比光绪皇帝大3岁，是慈禧太后弟弟都统桂祥的女儿，慈禧太后的亲侄女。这是慈禧太后一手策划的政治婚姻，目的主要有两个，一是亲上加亲，将皇帝变为自己的一家人；二是将老实听话的侄女安排在皇帝身边，椒房深处，才能得知皇帝的一举一动，以便更好地控制皇权，由太后掌政。

光绪十三年（1887年），光绪皇帝已经17岁了，按照大清祖制，"垂帘听政"的慈禧太后应该把皇权交还给皇帝。年轻的皇帝充满热望，期待着权力在握，大展宏图。可是，慈禧太后照常执政，不慌不忙。她身边的太监、近侍和文武百官却开始忧虑起来：太后"垂帘听政"10多年了，一直由太后护着和照顾着，一旦皇帝执政，日子还会好过吗？归政的日期一天天临近，慈禧太后试探性地表示要归政于皇帝。

慈禧太后身边的大臣们开始行动了，他们上折请愿，恳请太后为国家计，为生民计，一定再行听政数年。这些请愿正中下怀，慈禧太后当然高兴，欣然接受大臣之所请，提出皇帝大婚之后，再将权力交还皇帝。皇帝大婚，于是就提上了清廷的议事日程。皇帝选择皇后，历来是王朝的一件大事。光绪七年（1881年），慈安太后已经去世，慈禧太后独揽朝政，所有大事都是她一人做主。现在，为皇帝选择皇后，慈禧太后已成竹在胸了。她早就决定，让自己的亲侄女叶赫那拉·静芬为皇后。

太后为皇帝选婚，各代略有不同。明代宫廷规定，先选择一正、二副、三淑女作为皇后的候选人备选，送到皇太后面前，由皇太后决定谁是皇后的最佳人选。如果太后看中了其中一位，就用青纱帕罩在这位幸运女子的头上，再用金簪或者玉簪挑脱，系在这位女子手臂上，她就是最后的皇后人选。清

⚓ 光绪皇帝孝定景皇后朝服像

⚓ 光绪皇帝孝定景皇后谥玉册

⚓ 光绪皇帝孝定景皇后之宝

代皇太后选婚时，以金如意插在这位女子的头上，表示她就是皇后的最后人选。也就是说，只要授予了金如意，就意味着皇后人选的确定。

光绪无奈选隆裕

在光绪皇帝议婚时，有五位候选人：第一位就是慈禧太后的亲侄女，再就是江西巡抚德馨的两个女儿和侍郎长叙的两个女儿。19 岁的光绪皇帝一眼看中了一对年轻美丽的姐妹，就是江西巡抚德馨的女儿。可是，当光绪皇帝要把金如意授给这对姐妹时，慈禧太后狠狠地叫喊："皇帝！"光绪皇帝闻言，一下子愣在了那里。随后，光绪皇帝鬼使神差地将金如意授给了站在身前的静芬。

慈禧太后对光绪皇帝的表现较为满意，然而，她仍然不放心，决意将德馨的两个女儿赏婚，让她们远离紫禁城。这对姐妹本来已由内务府大臣奎俊"拴婚"（是指本人的婚姻并不由本人来决定，而是由部族或者别人来决定。对于满族人而言，因为八旗组织的存在，所以，八旗子弟的婚姻必须经由八旗管理部门的审批。对于皇室也是如此，往往由掌权的人来决定皇室和王族的婚姻），奎俊得讯，乘机就将德馨之女聘给了自己的儿子。

光绪皇帝没有办法，只能接受慈禧太后的安排，娶了长自己 3 岁的静芬为皇后。侍郎长叙的两个女儿则被选定为光绪之妃，她们是 15 岁的瑾嫔和 13 岁的珍嫔。慈禧太后决定，光绪十五年（1889 年）正月二十六日，光绪皇帝举行大婚。光绪十四年（1888 年）十二月，天安门大火，殃及太和门等处。

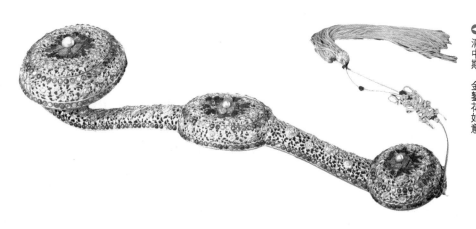

这时，距离皇帝大婚没有多少时日，想重新修造太和门已经不可能了。内务府组织最为精干的能工巧匠搭建彩棚，以芦包裹其外，几可乱真。善观天象者认为，此为不吉之兆。《清宫词·光绪大婚》称："德宗末造觐艰难，婚礼未祥事可叹。先遣祝融为肆虐，芦棚包裹假天安！"

失望的大婚

光绪十五年（1889年）正月，光绪皇帝举行大婚，正式迎娶长自己3岁的、22岁的叶赫那拉氏为皇后。慈禧太后为什么坚持选择自己的侄女做皇后？其实，她内心的想法就是想避免重蹈自己亲生儿子同治皇帝的覆辙。当年，同治皇帝敢想敢干，同治皇后有才有德，他们珠联璧合，处处与自己作对，直到以死抗争，为此慈禧太后吃尽了苦头。

可是，皇帝大婚以后，慈禧太后必须撤帘归政。她已经过了不惑之年，从生理上说，她也渴望逃离忙碌的政治生活，真想退居颐和园，过几年自由休闲的日子。可是，她知道自己已经离不开权力，离不开这君临天下的宝座。她已经将自己的后半生安排好了，退隐颐和园，身退心不退：由皇帝亲政，自己不插手朝廷政治。但是，她有三个条件：掌管军队，任免重要官员，每隔几天皇帝必须到颐和园奏报军国大事。

这一年，慈禧太后已经54岁了，执掌大清帝国的最高权力将近30年，是整个庞大帝国无可争议的无冕之王。慈禧太后尝到了权力的甜蜜，数十年来，一直端坐在皇帝的雕龙宝座上，品尝了君临天下、威服一方的王者的滋味，更知道作为一国之太后，统治如此幅员辽阔的国家是何等的自得。尤其特别的是，作为一个女人，许多不切实际的想法，她却顺利地实现了，许多不可能实现的愿望，也很轻松地实现了！那种非同寻常的成就感和渴望明天的征服欲，真让她感觉自己非同凡响。慈禧太后已经陷入了权力的迷宫之中，不能自拔。光绪皇帝与隆裕皇后大婚，是慈禧太后安排的政治婚姻，隆裕皇后就是慈禧太后权力迷宫中的牺牲品。

这场政治婚姻之中，直接受害者就是隆裕皇后。她坐着华丽的皇后凤舆，从午门、太和门进入皇宫，于十分隆重、极其热烈的大婚典礼之中，走进天下女人期盼的坤宁宫洞房。隆裕皇后怀着女人的美好梦想，坐在坤宁宫洞房

▼ 光绪大婚（节选）

图片选自《大婚典礼全图册》，共分为八册，记录的是光绪皇帝迎娶慈禧太后侄女叶赫那拉氏·静芬为皇后的场景，清宫廷画师庆宽等绘制。

▲ 皇后出宫至邸图　　　　　　　　　　　　　▼ 迎亲队伍沿景山前街向东

⬆ 迎亲队伍出地安门　　　　　　　　　　⬇ 钦天监报吉时届，鸣赞官赞。行三跪九叩礼

▲ 恭进皇后妆奁 　　　　　　　　　　　　　　　　　　▼ 纳采礼筵宴图

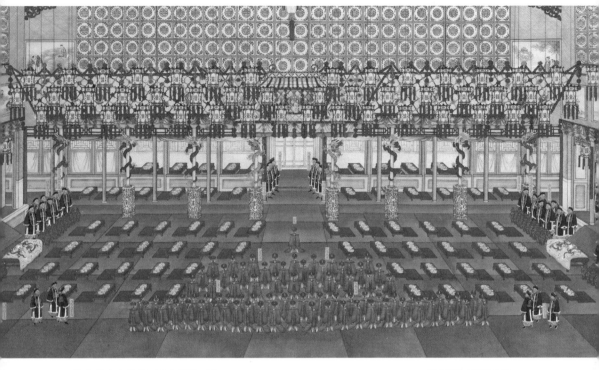

🔺 宴毕，大臣行三跪九叩礼，退 🔻 凤舆至乾清宫阶

的红绣被上。一层层的丝绸、锦缎被子上，彩绘着一对对鸳鸯，红烛照耀的帐幔五彩缤纷，帐上彩绘的百子游乐图，分外夺目。隆裕皇后忐忑不安地坐着，满怀希望，等待着皇帝的到来。

可是，红烛烧尽了，也没有皇帝的踪影。隆裕皇后由满怀希望到惆怅失望，由惆怅失望到伤心绝望，她痴痴地坐在那里，眼泪不停地往下淌。她没有想到，喜庆的洞房花烛夜，竟是她一生之中最伤心的日子，也是她一生不幸岁月的开始。她在失望之中，迎来了大婚后的第一个黎明，又在绝望之中，送走了一个又一个痛苦和羞辱的日子。从此，她开始了漫长、寂寞的皇后生涯。

政治婚姻的牺牲品

隆裕皇后在坤宁宫度过了几天有名无实的洞房花烛夜之后，就搬进了事先选定的钟粹宫。这座宫院表面上是最神圣的地方，实际上，宫人们认为这是不吉之宫。当年，慈安太后一直生活在这里，到光绪七年（1881年），她暴死在这里。现在，这里面貌一新了，门窗十分精致，都重新油漆，宫室雕梁画栋，精致的彩画，栩栩如生。

这些彩画都是造办处能工巧匠的杰作，有些则是如意馆宫廷画师的创作。这些画师真是妙笔生花。在皇帝大婚之前，内务府的官员们将这座冷寂的宫院装饰一新，显得富丽堂皇。特别是皇后居住的寝宫，猩红的地毯，五彩的帐幔，精雕细刻的婚床，以及琳琅满目的各式紫檀家具、珊瑚珍宝和金银器皿，简直如同人间天堂。可是，生活在这"天堂"中的隆裕皇后并不幸福，她过的是一种寂寞无奈的悲苦生活，这种生活恐怕连普通的农家村妇都不如。

光绪皇帝和隆裕皇后，本来是普通的表姐弟，没有什么直接的关系。幼年的光绪皇帝，生性十分敏感，当他第一次见到这位相貌平平的表姐时，就很不喜欢，只想远远地躲开这个女人。没有想到，因为慈禧太后的安排，他竟然要和这个大自己3岁的表姐生活在一起，还要以夫妻相称，每天一起面对臣仆，面对天下子民！可是，慈禧太后的意志不能抗拒，光绪皇帝以沉默来接受这一残酷的现实。

表面上，光绪皇帝虽然接受了这场政治婚姻，接受了慈禧太后对于他一生婚姻生活的安排，但是，他可以选择自己的生活方式，以冷漠表示抗拒，以沉默表达自己对这场婚姻的不满。他知道，他可以按照礼仪完成婚礼的全过程。但是，进入洞房之后，就是他个人的事了，他可以选择冷落隆裕皇后来冻结这场婚姻。这样的结果使无辜的隆裕皇后成了这场政治婚姻的牺牲品：20年的皇后生涯，不过是20年寂寞孤独的凄凉人生。她不仅成为光绪皇帝身边的摆设，也是慈禧太后身前的一位可怜侍女，更是慈禧太后选定的权力祭坛上的可怜祭品。

凄凉的洞房花烛夜之后，隆裕皇后就居住在钟粹宫。每天早上和晚上，她都要前往慈禧太后寝宫，恭敬地给太后请安。接着，她来到光绪皇帝的住处，给皇帝请安。然后，再回到自己生活的钟粹宫，过自己的生活，就是紧闭宫门，看着窗外的树影发呆。按照宫廷礼仪的规定，皇帝生活的养心殿后殿，有专供皇后居住的宫室。在空间相对狭小的养心殿，皇后起居的宫室是最为宽敞的地方，皇后可以随时来这里居住。

平庸之人

光绪皇帝很少召见隆裕皇后，他不喜欢这个女人。隆裕皇后不在身边，光绪皇帝就会感觉轻松。皇后不来，皇帝喜爱的珍妃自然就生活在皇帝的身边，她居住的地方就是养心殿后殿的东围房。每天，侍女们都会发现一个穿着男子服饰的美人，出入光绪皇帝的寝宫，两人十分恩爱。这个穿着男装的美人，就是珍妃。

慈禧太后喜欢聪明人，特别喜欢才智出众的人，可她对自己的亲人感到失望，特别是弟弟桂祥，不仅才能低下，而且生活极其拮据。堂堂一个王府之家，生活十分平淡，竟然过得非常困窘。亲王夫妇，俨然是一对愚夫愚妇，说话、做事笑话百出，常常让人哭笑不得。弟弟如此愚蠢倒也罢了，弟弟生的女儿隆裕，更是一塌糊涂。在慈禧太后的印象中，这个隆裕不仅相貌平平、性情懦弱，而且，不懂诗书，不识大体，简直可以说是一无是处。一句话，她就是一个实实在在、老实听话的乡下女人。隆裕皇后的才能，比起她的父亲好不了多少，她的父亲在经济上困窘，她身为皇后，在后宫之中也是有过之而无不及。

清廷规定，后妃的宫费例银是十分微薄的。尽管如此，皇后的例银往往是较高的，仅次于太后。可是，令人不解的是，每当宫中过三大节时，尤其是太后的"圣寿节"时，各宫主子都要向太后和皇帝献礼，隆裕皇后总是捉襟见肘。皇后在王妃、命妇会亲的时候，通常应该有所表示，每

🔺 珍妃的姐姐瑾妃

当这个时候，隆裕皇后总是力不从心。按照宫廷规定，皇后每月的经济账目都要到太后那里奏报。慈禧太后发现，隆裕皇后竟每月亏损。但是，这个胆小的女人不敢实报，总是报盈不报亏。如此一来，一般不到月底，隆裕皇后就会出现入不敷出的困难状况。怎么办？隆裕皇后只好将太后赏赐的衣服、首饰、器具、珍玩，甚至于皇后的龙袍，让仆人拿到市场上去变卖，以周济基本的生活。

悲剧一生

隆裕皇后的相貌极平常，从某种意义上说，甚至于有点丑陋，起码算不上秀气，可能算中等相貌都很难。按照古礼，她身为皇后，就是六宫之主了，是后宫之中仅仅在慈禧太后之下的主人。可是，她一见到慈禧太后就浑身哆嗦，提心吊胆。她目光怯弱、神情卑微，在嫔妃、宫女面前没有任何威信。在宫人眼中，隆裕皇后就是那种天生好脾气的女人，看上去既没有主见，又缺乏修养。

隆裕皇后的一生中，几乎听不到任何的赞美之声，只有一个人例外，她就是为慈禧太后画像的美国女画家卡尔。卡尔很感谢隆裕皇后，感谢皇后在她为慈禧太后画像期间所提供的方便。卡尔夸奖隆裕："她的体形和手足都很纤细秀气，面部不宽，鼻子隆起，眼睛长得很像汉人，不同于皇帝和太后。她的下巴较长，但不下垂；口微大，话语不多。她的神情颇佳，有和蔼可亲之貌，又具有至高的威仪和尊严。"

光绪皇帝和隆裕皇后的婚姻是一场政治婚姻，这场政治婚姻自始至终都是畸形的，是皇帝和皇后在自己的人生大舞台上演出的一幕令人唏嘘的人间悲剧。按理说，皇帝是至高无上的，皇后是国母之尊、后宫之主，谁能"导演"光绪皇帝和隆裕皇后的悲剧婚姻？只有一个人，就是手握生杀大权的慈禧太后。可以说，光绪年间，慈禧太后是最称心如意的女人，光绪皇帝是最窝囊的男人，隆裕皇后是最不幸的女人，二人的婚姻悲剧就是他们失败人生的最好注脚。

光绪皇帝十分聪颖，从小就表现出非凡的才智，一直好学不倦，博览群书，特别是对西洋科学充满浓厚的兴趣，几乎读尽了当时所有的西洋科学文

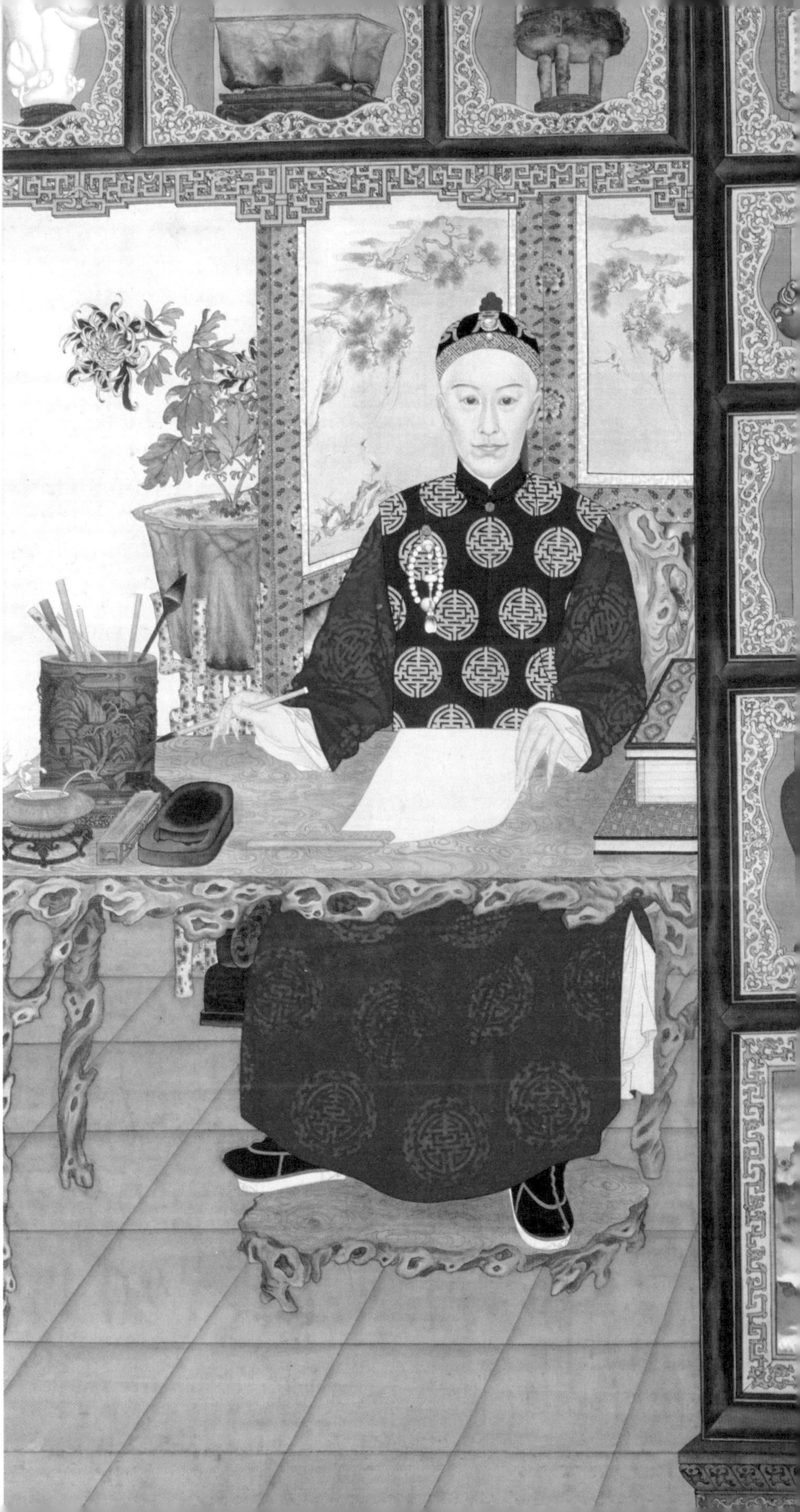

▶清　佚名　《光绪帝读书像》

化方面的书籍。可是，就是这样一位天才少年，这样一位有理想有抱负的男人，鬼使神差地走进了皇宫，进入了权力欲强的慈禧太后的生活，结局可想而知。他一生都生活在慈禧太后巨大的阴影之中，看不见前途，看不见一线希望：他的婚姻由慈禧太后掌握着，没有感情，没有交流，没有安宁，没有幸福，没有任何的安全感；他喜爱珍妃，却连自己都保护不了，更不用说保护自己的女人了；最后，38 岁的壮年男人败倒在 74 岁的老太后身前，了却了他窝囊的一生。

隆裕皇后是个愚笨的女人，天生与世无争。可是，她偏偏出生在王室之家，是慈禧太后的亲侄女，在慈禧太后的天空下，她的特殊身份决定了她悲剧的人生：嫁给了小自己 3 岁的光绪皇帝，可是，这位小丈夫不爱她；她的生活之中没有亲人，没有朋友，没有爱人；她不讲究吃，不懂得穿，不知道享受，每天过着单调、重复的生活；最为可怜的是，她在王朝最后的岁月，代表大清皇帝宣布退位，成为大清帝国的"历史罪人"。

毓庆宫：两立两废的皇太子胤礽

教育最成功的太子

太子胤礽，13 岁以前，都是在康熙皇帝身边，按部就班地起居、饮食、读书、学习。

康熙二十四年（1685 年），康熙皇帝对身边人说：每天，我必做两件要事：一是前往太皇太后寝宫，问安；二是前往毓庆宫，召见太子，亲自为太子讲书。

康熙二十五年（1686 年），太子胤礽 13 岁。

钦天监选择吉日，康熙皇帝亲临保和殿，为太子举行出阁读书典礼，皇太子出阁讲学。

大臣们知道，在博学多才的康熙皇帝教导下，太子教育得十分成功。

太子相貌堂堂，健康伟岸；聪明绝顶，天赋极高；学业精进，记忆超群。

面对文武大臣，康熙皇帝亲自展示太子多年的读书作业：历年以来，太子所亲笔书写的满、汉习字练习册页，整整 8 大竹筐。

太子文武双全，儒家经学融会贯通，是当时教育最成功的典范。

汤斌等大学士、东宫辅官、众位大臣，站在那里，看着内侍抬出来的一筐筐太子习字，如同字帖一样精美娟秀，无不惊喜交集。

面对文武大臣，讲官随手拿一本经书，翻开书籍，读经书中的一句话，即五经四书原文。

太子胤礽，立即说出此句原文出自何书几卷，引经据典，倒背如流。

大臣们心服口服，感恩自己幸运，遇到了超越历代前贤、百年难遇的完美太子。

康熙皇帝内心激动，充满感恩地说："苍天啊，我何德何能，赐给我如此完美的太子！"

儒生寒窗苦读，最大的愿望是考取功名，步入仕途。

入仕为官儒臣，最大的愿望是成为皇帝器重的朝臣。

皇帝倚重朝臣，最大的愿望是成为皇帝太子的师傅。

太子，是未来之君，前途不可限量。

⚫ 毓庆宫鸟瞰

▶ 爱新觉罗·允礽

原名胤礽（1674—1725年），雍正皇帝登基后改名允礽。康熙皇帝第二子，满周岁时被立为太子。因党争历经两立两废，最终幽死禁宫。

282

然而，康熙时期，儒臣最恐惧的事情，却是成为太子之师：

因为，太子太聪明了，无论何人，随时随地，在太子身边，你会自惭形秽。

一旦选为太子之师，无异于一场噩梦开始了。

完美太子

炎炎夏日，热浪滚滚，酷暑难耐。

太子依然端坐书房，精神抖擞：坐姿端正，帽子不摘，衣不解扣，手不挥扇。

太子老师，汤斌、耿介众人，仅支撑了一个时辰，实在坚持不下去，汗流浃背。他们坐着，扇着扇子，喝着冰爽的宫廷饮露，依然感觉头晕眼花，身子歪斜，有位师傅竟然热得晕死过去。

太子读书，简直如同圣贤：目不斜视，专心致志；一目十行，朗朗上口。

太子从小到大，基本不休息，不玩耍，不娱乐。

清

宫廷文房四宝

从皇帝到师傅，从后宫嫔妃到外朝大臣，都在感恩天公，称赞太子真是太完美了！

教育最失败的太子

太子师傅是汤斌。

汤斌（1627—1687年），字孔伯，晚号潜庵；别称豆腐汤、羊裘尚书、汤文正、汤司空。河南睢州（今河南睢县）人，清朝政治家、理学家暨书法家，官至工部尚书，卒谥"文正"。汤斌一生清正廉明，是实践朱学理论的倡导者，所到之处体恤民艰，弊绝风清，政绩斐然，被尊为"理学名臣"。

汤斌出身阀阅旧族，家教甚严，明崇祯十四年（1641年）应童子试，15岁前读毕《左传》《战国策》《公羊》《史记》《汉书》等。崇祯十五年（1642年），李自成率军攻打汤斌的家乡，其母赵氏殉节而死，在战乱环境下成长的他，从此立下为国为民的心愿。

康熙十八年（1679年），康熙皇帝下诏举行"博学鸿儒科"的科举考试，汤斌前去应考，一举拔得头筹，授翰林院侍讲，时年52岁。

康熙二十一年（1682年），充《明史》总裁。

汤斌刚正不阿，不趋权贵。当时，明珠为大学士，权力极大。汤斌对明珠毫不理睬。

康熙皇帝给太子胤礽选择辅导大臣，朝臣推荐汤斌。

汤斌前往京城，苏州百姓哭泣挽留未成，于是停市三天，拦路烧香，为他送行。

汤斌担任太子师后，悉心讲授，尽力辅佐太子。

明珠、江苏巡抚余国柱对汤斌很怨恨，摘录他的言论禀报康熙皇帝，找出汤斌在苏州发布文告中的话"爱民有心，救民无术"，作为对朝廷的诽谤。康熙皇帝传旨，责问汤斌。汤斌只是说自己天资愚昧，过错很多，请求严加惩处。

汤斌带病入朝，百姓道听途说，越传越广，悲伤流泪。

不久，汤斌染上重病，于康熙二十六年（1687年）十月十一日，病逝于工部尚书任上，终年61岁。

汤斌为官一生，十分清廉。去世时，身上仅有俸银八两。其友徐乾学，"赙以二十金，乃能成殡"。

汤斌，进入仕途之后，一直克己奉公，十分节俭。为官俸银，是全家的生活来源。

清代官秩，最高级别为正一品，年俸，180两白银。

京官，依例支双俸：正俸，每一两，可支米一斛，约14公斤。

对于千里做官不为财的清官来说，只靠朝廷发给的这点俸禄，生活必定十分清苦。

顺治年间，汤斌在陕西潼关道和江西岭北道任职时，几乎不沾荤腥，每日三餐，以豆腐汤为菜，生活非常简朴。

在江西岭北道驻地赣州，曾有人送给他"三汤道台"称号，赞扬他为官清廉。

康熙年间，汤斌由内阁学士出任江苏巡抚，职尊权重，况且江苏富甲一方。但是，他不谋私利、不图享受，坚持过粗茶淡饭的俭朴生活，依然餐餐都做豆腐汤菜，久而久之，苏州老百姓称他为"豆腐汤"。

汤斌不仅自己清苦，家人也很清苦。

其妻马夫人，曾经一转身，竟有棉絮自袄边散落。

有一天，他检查出入账簿，发现有一天买了一只鸡，便问从仆："这是谁买的鸡？"问明是长子汤溥所为。汤斌大怒，立即命从仆把汤溥叫来，让其跪在庭下，斥责道："你以为，江苏鸡价如河南老家那样便宜吗？你想吃鸡，就回老家去。没有读书人不吃菜根

⚠ 汤文正像

选自《吴郡名贤图传赞》。汤斌，乾隆皇帝赐谥号"文正"。

而能自立的。"对于买鸡的仆人，立即杖责。

在京城，人称汤尚书为"羊裘尚书"，因为，冬天上朝时，汤斌总是外披一件羊皮袄。

汤斌一生，以学问治天下，以学问辨是非，以学问教后辈。

他的名作《桃花源》诗，称："能使此心无魏晋，寰中处处是桃源。"

康熙皇帝评价："汤斌在讲筵时，素行谨慎，朕所稔知。及简任巡抚，洁己率属，实心任事。允宜拔擢，以风有位。"

雍正十年（1732年），汤斌被平反，一年后入贤良祠。

乾隆元年（1736年），乾隆皇帝赐予汤斌谥号"文正"。

道光三年（1823年），汤斌得以从祀孔子庙。

教导太子时，汤斌感觉不对，直接进谏：皇太子读书太苦！

康熙皇帝不以为然，淡淡地说：教太子及诸皇子读书，都是如此！

太子从不玩耍，专心苦读，每天背诵经书，120遍一次，每天无数次，30余年如一日。

结果，太子胤礽35岁时，终于全面崩溃：喜好美女，行为暴虐，生活奢侈，等等。

康熙四十七年（1708年）九月，康熙皇帝老泪纵横，哭泣着降旨：废黜皇太子。

太子的罪名是：擅权，暴虐，奢侈，结党。

康熙皇帝含着眼泪，暴怒地说："我不能让这不仁不孝的人做皇帝！"

这一年，康熙皇帝55岁。

太子教育，表明完全失败。

康熙四十八年（1709年）三月，康熙皇帝不愿接受太子教育失败，再次降旨：复立皇太子。

康熙五十一年（1712年）九月，康熙皇帝满头白发，痛心疾首地降旨，再次废黜皇太子。

废黜皇太子的罪名是："狂疾未除，大失人心。祖宗弘业，断不可托付此人！"

康熙皇帝身心俱疲，更显苍老。

康熙皇帝面对苍天，老泪纵横，大声叫喊：苍天啊！苍天啊！

钦安殿：明仁宗的寝宫

明仁宗安卧钦安殿

出坤宁门，向北，进入御花园。迎面，是连理柏。穿过连理柏，中轴线上是一座拱形石门，正是钦安殿前南大门——天一门。

两只鎏金神兽铜獬豸，把守门前。

钦安殿，面阔 5 间，建筑独特，重檐盝顶——顶部平坦，完全不同于重檐宫殿，称为盝顶；顶上，耸立一个鎏金宝瓶；宝瓶上，装饰一个伞盖。

钦安殿，四周建造围墙，在御花园中自成一体，形成独立院落；殿前，古柏参天，修竹摇曳，风景如画。

明嘉靖年间，大学士夏言写《钦安殿诗》：

> 钦安殿前修竹园，百尺琅玕护紫垣。
> 夜夜月明摇凤尾，年年春雨长龙荪。

这座神秘的道教神殿，曾是明仁宗朱高炽的寝宫。

明仁宗朱高炽，是明成祖朱棣的长子。

朱棣建造紫禁城，迁都北京。入住紫禁城，朱棣是第一任皇帝，居住在乾清宫。晚年时，朱棣五次亲征漠北。太子朱高炽，奉命留守京师。

永乐二十二年（1424年），朱棣死于亲征班师路上。太子朱高炽即位，是为明仁宗。

奇怪的是，明仁宗朱高炽不愿意入住父皇居住的乾清宫。原因何在？一直是个谜。

朱高炽性情宽厚，死后，谥为"仁宗"。

这位宽厚的太子一直记得，英武过人的父皇从来就不喜欢自己，不愿意选择自己为皇位继承人。

朱高炽，幼年之时，聪明过人，性情内敛，寡言少语。青年时期，他爱读书，不爱骑马射箭。最糟糕的是，他身体肥胖，体态臃肿，大腹便便。父皇朱棣对他十分反感，甚至心生厌恶。

朱高炽是长子，为徐皇后所生，亦是嫡子。明成祖迫不得已，只能立他为太子。

朱棣发动"靖难之役"，动用武力，夺取皇位。朱棣第三子朱高煦，跟随父亲南征北战，在危难之时，多次立下奇功，杀出重围，救出父亲，夺大位立下汗马功劳，封为汉王。

朱棣多次表示，第三子朱高煦可以继承皇位。

征战时刻，长子朱高炽一直留守后方。

▲ 明成祖朱棣像

明仁宗朱高炽坐像

朱高炽身体肥胖，不能骑马，不能射箭，走路都会气喘。朱棣召儿子们演示骑射功夫之时，是朱高炽最恐惧的时刻，每次都是狼狈不堪。每当此刻，一身豪气的朱棣就会怒火中烧，唾沫横飞，破口大骂。朱高炽垂头丧气，无可奈何。

万幸的是，朱高炽有三个贵人：一个是温婉的母亲徐皇后，一个是贤惠的妻子张氏，一个是文武双全的儿子朱瞻基。

明代时，遵循祖制，皇帝居住的寝宫应当在中轴线上。

紫禁城中轴线上，后宫主要建筑包括：乾清宫、交泰殿、坤宁宫、钦安殿。

明仁宗不住乾清宫，而是选择了钦安殿。每当卧于殿中，他便感觉十分安心。

皇帝死因之谜

洪熙元年（1425年）五月，朱高炽暴崩，享年48岁。

朱高炽在位10个月，猝死于紫禁城钦安殿。

朱高炽之死，震动朝野。

去世前三天，他依然身体健康，日理万机，有条不紊地处理朝政。然而，仅仅一天以后，他就身体不适，暴崩于钦安殿。

有人称，皇帝是"实无疾，骤崩"。

《明仁宗实录》《明史·仁宗本纪》等正史、宫廷档案，只字不提皇帝死因。

朱高炽因何暴崩，成为历史之谜。

多年来，朱高炽的死因，有两种不同的看法：

死于"阴症"

朱高炽纵欲，有不治之症。明人陆钎《病逸漫记》记述："仁宗皇帝驾崩

甚速，疑为雷震。又疑，宫人欲毒张后，误中上。予尝遇雷太监，质之，云皆不然，盖阴症也。"

"阴症"之说，出自朱高炽时内廷太监之口，应当可信。

"阴症"，纵欲所致。治疗"阴症"，没有特效药。奸佞之徒，投皇帝所好，才有机可乘。

《明史·罗汝敬传》记载："先皇帝（仁宗）嗣统，未及期月……献金石之方，以致疾也。"皇帝之死，缘于纵欲过度，治疗"阴症"，用金石之方，以致中毒身亡。

死于谋害

有人认为，朱高炽是被其长子朱瞻基谋害致死。

朱高炽虽然生性温厚，为人仁慈，但是，他嗜欲强烈，喜好享乐。故皇帝朱棣对太子朱高炽非常不满。

朱高炽长子朱瞻基，和父亲刚好相反：熟谙武事，精通骑射，善于谋略，热衷权力，工于心计。

朱棣在世时，看中孙子朱瞻基，因此，才立朱高炽为太子。

朱高炽登基，立长子朱瞻基为太子。但是，他已经察觉太子太圆滑，绝非安分守己之辈，因此一再告诫太子，有时甚至严厉劝诫。

可是，太子朱瞻基不顾父子亲情，迫不及待地想早日登基，为此，他积极谋划。

洪熙元年（1425年）三月，朱高炽命朱瞻基南行，祭祀皇陵，包括凤阳祖上皇陵和南京明太祖孝陵。

四月十四日，朱瞻基离京。

当时，随侍皇帝朱高炽的宦官名叫海涛，是太子朱瞻基的亲信。他们按照预谋，五月十三日动手，加害皇帝朱高炽。

太子朱瞻基离京以后，没有按照既定行程出行，而是直奔南京。他离开南京之前，南京城中开始流传谣言"皇帝上宾"。

此时，北京没有发丧。皇帝朱高炽"上宾"，是预料之中的事。当时，朱瞻基说："……予始至遽还，非众所测。"他匆匆北返，在途中等海涛的消息。

六月初三，朱瞻基到达北京。到京，大臣进言："人心汹汹，不可掉以轻心。"
朱瞻基说："天下神器，非智力所能得，况祖宗有成命，孰敢萌邪心！"太子
的言行、表现一切都在掌控之中。

死于暴怒

皇帝的直接死因，是耿直大臣李时勉进奏，导致皇帝暴怒。大臣李时勉
上疏进谏明仁宗，谨嗜欲。朱高炽垂危之际，不忘此恨，说："时勉辱我。"

第三章　宫门变数

天安门：皇帝的宣谕、颁诏

天安门由来

天安门，始建于明永乐十五年（1417 年），最初名叫承天门，寓"承天启运""受命于天"之意。

清顺治八年（1651 年），顺治皇帝福临下令：在原址废墟之上大规模改建。建成之后，皇帝赐名为"天安门"，取"受命于天，安邦治国"之意。

天安门，坐落在故宫的南端，与天安门广场隔长安街相望，占地面积4800 平方米，以杰出的建筑艺术和特殊的政治地位为世人所瞩目。

天安门由城台和城楼两部分组成，有汉白玉石的须弥座，总高 34.7 米。天安门城楼长 66 米、宽 37 米。城台下有券门五阙，中间的券门最大，位于北京皇城中轴线上，过去只有皇帝才可以由此出入。正中门洞上方悬挂着毛泽东画像，两边分别是"中华人民共和国万岁"和"世界人民大团结万岁"的大幅标语。

1925 年 10 月 10 日，故宫博物院成立，天安门开始对民众开放。1949 年10 月 1 日，在这里举行了中华人民共和国开国大典，由此被设计入国徽，并成为中华人民共和国的象征。1961 年，中华人民共和国国务院公布为第一批全国重点文物保护单位之一。

🔺 天安门

选自《燕京胜迹 /Peking the beautiful》，1927 年出版。中国国家图书馆藏。

宣谕百姓

　　明朝时，每年每月初一，清晨，北京大兴、宛平两县之中，选出有德行、有威望的老人，作为全国百姓的代表；他们天亮之前前往承天门，等候皇帝，聆听皇帝发布的谕旨，称为"宣谕百姓"。

　　当时，由北京地方长官顺天府尹亲自率领大兴、宛平二县知县，恭恭敬敬地从宫中领出皇帝发布的谕旨。

　　皇帝谕旨，由顺天府指定的一名重要官员双手恭捧着，走在最前面。大兴、宛平两县耆老站在承天门前，恭候在金水桥南，恭敬地迎候圣旨。

北京地方官代表皇帝使者，将皇帝的圣谕郑重其事地传达给代表百姓的大兴、宛平的耆老。

每次，皇帝的谕旨十分简单，只有两句白话。

明正德十二年（1517年）二月初一，明武宗下圣旨："说与百姓每，春气发生，都要宜时栽种桑枣。"

正德十四年（1519年）十二月初一，明武宗下圣旨："说与百姓每，遵守法度，不许为非。"

这种皇帝发布的谕旨，除每年正月初一以外，每月的初一也要发布。

皇帝，是一国之主，视百姓为子民。皇帝以家长和父对子的口气，发布圣旨，训示子民，意在提醒百姓，春、夏、秋时节，务必注重农耕，不误农时，不忘桑枣；冬季农闲之时，提示民众，必须遵守法度，防止火灾，不许为非。

天安门"宣谕百姓"，形成制度，一直十分有效地保持下来，持之以恒。

十分有趣的是，明朝皇帝，不论勤政者，还是怠惰者，甚至是20余年不上朝的皇帝，每月朔日，皇帝都会下圣旨，"宣谕百姓"。

这种白话圣谕，每月发布，从来不误。

统治中后期，嘉靖皇帝痴迷炼丹，万历皇帝懈怠政务，懒得上朝听政。可是，每月初一，他们照样发布圣旨，叮嘱百姓，要勤恳农事，不忘耕种。

嘉靖三十三年（1554年）四月初一，嘉靖皇帝发布圣旨："说与百姓每，用心耕耘，毋荒。"

金凤颁诏

天安门，是庄严肃穆之地，是中国政治文化的中心，是明、清时期权力的象征。

明、清两朝，天安门是兵权象征，皇帝在这里发布圣旨，颁发诏令，称为"金凤颁诏"。

明、清时期，皇帝所有的重大诏书，皆在天安门颁发。比如，皇帝登基，诏告天下，会在天安门庄严地发布登基诏书。

皇帝登上雕龙宝座，在太和殿举行隆重的登基仪式，在天安门发布登基诏书。

皇帝发布登基诏书时，文武百官身穿朝服，齐集皇宫；他们先在太和殿前跪伏，恭听皇帝颁布诏书；随后，他们按照品级，正步出宫，一起来到天安门前，恭敬侍立，站在金水桥南北。

宫廷仪卫官，着一身崭新的官服，双手恭捧着诏书；诏书，放在云盘之上，仪卫官恭托着。侍从官，身穿崭新官服，高高地举着黄盖，紧紧跟随着仪卫官，护送着盛放皇帝诏书的云盘，一起走出午门。

午门之外，停放着龙亭。龙亭，是一顶轿子。仪仗官员，身穿官服，恭敬候命。

云盘诏书托出午门之后，恭敬地安放在龙亭里。

和声署乐师奏乐，御仗队引导。銮仪卫校尉抬着龙亭，向南走出端门，来到天安门北面，沿着城楼阶梯，一步一步地登上天安门城楼。

天安门城楼上，焕然一新。宣诏官肃立正中，面对百官，庄重地宣读诏书。

金水桥南北，百官跪伏，再次恭听皇帝发布的登基诏书。

宣读诏书完毕，明黄诏书放置在礼器之中，沿着天安门城楼上堞口正中，徐徐降落。

明代时，盛放皇帝诏书的礼器十分精致，是内府制作的木楔，做工精巧。

清代时，盛放皇帝诏书的礼器非常精美，是内府制作的金凤，富丽堂皇：一只金凤，口衔着皇帝诏书，徐徐降落；金凤金黄，高二尺一寸五分；金凤，侍立在镀金云朵之上；云朵，宽三尺四寸。

盛着皇帝诏书的木楔、金凤，系以宫廷金黄丝绳。木楔诏书、金凤诏书，从天安门城楼正中徐徐降落，象征着拥有最高权力的皇帝，诏令天下，诏令四海，颁行全国各地。

天安门城楼下，礼部官员一身礼服，恭敬地跪接；然后，他们将诏书，

清　王翚　冷枚等　《康熙南巡图》卷十二

放在龙亭里。

皇帝诏书，被恭送到礼部。礼部设专室，存放皇帝的诏书。随后，礼部交给官方印刷机构，刻版印刷，颁行到全国各地。

李自成笑射承天门

崇祯十七年（1644 年）一月，李自成东征北京。起义军相继攻下太原、忻州、宁武关，大同、宣府不战而降。三月十六日，李自成部过昌平，抵沙河。十七日进高碑店、西直门，以大炮轰城，入午攻打平则门、彰义门、西直门。三月十七日半夜，守城太监曹化淳率先打开外城西侧的广宁门，农民军由此进入今复兴门南郊一带。三月十九日清晨，兵部尚书张缙彦主动打开

⛰ 太和门广场及金水桥

正阳门，迎刘宗敏所部军，中午，李自成由太监王德化引导，从德胜门入，经承天门步入内殿。

话说李自成打下北京城，来到正阳门，把守城门的大将李国祯死活不开城门，双方打了起来，最后城门被攻破，李国祯赶紧跑了。

李自成进了正阳门，过了大明门，老远就望见承天门。承天门就是今天的天安门。李自成一看"承天门"三个字就来气，怒从心起，吼一声："我看你还承不承天？"

随手举起铜胎铁背硬头弓，搭上铅头飞羽长啸箭，李自成对弟兄们说："我若射中天字的正中心，那天命归我。"

李自成心想，我百步穿杨，射这还不是小菜一碟。没想到，他一箭射去，却射偏了，射在"天"字的下面，场面就尴尬了。

牛金星反应快，说："射在'天'字下面，不正是'天下'吗？这是吉兆啊！"

众将领齐呼"万岁"。

李自成心里高兴，一马当先，跨上金水桥。突然有卒大喊："闯王小心，石狮子后面有人！"

李自成驱马疾驰到石狮子前，举枪就刺。"当"的一声，火星四射，石狮子肚子上扎下一寸长的深坑。

石狮子后滚出一人，众将擒住，正是逃跑的李国祯。李自成让李国祯投降，李国祯见大势已去，解甲听命。石狮子肚子上这道深寸许的枪眼，一直留到300多年后的今天。

后来，李自成兵败山海关，北京守不住了，便一把火把紫禁城烧了，当然也包括承天门。

午门：颁历、受俘、春牛、状元、廷杖

颁布历书

颁布历书，历来是古代中国作为农业国家的一件头等大事。

历书，古时称为"时宪历"。清朝时，为了避乾隆皇帝弘历的名讳，改叫"时宪书"。

钦天监，是负责天文历法的机构。按照规定，每年孟冬，十月初一，钦天监官员抬着黄案，由午门中门进入皇宫。黄案上，恭敬地摆放着次年的"时宪书"，进呈给皇帝。

当日，皇帝接受"时宪书"，在午门，正式颁发全国，颁发给百官、百姓。

颁发"时宪书"，非常隆重。

午门前，如同大朝会一样，庄严肃穆。

王公大臣、文武百官，一身朝服，齐集在午门城楼之下，按照官员品级、位次，左文右武，整齐排列在御道两侧。

皇帝亲临午门，百官跪地，恭听鸿胪寺官员宣布皇帝颁发"时宪书"之圣旨。宣旨之后，百官行三跪九叩礼。

清康熙时期，任用精通天文的西洋传教士为钦天监主管官员，他们用科学的天文知识演算、推算中国农历，制定历书。

康熙七年（1668 年），北京发生了大地震。比利时传教士南怀仁预测到了这次地震，鳌拜支持的钦天监吴明煊、杨光先却没有预测到。南怀仁抓住这次机会，将一纸诉状递到了当时只有15 岁的康熙皇帝手上。15 岁的康熙皇帝意识到，这是打击鳌拜的一次好机会。康熙皇帝下令钦天监官员和南怀仁一起到午门广场，用不同的方法测算正午时间日影的长度，结果南怀仁的计算准确无误，传统历法再次测算失误。南怀仁帮助康熙皇帝在和鳌拜的较量中取得了重要胜利。几个月后，康熙皇帝智擒鳌拜，南怀仁等趁机告发杨光先依附鳌拜，诬陷好人，要求复查汤若望案。此时汤若望已死，康熙皇帝为汤若望平反，恢复其原有称号。同时，康熙皇帝任命南怀仁为钦天监监副，杨光先被革职，遣回原籍，病死在途中。

从此以后，钦天监长官例行由西洋人担任，负责观测天象，制定历书。

后来，在宣武门天主教堂旁边，设立了一个时宪书局。

清代时，每年的历书都是在此推算、制作的。

🔺 观象台

古观象台现位于北京建国门西南角，始建于元代，曰"司天台"。明初被毁，于明正统七年（1442 年）重建，曰"观星台"，是世界上古老的天文台之一。清代康熙和乾隆年间，参考西方技术制作出 8 件天文观象仪器，它们分别为天体仪、赤道经纬仪、黄道经纬仪、地平经仪、象限仪、纪限仪、地平经纬仪、玑衡抚辰仪。

清初权臣，出身瓜尔佳氏，满洲镶黄旗，清朝三代元勋，康熙皇帝早期辅政大臣之一。军功显赫，号称"满洲第一勇士"，晚年操握大权，康熙皇帝用计在武英殿生擒之。鳌拜被擒后，于康熙八年（1669年）老死狱中。

午门受俘

午门，是皇帝赏赐和颁发诏书的地方。皇帝在立春日，赐春饼；端午日，赐凉糕；重阳日，赐花糕；十月初一，颁发次年历书；腊月初一，在午门举行颁布次年历书的颁朔典礼；重大战争，大军凯旋，在午门举行向皇帝敬献战俘的献俘礼。

明代时，午门城楼上，钟鼓以外，还存放着武器、大纛和永乐皇帝使用过的长戈。

明人程文德写《登五凤楼》诗：

金钟鼍鼓大十围，震击元来闻百里。
紫电青霜森武库，高幢大纛纷无数。
中有神祖手执戈，摩娑黯黯生云雾。

午门前，有一片宽阔的广场。皇帝登上午门，主持的宏大仪式，就是凯旋受俘礼。

中国历代王朝，皇帝受俘礼都安排在皇宫正南门举行，场面恢宏，仪仗庞大。

明清时期，皇帝受俘礼非常隆重：

从午门开始，排列皇帝仪仗，一直排列到天安门外；

皇帝仪仗，包括：法驾卤簿、丹陛卤簿、丹墀卤簿、仗马、步辇、玉辂、宝象、乐队。

吉时一到，受俘礼开始。

皇帝身着龙衮，从宫中登辇，缓缓而出。

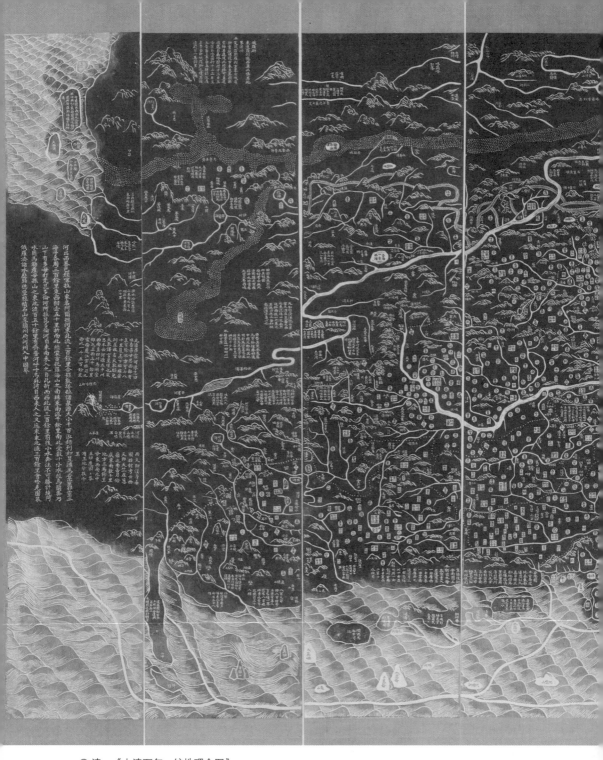

⚑清 《大清万年一统地理全图》

清代全国舆地总图。此为嘉庆年间的蓝绿色拓本，蓝色为陆地部分，绿色表示水域部分。由清代黄千人绘制而成，后人增补全图，由 8 块拼接组成，至今已有 200 多年的历史。

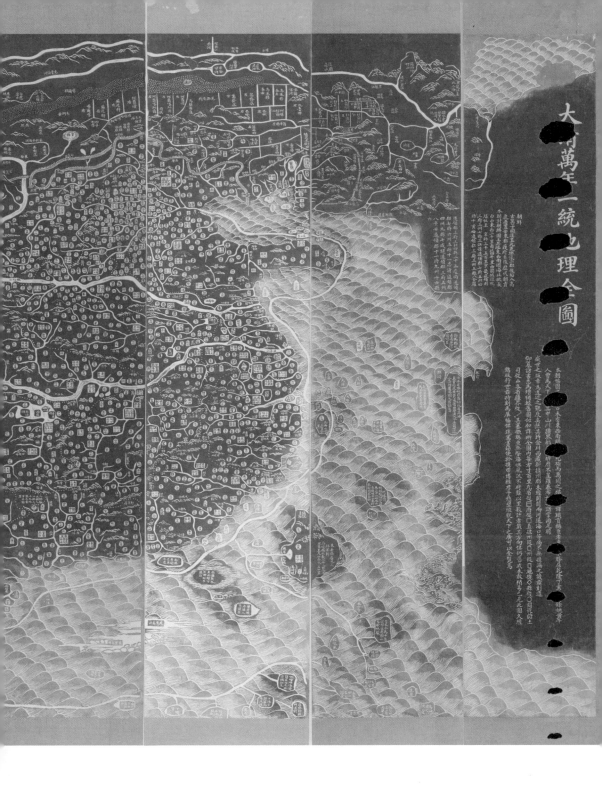

311

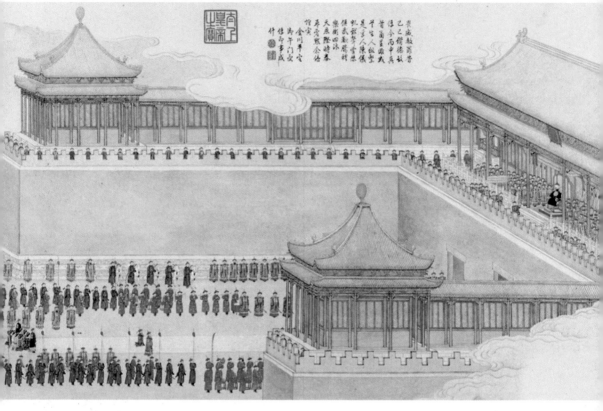

⬆ 午门受俘

选自《平定两金川得胜战图》。此图册主要描绘的是清乾隆十二年（1747 年）至四十一年（1776 年），清军平定四川大小金川叛乱以及胜利回朝的场面。

　　午门上，钟声长鸣。

　　献俘，就是献上敌方首领：身穿白衣，五花大绑，在午门接受皇帝受俘礼后，被押往太庙献祭。

　　皇帝下辇，登上午门城楼，接受献俘。届时，强大的宫廷乐队乐声大作。

　　敌方首领身为俘囚，被一条白丝带系住脖颈，拉到午门前，匍伏在地。

　　礼官、兵部执事官身穿礼服，按照庄重的礼仪程序，郑重地向皇帝进献俘囚。

　　皇帝站在高大的城楼上，决定俘囚的命运。

　　明朝时，献俘礼非常隆重。

当时，皇帝会吩咐一声："拿去。"

皇帝身边侍立两位大臣，同时高声传唱："拿去！"

随后，依次是 4 人、8 人、16 人、32 人接传，高声传唱："拿去！"

最后，是将军 360 人齐声高喝："拿去！"

声音洪亮高亢，恍如雷鸣，响彻云霄。

清代时，皇帝受俘礼不太注重仪式，不是非常威严肃穆，显得相对平易一些。

清代皇帝站在高高的午门城楼上，听完兵部官员的奏报。

城楼下，俘囚如同待宰的羊羔，匍伏在地，浑身颤抖。

皇帝通常淡淡地说："所献俘，交刑部。"

有时，皇帝看到俘囚可怜巴巴，也会当场吩咐："赦免。"

康熙皇帝、雍正皇帝，都有一次亲临午门，举行受俘礼。

乾隆皇帝，4 次登上午门，举行受俘礼。

乾隆皇帝心情愉快，御笔写下受俘诗，悬挂在午门城楼明间：

车书通月窟，

云物壮天门！

月窟，极西之地，月亮的归宿之处。云物，云气之色，景物。天门，天庭之门，帝王宫殿之门。

意思是：皇朝武功赫赫，万里之外的边远之地都纳入了"天朝"的版图；天上祥云朵朵，高大的宫门显得格外庄严雄伟。

春牛入宫

春牛，中国立春节传统风俗之一。牛，是立春日劝农春耕的象征，用泥捏纸粘而成，又名"土牛"。

中国古时习俗，立春之日，要举行迎春仪式：由人扮成主管草木生长的句芒神，鞭打春牛；由地方官行香主礼，称为"打春、鞭春"。

中国古代，有残冬出土、牛送寒气之习俗。

《周礼·月令》冬之月记载：命有司，"出土牛，以送寒气"。

周代时，立春日，天子率群臣前往东郊迎春、鞭春牛，以示劝民农耕。届时，士绅百姓，都会出城围观。

高承《事物纪原》记载："周公，始制立春土牛。盖出土牛，以示农耕早晚。"

汉代时，鞭春牛风俗相当流行。

立春日，清晨，京城百官身着青衣，头戴青帽，竖立青幡，送"土牛"于城门之外。官员执鞭，击打"土牛"，以示劝农迎春。

鞭打春牛之后，百姓哄抢碎牛散土，认为"土牛之肉，宜蚕，兼辟瘟疫"。

唐代诗人元稹《生春》诗："鞭牛县门外，争土盖春蚕。"

先鞭，后争，是中国古代送冬寒、迎新春风俗的两部曲。

鞭春牛，盛于唐、宋两代。宋仁宗时，颁布《土牛经》，鞭"土牛"风俗开始广为传播。

宋代时，鞭春牛成为风俗。

《东京梦华录》记载："立春前一日，开封府进春牛，入禁中，鞭春；开封、祥符两县，置春牛于府前，至日绝早，府僚打春，如方州仪。"

《武林旧事》记载："立春前一日，临安府造进大春牛，设之福宁殿庭；及驾临幸，内官皆用五色丝彩杖鞭牛。……预造小春牛数十，饰彩幡雪柳，分送殿阁。"

宋杨万里有《观小儿戏打春牛》："小儿著鞭鞭土牛，学翁打春先打头。"

宋代鞭春牛时，四门打开，各出"土牛"；牛身饰彩，鼓乐相迎。由人装扮成主管草木生长的句芒神，鞭打春牛。地方官，行香主礼。一方面，宣告农事在内的一年劳作开始；另一方面，祈祷年景丰收。

宫中，是由皇帝主持鞭春仪式。

市民们纷纷上前，抢夺春牛等物，以兆利市。时人认为，"得牛肉者，其

🔺二月里，龙抬头，天子耕地，臣赶牛　中国年画。俄罗斯艾尔米塔什博物馆藏。

家宜蚕，亦治病"。街市上，多有泥制小春牛出卖。

每年立春，京城地方官抬着象征春耕的春牛、春山，来到午门广场，称为进春。

春山、春牛、春牛，三套，放在春座上，分别进献给皇帝、太后、皇后。

进春时间，由钦天监事先测定，在立春日立春时前一个时辰。

礼部官员、京师地方长官，齐集在午门礼案前。

主事官员，恭敬地宣布：春山、春牛，进献给皇帝、太后、皇后。

接着，礼官前导。京师顺天府健壮生员（秀才）抬着春山、春牛，由午门中门进入皇宫。出宫时，他们会抬出上一年进献的春牛和春山。

状元出宫

科举，是中国古代通过考试选拔官吏的制度。由于采用分科取士，所以，称为科举。

科举，采用投牒自进之制，彻底打破了血缘世袭关系和世族垄断；"朝为田舍郎，暮登天子堂"，许多中下层读书人得以有机会进入社会上层，施展才智。

中国科举制，始于隋朝，直至清光绪三十一年（1905年），举行最后一科进士考试为止（世界上最后一届科举考试，结束于1919年，越南阮朝），前后经历1300余年，成为世界上延续时间最长的选拔人才之制。

明朝时，正式科举考试，分为乡试、会试、殿试三级。

乡试考中者，称为举人，俗称孝廉，第一名称为"解元"。明代唐寅，乡试第一，故称唐解元。

会试，是由礼部主持的全国考试，又称礼闱。

会试是较高一级的考试，同考官人数比乡试多一倍。主考官，称为总裁，又称座主，或座师。考中者，称为贡士，俗称出贡，别称明经，第一名称为"会元"。

殿试，在会试后当年举行，时间最初是三月初一。明宪宗成化八年（1472年）起，改为三月十五日。应试者，为贡士。贡士，在殿试中均不落榜，只是由皇帝重新安排名次。

殿试，由皇帝亲自主持，只考时务策一道。

殿试毕，次日读卷，又次日放榜。

录取，分为三甲：

一甲三名，赐进士及第，第一名，称为状元、鼎元；第二名，称为榜眼；第三名，称为探花，合称"三鼎甲"。

二甲，赐进士出身；

三甲，赐同进士出身。

一、二、三甲，第一名，皆称传胪。

传胪之日，第一甲前三名之状元、榜眼、探花三人，在礼官的引导下，向北，向皇帝叩拜谢恩。然后，他们在和煦的春风之中，神采飞扬地走出皇宫。

礼官身穿礼服，高抬着皇帝金榜榜亭。随后，是状元等三人。他们十分荣耀地穿过午门正中门洞，脸上绽放着兴奋的红光。

状元等人走出午门，走过端门，穿过天安门，向东，来到东长安门外。

届时，京师顺天府大小官员早已搭设彩棚，在此等候。在众人的簇拥下，状元等三人簪花、披彩，骑上骏马，荣耀游街。然后，状元等三人，分别前往各自的驻京会馆，参加本省要员举行的酒会。

新科状元和所有新科进士，一起出席礼部举行的盛宴，称为"闻喜宴"；因为在皇家琼林苑举行，故称"琼林宴"。琼林宴，始于宋太祖：殿试之后，皇帝宣布登科名次，赐宴庆贺。赐宴之地，就是汴京城西皇家花园琼林苑。明清时期，相沿。

午门廷杖

廷杖的由来和打法

中国说书人，在故事高潮时，常常说"推出午门斩首"。

其实，这完全是编造的，后来，人们也以讹传讹。

中国古代军队中，将军在外，有"推出辕门斩首"之权。

中国古代，律法森严，即使是皇帝，如果要处置某位犯罪的大臣，也是不能随意下令"推出午门斩首"的，必须经过刑法机构审讯、定罪。

廷杖，就是在朝廷上行杖打人，是皇帝对朝中官吏实行的一种惩罚，最早始于东汉明帝。《后汉纪》记载："明帝时，政事严峻，故卿皆鞭杖。"金朝、元朝时期，普遍实施。明代时，最为著名。

明代时，如果大臣触犯皇帝尊严，以"逆鳞"之罪，被绑出午门前御道东侧打屁股，名叫廷杖。起初，是象征性的责打；后来，则切实重打。

明代廷杖，往往由东厂、锦衣卫行之。成化以前，凡廷杖者，王去衣，用厚绵底衣，重毡迭帊，示辱而已，然而，犹卧床数月，才能痊愈。

正德初年，刘瑾用事，恶廷臣，始去衣，遂有杖死者。

杖刑非常残酷，称为酷刑。

施杖者是宫中宦官，施刑轻重，完全掌握在他们手里。

廷杖，通常由栗木制成；击人一端，削成槌状，包有铁皮；铁皮上，有倒钩。

行刑时，一棒击下，行刑人顺势一扯，尖利的倒钩将受刑人身上连皮带肉撕下一大块。如果行刑人不手下留情，三十下，受刑人就会皮开肉绽，一片稀烂。不少受刑官员，会死在廷杖之下；即便不死，十之八九，也会终身残疾。

廷杖的最高数目，是一百；但是，打到七八十下，人已死了。

廷杖，分"用心打"和"着实打"。

采取何种打法，由监刑官按照皇帝的密令决定：

如果监刑官脚尖张开，就是"着实打"，手下留情，会导致残废；

如果监刑官脚尖闭合，就是"用心打"，则杖杖要命，受刑大臣必死无疑。

廷杖行刑的地点，设在午门正中央甬道东侧：

受刑大臣，如同罪犯，剥光衣服，换上囚服；大臣披散头发，两臂反绑；四名锦衣卫士卒，用蓝布兜着大臣；大臣面部朝下，扔在午门广场的石板上；一百名锦衣卫士卒威风凛凛，列队站立，他们手执棍杖，听候监刑太监、锦衣卫首领下达指令。听到"着实打""用心打"之令，锦衣卫士卒依次上前，举杖击打。一人击打5杖，击杖之时，高声叫喊，以助军威。一旁的士卒，同声应和，声震宫殿。

廷杖完毕，受刑大臣皮开肉绽，奄奄一息，基本处于昏死状态。兜布锦衣卫士卒提起血迹斑斑的大臣，将其扔掷于地。

明代廷杖，始于明太祖朱元璋，鞭死开国元勋永嘉侯朱亮祖。朱亮祖父子，作威作福，多为不法，罪有应得。但是，朱元璋开了廷杖大臣的先例。

明成祖永乐时期，废除此刑。十几年后，明英宗又恢复了廷杖。

最初，被廷杖者大多是一二人。正德年间，明武宗创造107人同时受杖的纪录，并导致11人死亡。嘉靖年间，明世宗再次突破纪录：同时廷杖134人，其中16人当场死亡。

当时，上百官员被全部扒下衣服，排在皇极殿下，等待受刑。上百根棍子同时起落，一时之间，喊声震天，血肉横飞。

🔺午门

选自《燕京胜迹 /Peking the beautiful》，1927 年出版。中国国家图书馆藏。

🔻午门

据记载，廷杖缘由，无奇不有：劾严嵩，论妖僧，谏万贵妃干政；谏元夕观灯，谏武宗南巡，谏嘉靖勿服金丹。

正德十四年廷杖

正德年间，十三道御史弹劾刘瑾，上一本者，杖三十；上两本者，杖六十；上三本者，每本各杖六十。不等杖完，人就死了。

正德十四年（1519 年）三月十九日，正德皇帝降旨，将巡两畿、山东，祀神祈福；东巡岱宗，南下，历徐、扬，抵南京，下苏州，溯江浮汉，登太和、太岳。

当时，江淮洪水滔滔，百姓怨声载道，皇帝南巡的安全很成问题。宁王朱宸濠蓄谋已久，结党营私，人情汹汹，危机重重。

朝廷文武大臣纷纷进谏，希望正德皇帝取消南巡。

《明史》《己卯纪事》等史书，详细记载了这次悲惨的廷杖：

当朝状元、翰林修撰舒芬，就武宗南巡之事，率先进谏；御史、行人司行人李绍贤等立即响应，连疏入谏。兵部郎中黄巩、编修崔桐、庶吉士江晖等接连上疏。紧接着，吏部郎中张衍端等 53 人联名上疏；礼部、兵部 36 人，联名上疏。大家异口同声，反对皇帝南巡。御医徐鏊也上疏进谏。

反对南巡的官员阵容强大，占据京官大半。

明武宗闻讯，勃然大怒，下旨：舒芬等 107 人，戴上梏拲，在午门外罚跪 5 日。

当时，北京阴雨连绵，午门前广场积水汪汪。

舒芬等 107 人，被锦衣卫押到午门前，跪了满地。大臣们痛哭流涕，大呼先皇明孝宗。

御史李绍贤跪在午门前，双手将谏书高举过头，大声呼号："吾乃与太祖同里。当年太祖率盱眙子弟兵起兵抗元，转战南北，血雨腥风，攻城略地，才有了朱家天下、大明江山。臣等为了大明江山可上刀山、下火海，即便肝脑涂地、身首异处，也在所不辞。皇上啊，此时江淮大浸、时事不稳，且有奸党图谋，危机四伏，皇上万万不能因一时愉悦而置大明江山于不顾啊！"

金吾卫都指挥金事张英受到感染，脱下上衣，用锋利之刀架在胸前，肉祖刃胸，当场死谏。

正德皇帝怒不可遏，暴跳如雷，下令：107人跪完5日后，每人廷杖再打30至50杖；打完后，投入锦衣卫监狱；然后，分别罢官、贬职或流放。

三月戊午，命杖舒芬等107人于阙下。四月戊寅，杖黄巩等39人于阙下。

这次廷杖，先后有146名进谏大臣被罚跪、廷杖于午门，当即杖毙者11人。

御史李绍贤，连续5日罚跪午门，再于阙下，廷杖50。当时，皮开肉绽，奄奄一息，昏死过去。行人司两个仆人，将他抬回行人司。行人司司正害怕引火烧身，拒之于门外。两个仆人只得将他抬到庆寿寺，求僧人给予救治。僧人们尽力相救，最后无力回天，李绍贤惨死。

翰林修撰舒芬，罚跪5日，廷杖30；随后，被贬泉州市船舶司任副提举。圣旨一下，必须即日启程，离京赴闽。

舒芬到达泉州，亲笔撰写《行人李崇德墓志铭》，记载李绍贤事迹，铭曰：（李绍贤）"孝友称于族，恺弟称于乡，义理称于友，文章称于主司，干局称于观政"。

"国本之争"引发的廷杖

明神宗时，发生了著名的"国本之争"。

"国本之争"，又称"争国本"，是指明神宗册立太子之事。中国古代，历来称"太子者，国之根本"，因此，册立太子之事，称为"国本之争"。

当时，朝廷分为两派，分别拥护皇长子朱常洛与福王朱常洵（郑贵妃所生），争夺太子之位：按照明朝册立长子为太子之原则，大多数朝臣拥戴皇长子朱常洛，建议皇帝立长子为太子。但明神宗不喜欢宫女所生的皇长子朱常洛，宠爱郑贵妃，有意立郑贵妃之子朱常洵为太子。然而，这遭到大臣和慈圣皇太后的极力反对。

明神宗迟迟不立太子，群臣忧心如焚。明神宗与群臣的"国本之争"，长达15年之久。

"国本之争"，历时15年，无数大臣被斥责，被贬逐，被廷杖。

明神宗身心交瘁，郑贵妃郁郁寡欢，整个帝国不得安宁。

"国本之争"，使得明神宗悲痛欲绝。他感到自己贵为天子，终被群臣所制，暴怒之下，廷杖群臣。后来，他对朝政失去兴趣，开始怠政。

明神宗为何宁可让整个帝国不安，也不愿意立皇长子？

皇长子朱常洛，是明神宗少年时与宫女王氏相遇，意外所生。

王氏，原为慈宁宫宫女。万历九年（1581年）的一天，18岁的明神宗前往慈宁宫，向慈圣皇太后请安。当时，太后不在，王氏端水，让皇帝洗手。皇帝一时兴起，就宠幸了王氏。

王氏怀有身孕，几个月后，体形发生变化，被慈圣皇太后识破，盘问出来。

一日，明神宗陪李太后酒宴，席间，太后向明神宗问及此事。起先，他坚决不承认。

李太后立即命左右太监取来《内起居注》，叫明神宗自己看。明神宗非常窘迫，只得如实承认。李太后说："吾老矣，犹未有孙。果男者，宗社福也。母以子为贵，宁分差等耶？！"

随后，皇帝降旨，封王氏为恭妃。王恭妃不负太后所望，顺利地生下一个男孩，李太后喜出望外，宫中一片欢庆。

这个男孩，就是明神宗冷落的皇长子朱常洛。

当时，宫中称宫女为"都人"。明神宗不喜欢王氏，称长子朱常洛为"都人子"。

皇帝第一次喜得儿子，自然是一件特大的喜事。在皇太后的授意下，明神宗下诏：全面减免田赋，大赦天下；派遣使节，通知明王朝周边友好邦国。

明神宗后妃众多，其中，最宠爱郑氏。

万历十年（1582年），皇帝封郑氏为淑妃；第二年，晋为德妃。

郑妃聪明、漂亮，通晓诗文，多才多艺。皇帝喜欢她，一时宠冠后宫。

朱常洵（1586—1641年），母为郑贵妃。万历十四年（1586年），出生于紫禁城。明神宗喜爱郑氏，想将朱常洵立为太子。

皇长子朱常洛5岁时，王氏还未封妃。朱常洵刚刚出生，郑氏就被封为皇贵妃。

大臣们早就疑心重重，怀疑明神宗要废长立幼。

当时，流言四起，说皇帝带郑贵妃前往皇宫北部的大高玄殿，一起祈祷盟誓，约定立郑氏的儿子朱常洵为太子；皇帝将密誓御书封缄在玉匣内，由郑贵妃保管。

皇帝如此承诺，显然违背祖制，不合乎礼制，一时朝野大哗，进而引发重大的政治危机。

朱常洵出生以前，万历十四年（1586年），首辅申时行上疏，列举明英宗2岁、明孝宗6岁时，就被立皇太子，要求皇帝册立皇长子朱常洛为太子。

明神宗不愿意立宫女所生之子为皇位继承人，以皇长子年龄尚小为借口，说再等几年。

册封郑贵妃当天，户科给事中姜应麟、吏部员外郎沈璟等人纷纷上疏，请求册立皇长子为太子。

姜应麟措辞激烈，让皇帝大为愤怒，将奏折扔在地上。

皇帝愤愤不平，对身边的宦官说："册封贵妃，初非为东宫起见，科臣奈何讪朕！"

明神宗降旨："贵妃敬奉勤劳，特加殊封。立储自有长幼，姜应麟疑君卖直，可降极边杂职。"

于是，贬姜应麟为大同广昌典史。

吏部员外郎沈璟、刑部主事孙如法相继上疏，请立太子，都被处罚。

明神宗心怀忧郁，对临朝听政开始厌恶。

此时，慈圣皇太后李氏，在慈宁宫安度晚年，不问政事。张居正已死，大太监冯保被贬。朝廷之中，人称"和事佬"的申时行出任首辅，对皇帝一味地迁就。

大臣们不依不饶，一直要求册立皇长子朱常洛为太子。万历十八年（1590年），大臣集体上疏，要求册立太子，否则，集体请辞。

明神宗无可奈何，只好表示，明年考虑。随后，明神宗又说等皇子十五岁，或说万历二十年（1592年）春天，一再推迟。

礼部尚书洪乃春，拿出明太祖朱元璋的《皇明祖训》："有嫡立嫡，无嫡立长""东宫不待嫡，元子不并封"，上书建言，立皇长子朱常洛为太子。

万历皇帝大怒，下令将洪乃春廷杖60，褫夺官职，勒令其回乡，彻底反省。

一时朝野大哗，大臣们纷纷上疏，要求册立朱常洛为太子。

皇帝朱翊钧怒不可遏，下令午门外廷杖大臣。

这一次，廷杖、贬斥、流放100余位大臣。

一天，明神宗来到慈宁宫，给李太后请安。李太后问，为何不立太子？皇帝说："常洛，是都人之子。"李太后大怒："你也是都人之子！"

明神宗听后，惶恐不已，立即跪伏在地上，不敢起来。

李太后，也是宫女出身。母亲如此恼怒，态度鲜明，皇帝别无选择，只好让步。

万历二十九年（1601年），皇帝降旨：立20岁的皇长子朱常洛为太子，朱常洵为福王，朱常浩为瑞王，朱常润为惠王，朱常瀛为桂王。

"国本之争"，告一段落。

这场万历年间最激烈的"国本之争"，引起了激烈的政治动荡：涉及内阁首辅4人：申时行、王家屏、赵志皋、王锡爵；六部高官，10余人；朝野大臣300余人；其中，100余人被廷仗、罢官、解职、充军。

神武门：钟鼓、内市、选秀、大案、廊下家、晚宴

晨钟暮鼓

据《宸垣识略》记载：明代时，内皇城周围设40铺。每铺，设护军10人，昼夜守卫。护军，备有铜铃28个。每夜，起更之时，从午门前西侧右阙门第一铺发铃，军提一铃，摇至第二铺，连续传递，至左阙门第一铺止。如此一周，从皇宫西北至东南，绕皇城一圈，正好夜尽天明，将铃送回右阙门第一铺，收存。次日，再行传用。

清代时，皇城守卫，承袭明制，从右至左，逐更巡护，不同的是，"传铃"改为"传筹"。

清代时，负责神武门门禁的最高长官是护军统领，宿卫大内，在神武门内值夜，由其掌管神武门南顺贞门钥匙。

据《养吉斋丛录》记载：

清代时，神武门钟楼、地安门北钟楼、鼓楼，合称三楼，由銮仪卫掌管。

钦天监，负责天象、历法，每天委派漏刻科博士一员，轮值神武门，指示更点。每天黄昏，神武门钟楼先鸣钟108响，然后，起更。

当时，一夜分为五更，又称五夜、五鼓。一更，约两小时。每到一更，旗鼓手鸣鼓。直至第二天早上，五更尽，再鸣钟108响。

地安门北之钟楼、鼓楼，同样鸣钟击鼓，人称"晨钟暮鼓""暮鼓晨钟"。

钟楼

选自《燕京胜迹/Peking the beautiful》，1927 年出版。中国国家图书馆藏。

皇宫内市

中国古代皇宫，依照古制，按照"前朝后市"布局：都城正中前方，是前朝；都城正中后方，是后市。

明代时，后市包括：神武门前，设有"内市"；北安门（清称地安门）北一带，称"外市"。每月，逢四开市，市场营业——各种形式商贾贸易，货品琳琅满目，供宫中、显贵采购。

这条长街横贯东西，是宫廷市场，非常繁荣。名贵字画，奇珍异宝，应有尽有，包括宣德铜器、成化瓷器、永乐果园厂髹器、景泰宫内监造珐琅等。

清代时，设立"内市"，丰富多彩，十分繁华。

当年，慈禧太后居住西苑，命宫中太监、宫女前往北海承光殿团城旁边，开设市场，陈列百货，听凭交易买卖，称为"内市"。有时，慈禧太后会前往"内市"，亲自游逛问价，杀价买物。

《清宫词注》称，慈禧太后此举是"考镜商贾之情"。

清宫选秀

清代宫廷挑选美女的活动，称选秀女。

清宫选秀，是为皇帝挑选后妃、宫女，以及为王室男性成员挑选配偶。

清宫选秀女，由神武门出入。

选秀，是选看八旗秀女。

选秀非常严格，由户部主管，每3年举行一次。

选看前一日，各旗参领、领催等人，事先排定车次；然后，按照顺序，鱼贯衔尾而进。

⚠ 清宫选秀女

　　每辆车上，挑挂双灯，各有标志。傍晚发车，入夜之时，经过地安门，来到神武门外，等候启门。然后，秀女依次下车，排队入宫。

　　秀女所乘车辆，由神武门夹道前行，出东华门；然后，由崇文门大街一直向北，绕道进地安门，回到神武门；第二天中午，接回秀女。

　　选看完毕，秀女排队，按照次序，退出神武门，登上车子，各归其家。

　　虽然选秀车辆成千，但是井然有序从不混乱，因此，人称"排车"。

　　据档案记载，乾隆年间选秀女时，车马杂沓，凌乱不堪；应选者众，各自争路，车不得进；有时，有堕珥遗簪之人，致交通更加混乱，事故频发。

　　嘉庆年间，额驸丹巴多尔济提出，选秀车辆由神武门进，由东而西，绕行入宫。从此以后，秀女入宫车辆变得秩序井然。

　　嘉庆六年（1801年），皇帝降旨：秀女应选之日，进宫大臣、官员，一律不准走神武门，由东华门、西华门入宫；王子、王公，不准走神武门。

　　神武门是皇后妃嫔及选看秀女出入的主要宫门，所以在顺治初年，参与大政的孝庄太后就有明谕："有以缠足女子入宫者斩"（《清宫词注》），这道懿旨清宫早年便高悬在神武门内。清朝初期，满汉分别，极为严格。满族女子本是"天足"，"缠足"的只有汉族妇女，所以孝庄太后的谕旨具体反映了清朝入关之始强烈的民族观念。

刺杀皇帝案

御花园北门，称为顺贞门，又称花园门。

皇帝出宫后，每次回宫，通常从神武门进宫，在花园门换轿。

清嘉庆八年（1803 年）闰二月二十日，嘉庆皇帝进宫以后，来到紫禁城顺贞门门口，正准备换轿时，突然发生了暴力事件：一个刺客冲了出来，欲刺杀皇帝。

据档案记载，当时，嘉庆皇帝回到宫中轻松自在，长长地舒了一口气。

按照惯例，皇帝像往常一样走出大型舆轿，换乘宫内软轿。

突然，从神武门内西厢跑出一个刺客，手持小刀，疯狂地扑向皇帝。

皇帝身边紧随着护卫大臣，包括：御前大臣、御前侍卫、乾清门侍卫，人数众多。然而，事出突然，刺客行动敏捷，又是突然袭击，一直生活在太平年代的侍卫们愣在那里，现场混乱不堪，众人手忙脚乱。

侍卫们极力护卫皇帝，可是，缺乏擒拿刺客的有效手段。

刺客小刀锋利，两名侍卫受伤，鲜血直流。

御前大臣等人，紧紧地护卫着皇帝，趁着现场混乱，慌忙逃进顺贞门内。

刺客紧随其后，追杀皇帝。

定亲王绵恩、固伦额驸拉旺多尔济、侍卫丹巴多尔济冲上前去。

乾清门侍卫、蒙古人丹巴多尔济奋不顾身，冲上前去，抱住了刺客。

刺客力大，猛然挣脱了蒙古力士丹巴多尔济，猛刺他的腹部。

丹巴多尔济身受重伤，浑身是血，却仍死死地抱住刺客，坚决不松手。刺客下手更加凶狠，丹巴多尔济血流如注，肠子都流了出来。

众侍卫一拥而上，夺下刺客的刀子，将其按倒，五花大绑起来。

丹巴多尔济这才感觉到疼痛，捂着肚子，倒在血泊之中。

嘉庆皇帝回到宫中，十分镇定。他见丹巴多尔济满身是血、肠流腹外，急忙宣召蒙古医士进宫，抢救勇士。御医紧急施救，将其肠子送回腹中，处理救治。然后，侍从人员奉命，将他抬回家中。

丹巴多尔济，家住东华门外，灯市口大街。

皇帝赏赐宫廷秘方、珍药，专治刀伤。药效灵验，丹巴多尔济很快痊愈。

嘉庆皇帝特别降旨，厚赏丹巴多尔济：特赐爵位，赐封贝勒；特别晋升，赐御前行走；特别恩典，皇第七女下嫁，人称"七额驸"，其灯市口宅第扩建，人称为"单（丹）贝勒府"。

宫门行刺，如此胆大妄为，刺客是谁？

皇帝降旨，下令"军机大臣会同刑部严审，定拟具奏"。

刺客当场抓住，经过审讯，得知：刺客名叫陈德，47岁，城市贫民，打工仔；曾在内务府服役3年，出入宫中，亲眼看见过皇帝、后妃；平常，给有钱人做家奴，维持生计。

案发前，他诸事不顺：媳妇生病，不幸病故；80岁岳母，瘫痪在床；一对儿子，没有成年；在孟家做厨役，干得不好，被雇主辞退。

陈德说："因无路寻觅地方，一家老小，无可依靠。实在情急，要求死路，图个爽快，也死个明白！"

陈德没有生计，没有生路，本想一死了之。犹豫再三，他不愿意悄无声息地死去，于是就异想天开，想出了一个入宫行刺、惊动圣驾的死法——本想惊驾之后，死于乱刀之下，没想到，竟然被活捉。

一个城市贫民，无依无靠，如此能够轻易地进入皇宫？

这次突然袭击似乎是蓄谋已久，他多次出入宫廷，熟悉宫中各条道路，知道皇帝出行以及皇帝回宫，必定在顺贞门换轿，等等。

经过严刑拷打，陈德交代：以前，他在镶黄旗一位高官家中帮厨打杂；因为宫中需要，多次随同内务府包衣进入宫中，到诚妃娘娘处，送过碗、盏等生活用品。

陈德说，二十日一大早，他带着大儿子来到东华门，混进了入宫的人群之中，很轻松地进了宫。他随着人群，沿着宫内东夹道，一路向北，走到神武门。后来，他混进了神武门杂役人群，趁人不注意，藏在神武门西侧厢房。自始至终，一直没有人过问。

陈德交代："看见皇上到来，我就手持身佩小刀，往前一跑。原想，我犯了惊驾的罪，当下，叫侍卫大臣们把我乱刀砍死，图个爽快！"

这是一个走投无路的城市平民，是不想活命的神经病。

这个审讯结果令人哭笑不得。

嘉庆皇帝疑虑重重，严令九卿会审，一定"穷究主使何人，同谋何人，有无党羽"。

经过严刑拷打，发现这是一个普通的小案。

陈德大儿子禄儿、邻居黄五福供词证实：陈德因为家庭困难，对生活失去信心，才想到行刺皇帝。

禄儿说，父亲"因闲住日久，把衣服当完，愁闷不过，借酒消愁"。

邻居黄五福说：一天，两人一起在酒馆喝酒。陈德与一人发生口角，拔刀扎向对方，生气地说，扎死一人，抵命。扎死两个，便宜一个。若扎死四五个，就便宜好几个！

严刑之下，陈德交代，行刺皇帝有"梦兆签语"——嘉庆二年（1797年），做过一梦，"梦见一人领路，像是我朋友王福，领我到一个地方，有些房屋，我梦里说是东宫"。嘉庆三年（1798年），"梦见我在无水桥下躺着，忽有人拉我上桥。我在桥上站着，看来像是一知府大堂。我身上穿着和乡茧蟒袍"。"将来，我必有朝廷福分！"

但是，这是行刺皇帝，罪行非同小可。

九卿提交会审结果：刺客陈德，凌迟处死；守门禁军，分别轻重处惩。

当时，宫门刺杀皇帝，震惊朝野。许多官员认为，刺客一定是受人指使。

乾隆时期的老臣王杰已经退休，闻讯之后，十分急切地进宫，面见皇帝，表示一定要组织干臣，立案清查，找出幕后真凶。

嘉庆皇帝非常冷静，降旨称赞老臣、官员的忠诚。不过，皇帝冷处理此案，审结之后，草草了事，以免牵连无辜。

朝野大臣，纷纷称赞皇帝仁厚，是一代仁君。

这一案件留下的疑点很多。

刺客陈德，身份可疑：是城市贫民，还是内务府厨役？进宫一次，还是多次？进宫送瓷器，还是其他生活用品？为了扬名，还是为了自杀？是普通贫民，还是武功高手？想刺杀皇帝，还是想自己称帝？

审讯时，陈德自负地说："事若成，则公等所坐之处，即我坐处！"

陈德47岁，力大无穷，武功非凡。侍卫丹巴多尔济，人称侍卫武功第一，与陈德较量，丝毫不占上风。

丹巴多尔济一直想不明白，自己怎么会拿不下一个打工贫民？他伤好之后，前往牢房，与陈德较力：在空地上，浅埋十余根短木桩；两人比赛，用腿横扫，扫断短木桩多者为胜。结果令丹巴多尔济瞠目结舌：陈德再胜一筹。

凌迟，就是千刀万剐，是令人胆寒的酷刑。

行刑时，陈德大义凛然，视死如归。行刑官感到惊异，更颇感意外。

10年后，爆发了"天理教徒"打进皇宫的大案：以林清为首的天理教，按照预谋，100多名教徒在太监的引领下，分别从东华门、西华门冲进皇宫，准备刺杀皇帝，推翻大清。

这场大案，惊心动魄，天下震动。

经过审理之后，朝廷大规模抓捕林清天理教徒众。

山东之地，是天理教的重灾区，抓捕了一个小头目崔士俊。据他交代，嘉庆八年（1803年），顺贞门行刺案前夕，陈德来到山东，在崔家住了一个月，一直与天理教一个大头目在一起。

事关重大，陈德是天理教的骨干分子。

山东巡抚亲自审理，认为陈德之案已经过去，不宜再提。于是，他权衡利弊之后，决定不报。

闯门案

皇宫重地，门禁森严，防卫不严，就会变生肘腋。

嘉庆十年（1805年）二月二十日上午，突然，神武门北之北上门西栅栏前，冲出一人。此人，大约30岁，身材高大，体格健壮。他肩扛铁枪，上盖布袍，夺门而入。守门护军见状，立即上前，当面拦截。此人一语不发，扯开布袍，举起铁枪，直戳过来。护军衣服被扎破，顺势握住铁枪。

这时，护军参领赶到，从身后将那人抱住。那人反应迅速，用右手拔出弯刀，将参领的帽檐砍破。几名护军冲上去，夺下弯刀，击伤此人肋部、头部，团团围住，乱棍击打，将他擒获。

众人立即展开审讯，此人因伤势过重，只说了一些胡话。押往慎刑司时，此人死去。

经过调查得知，此人叫刘士兴。

审讯犯人　选自《中国清代外销画》。

嘉庆皇帝十分震怒，未有确供之时，第二天一早就发布上谕，以反逆之罪，处以极刑，命刑部"戮尸枭示"。

刑部衙门奉旨，立即行动。他们认为，此案非同寻常，不是刘士兴一人所为，可能还有同党。于是，朝廷派人分别在京师、直隶、山西、山东等地，对涉嫌人犯相关人员进行侦访、拿问，先后逮捕刘氏父母、妻室、艺师、乡邻等，共计30余人。

嘉庆皇帝亲自审阅奏章，亲自指挥审办。结案前后两个多月，皇帝连发20道上谕。涉案人员，全部从重惩处。刘士兴的两个幼子，一个5岁，一个两个月，判决交"值年旗酌给大臣为奴"。

短短两年之间，连续发生两起闯门案件，怎能让嘉庆皇帝不恼火。由此亦可见，清代皇宫守卫也是时松时紧，常常出现防卫漏洞。

神秘廊下家

神武门内，东西两侧，沿着城墙，各建有一排长房；长房前面，各有一道山墙，宫中称为"廊下家"。

这些长房，包括：神武门东西两边长排房屋、西北城墙下长排房屋，总有房屋50余间。

廊下家，是皇帝身边宠信的亲随太监居住之地，是宫中宦官吃饭的饭堂。

宫中，最大的禁忌就是火。

皇宫之中，皇帝、后妃是主人。宫廷，是皇帝、后妃们的生活起居之地，也是宫中主人吃饭的地方。

紫禁城是木建筑宫殿群，在宫内生火做饭是相当危险之事。

皇帝、后妃，以及侍候主子起居的宫女，在宫中烹饪，生火做饭，不可避免。

为了减少起火的危险，宫中当差的太监都在廊下家吃饭。

廊下家，紧靠着皇宫北城墙，北邻护城河。太监们的生火炉灶全部设在靠近护城河的地方，先在河边做好饭，然后端进宫中，在廊下家就餐饭堂，就近热一下，就地吃饭。

廊下家中，太监们格外小心。

如果是刮风、下雨、寒风、飘雪等非常天气，轮值太监立即前往各处巡视，一边四处检查，一边大声警告："谨慎灯烛，牢插线香！"

线香，是宫中烧香拜佛时用的。皇帝、太后、后妃、宫女、太监，都会烧香拜佛。线香不牢靠，容易歪倒，导致失火。

据宫廷档案、史书记载，明正德年间，皇帝朱厚照别出心裁，喜欢经商。他在宫中廊下家，特别开了6家店铺；每家店铺，摆满各种各样的珍稀物品，都是全国各地地方官员进贡宫中的贡品，精美绝伦。

皇家六大店铺，分别赏赐宝号，包括：宝和、和远、宝延、顺宁、福德、福吉。

正德年间，宫廷廊下家热闹非凡，成为繁华的闹市。

正德皇帝朱厚照，游戏人生，是一位不守传统礼法的皇帝。他精力充沛，纵情声色，喜爱冒险，好动好玩。他在宫中经常扮作商人，来到廊下家六大店铺，洽谈买卖，贸易珠宝货物。

⬥ 清代景泰蓝香炉

每次皇帝到来，太监都先把自己店铺之中所贮珍稀物品堆积成小山，摆放在门口的显眼位置。主事太监，一身商人打扮，扮作店铺掌柜，大声吆喝。

正德皇帝一路行来，优哉游哉，轻松自得。

来到一家店铺，皇帝煞有介事地询问商品，挑拣毛病，与"掌柜"讨价还价。

有趣的是，皇帝手中拿着账簿、算盘，背着货币。"掌柜"们不敢含糊，全部进入角色，和皇帝报价还价，争得面红耳赤，不亦乐乎。

双方产生矛盾，无法调解，怎么办？

正德皇帝仿照民间市场特别设立"市正"一人，作为宫廷内市最高仲裁官，现场调解、仲裁各种纠纷。

皇帝和掌柜交易时产生纠纷，就找来市正，当面仲裁。

每次仲裁，当然是皇帝获胜。

皇帝非常高兴，得意扬扬，沿着六大店铺逐一进行交易，大获丰收，财源滚滚。

皇帝累了，就在首领太监的簇拥下，来到廊下家酒家，品尝美酒佳肴，直至醉倒。

廊下家酒店，环境优美，美酒佳肴，数不胜数。

宫廷之中，大小院落，以及城墙之下的廊下家一带，栽种了许多枣树。

宫中枣树，品种很多，大枣小枣齐全，脆甜可口，非常好吃。

太监们收获宫廷熟枣，做成曲酿枣酒。极品枣酒，进贡皇帝品尝。寻常枣酒，太监们自己享用。有时，宫廷枣酒大多数卖到宫外，成为京城达官贵人热衷的美酒，北京人称为"廊下内酒"。

明正德年间，宫中廊下家酒肆堪称闹市，美酒飘香，佳人满地。宫女们穿着艳丽衣服，红男绿女，五彩缤纷。美丽女子，扮作酒肆当垆侍女，招呼皇帝，吆喝买酒。各大店铺，争奇斗艳——有弹琴的，有奏乐的；有斗鸡的，有遛狗的；有耍猴的，有骑马的；有唱曲的，有杂耍的。

正德皇帝混迹闹市之中，从来不摆皇帝的架子，兴高采烈，乐此不疲。高兴的时候，他会大吃大喝，大喊大叫；兴奋之时，他会随意赏赐，横行无

⚑ 喇嘛

选自《燕京胜迹 /Peking the beautiful》，1927 年出版。中国国家图书馆藏。

忌。每天，他高高兴兴地混在人群之中，一边看热闹，一边喝美酒。醉了，他就在廊下家睡下。醒了，他会再接着逛街游玩，通宵达旦，一连几日几夜。

清代时，神武门两侧东西长排房主要供太监吃饭、住宿。

守卫神武门的众多护军，日常在这里休息、吃饭。

喇嘛奉旨进宫中做法事，会临时住在这里。

清代时，廊下家包括：

神武门迄东有一排花房，供花匠居住；其他房屋分别是：吉祥门饭房、育喜房、东长房；

神武门迄西有一排喇嘛值房，供喇嘛居住；其他房屋分别是：翊坤宫饭房、长春宫饭房、西暖殿值房、永寿宫值房、马神房、棉花作、水库房。

这排长房对面，是护军休息的房子。

宫廷晚宴

康熙二十二年（1683年），大清王朝剿灭三藩、收复台湾，取得了荡平海宇的大捷。

康熙皇帝刚刚30岁，风华正茂，特别降旨，在神武门外举行大酺，庆祝胜利。

大酺，就是盛大、隆重的宫廷露天宴会：宴请各方嘉宾，美酒佳肴，丰富多彩；各种戏曲、杂耍轮流上场，宫廷乐师、舞蹈美女衣着华丽，表演歌舞。

宫廷露天宴会，历史悠久，称为大酺。

唐朝时，南征北战，取得空前大捷，王朝经常举行大酺，庆祝胜利。大约从唐朝开始，大酺举办之地定在皇宫大门外。

康熙皇帝博览群书，特别主办大酺活动，庆祝王朝一统。

神武门外，架设高高的看台。宫廷梨园弟子，衣着鲜艳夺目，登台演出，

畅音阁大戏台　位于宁寿宫内，为清宫内廷演戏楼。

表演《目莲传奇》等喜庆剧目。

　　特别有意思的是，康熙皇帝的大酺还让许多动物参加盛会，轮番表演，成为一大创举：高高的戏台上，狮子、老虎、大象、猴子、骏马一一登场，将露天晚宴一次性推向高潮。

　　明、清宫廷，特别热衷于老虎、狮子等大型猛兽参加大型宴会，庆祝胜利。当然，参加宴会的老虎、狮子都被拔掉牙齿、利爪，经过驯化，反复调教，是表演节目的宫廷娱乐性动物。平常，这些动物养在宫中，接受严格训练。

　　明代皇帝喜爱老虎、豹子，宫中设立机构，负责驯养。

清宫暗花彩缎女戏衣

清宫御用戏服

清宫女戏服

明宣宗仁厚，喜爱老虎，曾用老虎玩恶作剧，把一位直言敢谏的翰林吓得魂飞天外。

明武宗痴迷动物，在北海太液池西岸，建造"豹房"，豢养动物，纵情娱乐。

清康熙皇帝别出心裁，爱好威武凶猛的狮子，多次在神武门外向中外大臣、百姓展示外国进贡、赠送给大清王朝的狮子。狮子装在铁笼子里表演。人们从来没有见过狮子，无不感到惊愕、敬畏。

康熙大酺晚宴，登场亮相的是西亚进贡的黄狮子，英武雄壮，威风凛凛。人们大声惊呼，热血沸腾。

康熙皇帝龙颜大悦，吩咐大臣作诗纪念。

戏剧表演结束之后，康熙皇帝一身龙袍，闪亮登场。

康熙皇帝登上高台，意气风发，向神武门外中外嘉宾挥手致意。最后，康熙皇帝在高台上抛撒银钱，赏赐京城百姓。

宫廷焰火，冲上云天，五彩缤纷。

灯光闪耀，彩灯满园，红墙碧瓦，金碧辉煌，如同白昼。

京城百姓万人空巷，观看宫廷大酺，人们欢聚在神武门外，彻夜狂欢。

元　佚名　《贡獒图》轴

东华门：复辟、梃击、崇祯自缢、紫禁骑马

御门复辟

朱祁镇（1427—1464年），明英宗，明宣宗朱瞻基长子，明代宗朱祁钰异母兄，明宪宗朱见深之父。明英宗朱祁镇，是明朝第六任、第八任皇帝（1435—1449年、1457—1464年两次在位）。他第一次继位称帝，年仅7岁，年号正统。国家大事，全由太皇太后张氏把持，贤臣"三杨"主政。随之，张氏驾崩，"三杨"去位，开始宠信太监王振，导致宦官专权。

正统十四年（1449年），发生"土木堡之变"，其弟郕王朱祁钰登基称帝，遥尊明英宗为太上皇，改元景泰。一年后，明英宗回京，被景泰帝软禁于南宫。景泰八年（1457年），石亨等人发动"夺门之变"，英宗复位，第二次称帝，改元天顺。

明英宗朱祁镇，前后在位24年。在位初期，他励精图治，稳定西南疆域。当初，宠信太监王振；后来，宠信曹吉祥、石亨；政治上，有许多不足之处。但是，他晚年任用李贤，听信纳谏，仁俭爱民，美誉很多。最大的善政，就是他废除了殉葬制度。

正统元年（1436年）秋天，朱祁镇降旨，命太监阮安、都督同知沈清、太子少保、工部尚书吴中等人，率领工匠、军人、民工，多达数万人，建造京城九座门楼。

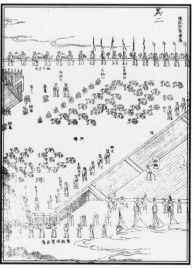

🔘 朝会制度

选自日本《唐土名胜图会》初集，冈田玉山等编绘。
记录的是清代时期的朝会。朝会，始于西周，是礼仪规格最高的朝会，自秦汉直至明清，经久不衰。明清时期
举行大朝会的地点是太和殿。

　　正统五年（1440年），明英宗降旨，重建前三殿，以及乾清宫、坤宁
宫。下诏之日，工程正式启动。大约一年半时间，工程完工。天顺三年
（1459年），重新登基的朱祁镇依然重视宫殿建设，下诏营建西苑。

　　明英宗一生两次称帝，是怎么回事呢？这还要从景泰八年（1457年）
说起。

　　景泰八年（1457年），正月十七日，凌晨，上早朝之前。天还没有亮，黑
蒙蒙的，寒气逼人。大臣们恭候在午门外，等待宫门开启。

　　当时，皇帝是景泰帝朱祁钰，他是明英宗朱祁镇的弟弟。

　　明英宗非常崇拜他的曾祖父朱棣，想追随父祖的脚步，建功立业。八年前，
明英宗亲征，结果惨败，被蒙古瓦剌人俘虏。郕王朱祁钰，继任为帝。一年后，
明英宗放回，毫发无损，只好做太上皇，被安置在紫禁城东华门外南宫，苦度
余生。

　　8年了，景泰帝身患重病，许久不能临朝。大臣们忧心忡忡，通过太监向
皇帝问安。王公大臣上疏，恳请皇帝册立太子。景泰帝答复：十七日，朕当

早朝，宣布。

宫门开启时，宫中显得非同寻常：宫殿深处，传来阵阵鼓噪声；午门上，钟鼓齐鸣，宫门打开。

大臣们非常惊讶：只有大朝会时，午门上才会钟鼓齐鸣！

大臣们惴惴不安，疑惑不解。

大臣们走进午门，走过内金水河上的玉带拱桥，前面就是奉天门。

可是，大臣们惊呆了：奉天门高高的金台宝座上，正稳稳地坐着一个人，这个人很瘦削，面色苍白，不是当今皇帝。平常，皇帝上朝，绝不会比大臣先到。

这是谁呢？谁敢坐在皇帝宝座上？

这时，太监发出了惊骇天地的声音："太上皇复位了，快去恭贺！"

众臣大惊失色，抬头一看，奉天门宝座上，端坐着当今皇上景泰帝的哥哥、太上皇朱祁镇！

众臣立即跪伏，山呼："万岁万岁万万岁。"

这是发生在天亮之前的宫廷政变，朱祁镇稳坐在奉天门皇帝宝座上，标志着政变成功，史称"夺门之变"。

本来，景泰皇帝确定，带着病体，在十七日清晨时早朝。

结果，一些宫廷近侍人员别有图谋，他们联合朝廷大臣，在景泰皇帝上朝之前，连夜来到东华门外的南宫，请出太上皇，簇拥着来到奉天门金台，登上皇帝宝座，破天荒地第一次皇帝等候大臣们上朝。

太上皇复位！消息不胫而走。

病中的景泰帝得到消息，心中大惊，嘴上连声说："好，好……"

不了了之的"梃击案"

万历十年（1582 年）六月，首辅张居正病逝，明神宗朱翊钧开始亲政。

朱翊钧亲政后，主持了著名的"万历三大征"，先后在王朝西北、西南边疆和东北的朝鲜，展开三次大规模军事行动：

一、李如松（李成梁长子）平定蒙古人哱拜叛变之宁夏之役；

二、李如松、麻贵抗击日本丰臣秀吉政权入侵之朝鲜之役；

三、李化龙平定苗疆土司杨应龙叛变之播州之役。

据史料记载，三大征都取得了完全大捷。

不过，有人说，明军虽然获胜，但是，军费消耗甚巨。

其实，"万历三大征"，军费充足，所需费用，完全由宫廷内帑和太仓库银足额发放。三大征结束之后，宫廷内帑和太仓库中仍然有大量存银。

万历十四年（1586年）十一月，朱翊钧开始沉湎于酒色之中，身体虚弱，每况愈下。因此，朱翊钧执政中后期，几乎不上朝。他处理政事的主要方法是通过谕旨的方式，由太监向下面传递。

"万历三大征"以及其他边疆战事，都是通过谕旨传达，不是大臣们所希望的"召对"。

三大征结束之后，朱翊钧对于大臣们奏章的批复更加不感兴趣。

礼部主事卢洪春上奏说：皇帝"日夜纵饮作乐"。

随后，为争立皇太子，演变成了旷日持久的"国本之争"。

明末官僚队伍中党派林立，门户之争日盛一日，互相倾轧。东林党、宣党、昆党、齐党、浙党，名目众多。朝野内外，党派林立，党争无休无止。

明神宗宠爱贵妃郑氏，溺爱其子、福王朱常洵，坚持其王府庄田，"务足四万顷之数"，才肯让其出京就国。围绕福王庄田，朝廷上下掀起了一场长达8年之久的福王庄田之争。

好不容易，福王就国洛阳。刚刚一年，万历四十三年（1615年）五月初四酉时，紫禁城宫中发生了著名的"梃击案"。作案者，是一个蓟州男子，名叫张差。梃击对象，是皇太子朱常洛。最初，皇太子认为，"必有主使"。可是，郑贵妃一再指天发誓，表明与自己无关。

明神宗感觉事情重大，事涉自己宠爱的郑氏；多年来，朝野一直议论纷纷，称皇帝不善待皇太子，于是，他怕引火烧身，一反常态地亲自处理此事：钦定张差为"疯癫奸徒"；处决张差，以及有关的太监庞保、刘成二人，"毋得株连无辜，致伤天和"。

🔔 明　尤求　白描《军旅图》长卷　台北历史博物馆藏。

　　五月二十八日，皇帝一反常态，25 年来第一次召见大臣，宣布他的命令，沸沸扬扬的"梃击案"草草收场。

崇祯皇帝出此门自缢

　　崇祯十七年（1644 年）三月十七日，李自成带领农民起义军包围明朝京师北京，明朝灭亡指日可待。十八日晚，崇祯皇帝逼迫周皇后、袁贵妃自缢，又以乱剑砍死宫中诸多嫔妃。十九日，崇祯皇帝如往常一般，照常早朝，只是无一人前来。十九日晚，崇祯皇帝与太监王承恩走向皇宫后的景山，二人先后自缢而亡。

　　崇祯皇帝自缢前，留下血书一卷，原文如下："朕自登基十七年，虽朕薄德匪躬，上干天怒，然皆诸臣误朕，致逆贼直逼京师。朕死，无面目见祖宗于地下，自去冠冕，以发覆面。任贼分裂朕尸，勿伤百姓一人。"崇祯皇帝死后，很多人也跟随他而去。据统计，大臣自杀者百人以上，太监自杀者亦百人以上，战死千人以上，宫女自杀者300余人，绅生生员等700多家举家自杀。

　　三月二十一日，李自成的军队发现了崇祯皇帝的尸体。李自成命人用两扇门板将崇祯皇帝以及周皇后的尸体移至东华门侧，于东华门前示众长达数日。其间，明朝遗留下的旧臣皆不敢前去观看，唯有襄城伯李国祯一人前去祭拜，且痛哭不止。李自成的部下看到后，将李国祯抓去见李自成。李自成非常欣赏李国祯忠心为主的情义，想任用他。而李国祯却提出了三个要求，唯有李自成全部答应，他才心甘情愿地投靠。

这三个要求分别是：一、明朝历代皇帝陵墓不得破坏；二、以天子之礼下葬崇祯皇帝；三、不得加害太子及二王。对于这三个要求，李自成都同意了。但在施行过程中，李自成却发现了一个很麻烦的问题，崇祯皇帝登基17年，竟然没有为自己修建陵墓。这种现象在历朝历代是非常罕见的，皇帝一般早在登基时就会为自己修建陵墓（宋朝除外）。

最后，李自成在不得已的情况下，将崇祯皇帝、周皇后葬入田贵妃的墓中，改名为"思陵"。就这样，思陵成了明十三陵中唯一一座帝后与妃嫔合葬墓，这也就是思陵是明十三陵中规模最小的原因。而崇祯皇帝也成了中国历史上唯一一个葬入妃陵的皇帝。

值得一提的是，明朝灭亡后，李氏朝鲜王朝为了缅怀明朝，一直沿用崇祯的年号，持续百年之久。

紫禁城骑马

紫禁城骑马，原意是皇帝赏赐大臣在紫禁城内骑马，又称"赏朝马"。

对于大臣来说，"赏朝马"，是皇帝对大臣的格外恩遇，也是大臣的一生荣典。

紫禁城，是皇家禁地，任何人员，任何时候，皆严禁骑马进入皇宫。

明代时，百官上朝，没有皇帝赏赐大臣紫禁城内骑马。

整个明朝，276年间，大臣们从来没有获得特许在皇城和紫禁城中使用任何代步工具。

明朝大臣上朝十分辛苦：他们必须步行，从左右长安门进入，走到午门；按照品级和顺序，步行进入皇宫；入宫以后，年老体衰、走不动者，由宫中宦官挟着两腋，拖拽前行，到达大殿时，几乎汗透衣服。

清朝康熙年间，有亲王、郡王和年老大臣赏赐紫禁城骑马之制。

由孝庄太后做主，康熙皇帝8岁登基。康熙四年（1665年），康熙皇帝12岁，举行大婚，娶辅政首辅索尼之子、领侍卫内大臣噶布喇之女。两年后，康熙皇帝 14 岁，开始亲政。

康熙年间，亲王、郡王等年事已高，康熙皇帝有紫禁城内骑马之赐。

有些股肱大臣，德高望重，年纪很大，行动不便。经康熙皇帝特许，赏赐大臣在紫禁城内骑马。

从史书记载上看，最早获得"赏朝马"之大臣，是南书房翰林朱彝尊。

康熙二十二年（1683 年），朱彝尊 54 岁，获得皇帝的特别准许，可以在紫禁城内骑马。这是清朝大臣首次获准在皇宫骑马，也是大臣首次使用代步工具进入皇宫。

从此以后，南书房翰林朱彝尊上朝之时，或者参加乾清门宴会之时，先乘轿子来到东华门，再换骑一匹矮小温顺的小马进入皇宫。

当时，"赏朝马"规定：

从东华门入宫者，骑至箭亭，下马；从西华门入宫者，骑至内务府总管衙门前，下马。

此前，只有亲王、贝勒、贝子方可以乘马入宫。

清廷为了保持尚武精神，不允许旗籍官员乘轿；汉族武官，为保持武将作风，出行必须骑马；但是，年老体弱者，可以获准乘轿。

乾隆初年，续准贝子以上满族亲贵在紫禁城内骑马。

朝臣获赐在紫禁城内骑马，是皇帝的恩遇。凡获恩准者，只许骑马，不许乘轿。

凡有资格在紫禁城内骑马者，由吏部于每年底开列名单，奏请皇帝批准：

一品以上，不论年岁；

侍郎，必须在 60 岁以上始能开列；

个别侍郎，未满 60 岁而蒙赐紫禁城内骑马者，是特例而非制度。

咸丰、同治以后，军机大臣，以及侍郎，且在两书房任差使者，亦可不论年岁，均获赐紫禁城内骑马。

乾隆中叶以后，被恩准在紫禁城内骑马者，若年老有疾，经特准可坐肩舆（通称坐轿）或乘车入内。乾隆末年，大臣乘肩舆入紫禁城者更为普遍。

乾隆五十五年（1790 年），皇帝上谕：

◀ 官员冬天出行的皮帷车

◀ 官员骑马上朝

内外文武大臣，特恩赏在紫禁城骑马，用资代步。

但年老足疾之人，上马亦觉艰难。比如大学士嵇璜虽经赏马，仍恐难于乘马。

嗣后，已经赏马之大臣，因有疾艰于步履者，仍加恩准令乘坐椅，旁缚短木，用二人舁行入直，以示朕眷念大臣、恩加体恤至意。

从此以后，原来赐紫禁城内骑马之制，逐渐变成紫禁城内坐肩舆（坐轿）或坐车。

乾隆八年（1743年），张廷玉、鄂尔泰等三朝元老年事很高，乾隆皇帝特加恩恤，允许他们乘轿上朝。

二人乘坐轿子，到达东华门、西华门时，换乘二人抬椅轿入宫。

大臣们平常所乘者，是遮蔽式暖轿；入宫时，换乘椅轿是简易的轿子，人称"亮轿"。

下轿地点，仍是箭亭。

乾隆三十六年（1771年）以后，乘轿入宫官，进一步放宽，规定：

朝臣一、二品以上，年龄达到60者，允许乘坐轿子，进入东华门。

每位大臣上朝，带数名仆人跟随。箭亭，距离景运门很近。下轿以后，大臣步行进入景运门，入禁宫；其仆从，站在景运门外20步远，等候。

乾隆晚年，朝中一人之下万人之上的和珅竟然乘轿直入景运门。

道光初年，道光皇帝的叔父仪亲王和成亲王，年老位尊，皇帝特许他们乘暖轿直接进入紫禁城。他们乘坐轿子在宫中行进，进入隆宗门后，直到内右门前，下轿。

道光十四年（1834年），77岁的长龄、80岁的曹振镛、86岁的富俊，享受亲王恩典，赐骑马紫禁城。

有些官品和年龄不高之大臣，也能获得皇帝的恩赐。最突出者，是嘉庆九年（1804年）冬天，嘉庆皇帝特准英和［乾隆三十六年（1771年）生，乾隆五十八年（1793年）进士，嘉庆初年历任内阁学士、礼部侍郎、内务府大臣、工部侍郎、军机大臣］在紫禁城内骑马。当时，他官职未到一品，年龄仅为34岁。

西华门：铜缸、天理教、庚子国变

"逍遥城"

明朝时，奉天门西边，右顺门西口台阶下面，南侧部位，有一座神秘的铜缸。

明末太监刘若愚在《酌中志》中指出：那座铜缸，就是明宣宗时期，烧死汉王朱高煦之地。

汉王朱高煦，是明成祖朱棣第二个儿子，是明仁宗朱高炽同母弟弟，母亲是徐皇后。

朱高煦，作战勇猛，骁勇剽悍，能征善战。在"靖难之役"中，他立下了汗马功劳：建文元年（1399 年），燕王起兵，命世子朱高炽留守北平，次子朱高煦随军出征；建文二年（1400 年），白沟河之战，十分惨烈，朱高煦率领精锐骑兵冲锋陷阵，亲手斩杀都督瞿能父子；同年的东昌之战，朱棣惨败，大将张玉战死，朱高煦率领大军赶到，力挽狂澜，击败南军，救出朱棣；建文四年（1402 年），浦子口大战，朱棣再次惨败。生死时刻，朱高煦率军赶到。朱棣大喜，说："我已筋疲力尽了，我儿当奋勇再战！"接着，朱棣拊着朱高煦后背，意味深长地说："努力罢，世子，常常生病！"大战，击溃南军。

朱棣喜欢朱高煦，认为他很像自己。立储之时，淇国公丘福、驸马王宁喜爱朱高煦，请求立他为太子。

朱棣认为，世子朱高炽仁厚，于永乐二年（1404 年）立为太子；次子朱高煦，军功卓著，以大功封为汉王，藩国云南。朱高煦叫喊："我有何罪？要被赶到万里之外！"

但是，朱高煦不爱读书，行事张狂，为人粗暴，朱棣认为他不适合做皇帝。

朱棣长子朱高炽，学识渊博，修养不错，但是太肥胖了，走路都气喘，更不用说骑马射箭了。

朱棣喜欢文武全才，虽然对皇长子很不满，但是依照立嫡立长的原则，还是册立朱高炽为太子。

朱棣晚年时，营建北京宫殿。其间，朱高煦在南京谋反：私造兵器，招募亡命徒 3000 人；自比唐太宗；等等。

朱棣闻讯大怒，吩咐将其绑赴北京，拘禁于西华门内。不久，将其强行徙封山东乐安。

朱棣去世，朱高炽登基，为明仁宗，在位仅十个月，去世。

太子朱瞻基登基，为明宣宗。登基当年（1426 年）八月，朱高煦便密谋叛乱。不过叛乱密谋早已泄露。

皇帝朱瞻基闻变之后，立即亲征。皇帝亲率大军，包围乐安。不费一枪一卒，皇帝叔父、汉王朱高煦投降。

回到北京，朱瞻基吩咐将朱高煦锁絷在皇宫大内右顺门西南之"逍遥城"。

所谓"逍遥城"，就是一个沿墙搭成的牢笼，如同猪圈。

一天，明宣宗散步来到"逍遥城"，盯着他的叔父看了许久。

朱高煦依然狂傲，不改鲁莽秉性，趁皇帝不备，突然伸出一只脚，将朱瞻基钩倒。

皇帝聪明自负，能文能武，身手矫捷，没想到被牢笼里的困兽叔父一脚钩倒，叔父蔑视他，在笼中大笑。

皇帝看着叔父怒不可遏，命令锦衣卫力士抬过一个大铜缸，将朱高煦扣在下面。

谁知，朱高煦力能扛鼎，三百斤的大铜缸竟然被他顶了起来，更加表示了对侄子皇帝朱瞻基的蔑视。

皇帝朱瞻基脸色铁青，羞愤交加，立即命人拿来木炭。木炭堆积成小山，架在大铜缸上。一声令下，点燃木炭。炭火熊熊燃烧，大约一个时辰，铜缸上熔化出大量铜液，一道道流出。汉王朱高煦，终被活活烧死。

从此以后，铜缸一直保留着，直到明末天启年间。

天理教起义

嘉庆十八年（1813年），紫禁城突发战事，交战激烈，惊心动魄。

这场宫廷事变，是白莲教所为，称为"林清之变"。

白莲教，是佛教的一支，在民间流行了数百年。

后来，在北方农村衍生出了一支重要教派，称为"天理教"。

天理教，在文化程度极低的农民中流行，其首领是北京南郊宋庄人林清。

天理教流行的地方，正是宫中众多太监的家乡。

嘉庆十八年（1813年）九月十五日，信奉天理教农民教徒，秘密串通宫中太监，以其做内应，神不知鬼不觉地从东华门、西华门冲进皇宫，进攻内廷。

挡住他们前进之路的，是后宫禁门景运门、隆宗门。

当时，嘉庆皇帝正在热河回宫途中。

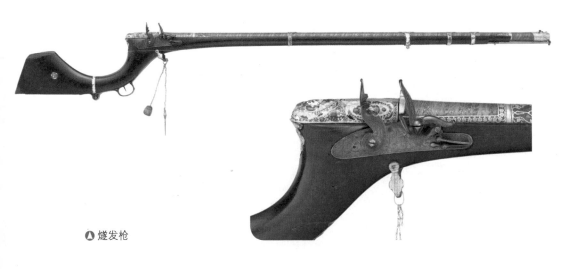

🔺 燧发枪

紫禁城中，由王公大臣负责镇守。

天理教徒冲进皇宫，有70余人。他们无知无畏，一心想捉拿皇帝。

内廷情况危急，一片混乱。

宫廷侍卫分散各处，难以集中，无法调度。

危急时刻，王公大臣想起，立即调集火枪营前来抵挡。当时，火枪营正在景运门外箭亭集训。

火枪营奉命，立即前往镇压，保卫景运门、隆宗门。

部分天理教徒舍生忘死，登上隆宗门城楼。

皇次子绵宁（后来的道光皇帝），正在乾清门内上书房读书。闻知突发变乱，绵宁立即拿上一把鸟枪，勇敢地前往养心殿，保护父皇寝宫。

这里，居然有几名大胆的教徒翻越了隆宗门门楼，爬上了养心殿西侧院墙。

绵宁冷静沉着，站在养心门西侧，扣动鸟枪，打死了第一位进犯者；接着，在养心殿外，他扣动扳机，又击中了一名小头目。

教徒们见无法得逞，只得后撤。

后宫平静了，绵宁立即来到储秀宫，看望、宽慰受到惊吓的皇后钮祜禄氏。

嘉庆皇帝回宫之后，特别降旨，奖谕绵宁："禁掖列圣神御所在，斯时皇后正居宫内，皇次子奋力捍卫，可谓忠孝两全。"

部分教徒无计可施，企图在隆宗门下纵火。火器营官军赶到，将他们击杀擒拿。

隆宗门上的箭镞，正是保卫皇宫的火器营侍卫与天理教教徒激战之时向上射出的箭。因为，有一些教徒已经爬上了隆宗门屋顶。

叛乱平息之后，清理现场。太监发现，在隆宗门上有一支箭镞，插在门匾上弄不出来。

嘉庆皇帝想，就让那支箭留着吧，以告诫自己，警示天下。

于是，嘉庆皇帝下令，谁也不许将那支箭拔下来，否则就会被处死。

不久，嘉庆皇帝正式下"罪己诏"，将此事昭告天下，称这是前几个朝代从来没有过的耻辱。

"两宫西狩"

清政府的衰弱，在第一次鸦片战争以后的历次战事之中暴露无遗，大清王朝无法和西方列强中的任何一个国家相抗争，更不用说与列强联军对抗了。可是，慈禧太后镇压了维新变法以后，西方列强步步进逼，大清王朝处于风雨飘摇之中。光绪二十六年（1900年）四月，北京、天津地区掀起了规模浩大的义和团运动。以慈禧太后为首的守旧势力，仇恨西方列强，决定利用义和团围攻大使馆，教训一下狂妄自大的洋人。

五月十日，《字林西报》刊发了一篇惊天大作，天才性地预见北京的政局走向。据说，这篇大作可能出自后来成为慈禧太后情人的英国作家巴克斯：

> 笔者竭诚以告，有一项重大的秘密计划，其目的是镇压所有在华洋人，并借此收复租借给他们的领土……主要领导者，有太后、庆亲王、端郡王、刚毅、赵舒翘（铁帽子的刑部首脑）和李秉衡……所利用的军队，是庆亲王统领的神机营（5万人），端郡王统领的虎神营（1万人），和刚毅等人统领的御林军各旗部队（总计12000人）。这72000人，构成了复仇大军的核心力量。同时，义和团也将被当作这场大战的后备力量。而这场大战的迫在眉睫，是北京或其他地方的洋人做梦也想不到的！

西方列强入侵中国，迫使清政府签订了一系列不平等条约，中华民族危在旦夕。义和团的宗旨是"扶清灭洋"。义和团是义民还是暴民，清廷分成两派。慈禧太后确定，义和团是义民，清军应当联合义和团，共同对付洋人。这样，义和团在清政府的鼓励下，大规模地开进北京，围攻使馆，攻击洋人。西方各国十分恐慌，他们联合起来，一致对付清王朝。面对联军的入侵危局，大清王朝何去何从？要不要与列强宣战？慈禧太后召集紧急御前会议，商讨此事。

战和不战两派，各持己见，相持不下。光绪皇帝知道，以中国之弱，对付八国联军，结果只有一个，就是亡国。处于囚徒地位的光绪皇帝忧心如焚，主张变法图强，不能对列国宣战。光绪皇帝急切地说："使馆不可攻打，洋人不能加害，向西方列强更不能宣战！"最后，光绪皇帝沉痛地说："战非不可言，顾中国积弱，兵又不足恃，用乱民以求一逞，宁有幸乎！……乱民，皆乌合之众，能以血肉相搏耶？且人心徒空言耳，奈何以民命为儿戏！"

慈禧太后固执己见，依然决定扶持义和团，联合团民，教训洋人。四月十九日，大股义和团浩浩荡荡地开进北京。他们在清政府的鼓动下，大肆围攻使馆和教堂，烧杀洋人。五月十五日，日本使馆书记官杉山彬被杀。五月二十四日，德国驻京公使克林德被杀。北京城硝烟弥漫，乱成一团。粮价飞涨，商店闭户，钱庄关门。北京城的黎民百姓心中惶惶，不知道为什么一夜之间北京成了战场。抢劫、掠夺、杀人等恶性案件此起彼伏，正阳门城楼被焚，京城陷入极度的混乱状态之中。

六月十一日，共同对付大清帝国的八国联军组建完成，他们全副武装，进入天津，在天津南门外的八里台与清军精锐野战军展开激战，清军以冷兵器对抗西方的热兵器，清军伤亡惨重，直隶提督聂士成英勇殉国。五天后，列强联军攻占天津。宋庆、裕禄等大军败退，在北仓布防。马玉昆军和英勇无畏的义和团在北仓一带密切配合，狠狠地打击侵略军，血战数小时，打死英军120人，打死日军400余人，最后，北仓失守。二十一日，英、法、德、俄、美、意、奥、日联军攻陷天津大沽炮台。八国联军继续烧杀淫掠，大肆"清剿"，无恶不作。七月十一日，联军击溃直隶总督裕禄率领的清军，占领天津杨村。裕禄走投无路，自杀身亡。

京津之间，勤王之师达3万之众，驻守北京的禁卫军虎神营、武卫军和汉回骑兵精锐的甘军也多达3万人，溃退的宋庆军、马玉昆军约有1万人，加上直隶练军数万人，共计兵力10余万人。清军集结兵力，重新布防，全线退守通州张家湾，试图守住拱卫北京的最后防线。七月十五日，八国联军向北京进发，大摇大摆地推进张家湾，寻找清军主力进行决战。负责守卫张家湾的李秉衡军与八国联军交火，清军大败，李秉衡自尽。随后，八国联军占领通州，北京门户洞开。

号称刀枪不入的义和团一败涂地，八国联军一路势如破竹，马上就要打进北京城了，慈禧太后只能拉着光绪皇帝从西华门离开京城一路西逃，还美其名曰去西山打猎，史称"庚子西狩"。

"西狩"一词，出自《左传·哀公十四年》的"春，西狩获麟"，说的是鲁哀公去西边打猎，猎获了麒麟，是很惬意的事情。而慈禧太后主政的庚子年，列强入侵，京城百姓罹祸，两宫逃亡，仓皇无状。

清廷给慈禧仓皇逃命的行为安上"西狩"这个词，不知道是真心讽刺还是假意粉饰。

⚑ 侵略者在午门广场列队

自1840年前后鸦片战争中国战败，与英国签订丧权辱国的《南京条约》以来，外国侵略者见有利可图，皆入中国制造事端、挑起战争，强迫清政府签订不平等条约，给中国人民带来了空前的灾难。

图书在版编目（CIP）数据

故宫风华：紫禁城殿堂和宫廷往事 / 向斯著. —北京：中国工人出版社，2023.5
ISBN 978-7-5008-8079-0

Ⅰ.①故… Ⅱ.①向… Ⅲ.①紫禁城－普及读物Ⅳ.①K928.74-49

中国国家版本馆CIP数据核字（2023）第089923号

故宫风华：紫禁城殿堂和宫廷往事

出 版 人	董　宽
责任编辑	葛忠雨　刘广涛
责任校对	张　彦
责任印制	黄　丽
出版发行	中国工人出版社
地　　址	北京市东城区鼓楼外大街45号　邮编：100120
网　　址	http://www.wp-china.com
电　　话	（010）62005043（总编室）　62005039（印制管理中心）
	（010）62379038（社科文艺分社）
发行热线	（010）82029051　62383056
经　　销	各地书店
印　　刷	三河市东方印刷有限公司
开　　本	710毫米×1000毫米　1/16
印　　张	23
字　　数	300千字
版　　次	2023年7月第1版　2023年7月第1次印刷
定　　价	88.00元